"十四五"职业教育国家规划教材配套用书

企业财务会计(第11版)
实训与练习

肖 燕 程运木 主编

中国财经出版传媒集团
中国财政经济出版社

图书在版编目（CIP）数据

企业财务会计（第11版）实训与练习 / 肖燕，程运木主编．--11版．--北京：中国财政经济出版社，2023.7（2025.1重印）
“十四五”职业教育国家规划教材配套用书
ISBN 978-7-5223-1630-7

Ⅰ.①企… Ⅱ.①肖… ②程… Ⅲ.①企业管理－财务会计－中等专业学校－教学参考资料 Ⅳ.①F275.2

中国版本图书馆CIP数据核字（2022）第141647号

责任编辑：樊 闽　　责任印制：张 健
封面设计：卜建辰　　责任校对：胡永立

企业财务会计实训与练习
QIYE CAIWU KUAIJI SHIXUN YU LIANXI
中国财政经济出版社 出版
URL：http://www.cfeph.cn
E-mail：cfeph@cfeph.cn

社址：北京市海淀区阜成路甲28号 邮政编码：100142
营销中心电话：010-88191522
天猫网店：中国财政经济出版社旗舰店
网址：https://zgczjjcbs.tmall.com
北京密兴印刷有限公司印刷 各地新华书店经销
成品尺寸：185mm×260mm 16开 17印张 371 000字
2023年8月第11版 2025年1月北京第3次印刷
定价：45.00元
ISBN 978-7-5223-1630-7
（图书出现印装问题，本社负责调换，电话：010-88190548）
本社质量投诉电话：010-88190744
打击盗版举报热线：010-88191661 QQ：2242791300

编写说明

本书是“十四五”职业教育国家规划教材配套用书，作为全国中等职业学校财经类教材使用。

为了适应职业教育改革，全面推进素质教育，满足各类中等职业教育专业教学的需要，根据《财政部2021—2025年学历教材建设规划》的总体要求、教育部颁布的《中等职业学校专业教学标准（试行）》（会计）、《企业会计准则》及其《应用指南》和新的财税法规等，在总结会计实践和教学经验的基础上，我们修订出版了《企业财务会计（第11版）》教材。为了适应教学的实际需要，我们对《企业财务会计（第十版）实训与练习》也进行了同步修订。2022年1月，根据新的企业会计准则和税收政策法规，在修改教材的同时，对实训与练习也进行了必要的修改。

本次修订以原《实训与练习》为基础，根据《企业财务会计（第11版）》教材的内容，结合《企业会计准则》内容的更新和新的财税法规制度的变化，听取专家、学者和教材使用者等多方面的意见和建议，从有利于教学出发考虑各章练习按节编排，内容上在紧扣教材的基础上结合会计初级职称考试的要求进行安排。同时，适当减少主观类题型的类别和题量，增加客观类题型的题量，并在加强实务技能、适当降低专业难度、便于教学互动和组织教学考核等方面也进行了比较全面的修改。

本书由贵州财经职业学院肖燕和杭州市财政局程运木担任主编，负责拟订编写和修订提纲，对全书进行修改总纂。参加本次修订的人员有：杭州市财政局程运木（项目一、项目五、项目七、项目八）；贵州财经职业学院肖燕（项目二、项目十一）；广西玉林财经学校阎卫（项目三、项目六）；大理州财贸学校杨秀平（项目四）；杭州科技职业技术学院叶小丹（项目九、项目十）；贵州财经职业学院刘珊珊（项目十二）。

本书配有参考答案，用书学校任课老师如有需要，请以电子邮件的形式向中国财政经济出版社索取，E-mail：caijingjiaocai@163.com。

修订后的《企业财务会计（第11版）实训与练习》难免还有不足之处，敬请专家、读者批评指正。

编　者

2023年7月

目　录

项目一 Project 1

企业财务会计认知

填空题

1. 企业财务会计的目标是__________，企业财务会计提供的会计信息主要是指反映________、________和________等情况的信息。

2. 企业财务会计的对象是企业的交易或者事项，具体反映为________、________、________、________、________和________六大会计要素。

3. 企业财务会计确认主要解决某项交易或事项“________________”的问题；企业财务会计计量是解决“________”的问题，它包括__________和________两个方面的内容。

4. 企业会计准则包括________、________和________三个层次。

5. 《中华人民共和国会计法》于________起实施；修订后的《中华人民共和国会计法》于________起实施。

名词解释

1. 企业财务会计

2. 企业财务会计确认

3. 企业财务会计计量

4. 企业会计准则

单项选择题

1. 企业财务会计确认、计量、记录的对象是（　　）。

A. 交易或者事项　　B. 财务状况

C. 经营成果　　D. 资产、负债、所有者权益

2. 企业财务会计的目标是（　　）。

A. 进行会计核算和会计监督

B. 反映会计要素，提供会计报表

C. 向信息使用者提供有用的会计信息

D. 进行会计确认、计量、记录和报告工作

3. 企业财务会计提供的信息是（　　）。

A. 对外部的会计信息　　B. 对内部的会计信息

C. 规范统一的会计信息　　D. 关于财务状况的会计信息

4. 管理会计是以（　　）为中心，向企业内部提供会计信息。

A. 资金的预测、规划和控制　　B. 资金成本

C. 对经济业务的确认　　D. 经济效益计量、记录和报告

5. 企业会计按其服务对象、工作内容等方面的不同，可分为（　　）。

A. 财务会计和成本会计　　B. 财务会计和政府会计

C. 基础会计和财务会计　　D. 财务会计和管理会计

6. 从企业财务会计确认、计量、记录和报告的工作内容和过程看，核心问题是（　　）。

A. 财务会计确认　　B. 财务会计计量

C. 财务会计记录　　D. 财务会计报告

7. 下列解决某项经济业务在会计上“反映多少”问题的是（　　）。

A. 财务会计记录　　B. 财务会计计量

C. 财务会计确认　　D. 财务会计报告

8. 企业财务会计规范体系中处于最高层次和核心地位的是（　　）。

A. 《企业会计准则——基本准则》　　B. 《中华人民共和国会计法》

C. 《企业会计准则——应用指南》　　D. 《企业会计准则——具体准则》

9. 我国企业财务会计计量属性一般应采用（　　）。

A. 现时成本　　B. 现值

C. 可变现净值　　D. 历史成本

10. 《企业会计准则——具体准则》是根据（　　）的要求，对企业各类经济业务事项

的会计处理方法和程序做出的具体规定。

A. 《企业会计准则——基本准则》

B. 《企业财务通则》

C. 企业财务会计的目标和会计信息质量要求

D. 《会计基础工作规范》

11. 企业财务会计遵循的会计模式是（　　）。

A. 凭证—账簿—报表

B. 报表—账簿—凭证

C. 预测—控制—决策

D. 现代会计模式

12. 企业财务会计的核算基础是（　　）。

A. 持续经营

B. 权责发生制

C. 收付实现制

D. 永续盘存制

13. 修订后的《企业会计准则——基本准则》的实施时间及对象是（　　）。

A. 2005 年 1 月 1 日，所有企业

B. 2007 年 1 月 1 日，上市公司

C. 2000 年 7 月 1 日，上市公司

D. 2007 年 1 月 1 日，所有企业

14. 下列各项中，关于《小企业会计准则》实施时间及对象的表述，正确的是（　　）。

A. 2000 年 7 月 1 日，所有企业

B. 2013 年 1 月 1 日，符合条件的小企业

C. 2011 年 10 月，国有企业以外的小企业

D. 2013 年 1 月 1 日，所有小企业

15. 下列各项中，体现“实质重于形式”会计信息质量要求的是（　　）。

A. 计提存货跌价准备

B. 相同会计期间采用一致的会计政策

C. 租入固定资产列为使用权资产，视同自有资产进行核算

D. 产品销售预计可能发生的退货损失

16. 如果企业资产按照购买时所付出对价的公允价值计量，负债按照承担现时义务的合同金额计量，则其所采用的会计计量属性为（　　）。

A. 公允价值

B. 重置成本

C. 可变现净值

D. 历史成本

17. 企业财务会计和政府与非营利组织会计相比较，具有的特点是（　　）。

A. 采用复式记账法

B. 采用永续盘存制

C. 核算目的具有营利性

D. 制定内部会计制度

18. 根据《企业会计准则——基本准则》《小企业会计准则》的规定，下列说法不正确的是（　　）。

A. 符合《中小企业划型标准》所规定的小型企业标准的企业，必须执行《小企业会计准则》

B. 小企业的资产应当按照成本计量，不计提资产减值准备

C. 企业会计核算基础是权责发生制，企业会计计量属性一般应采用历史成本

D. 执行《小企业会计准则》的小企业，发生《小企业会计准则》未作规范的交易或者事项，可以参照《企业会计准则——具体准则》的相关规定进行处理

多项选择题

1. 企业财务会计的主要特点包括（　　）。
   A. 主要对外提供会计信息　　B. 遵循传统会计模式
   C. 提供规范统一的会计信息　　D. 以提供未来信息为主
2. 企业财务会计的信息使用者包括（　　）。
   A. 投资者　　B. 债权人
   C. 企业内部经营管理者　　D. 企业职工
3. 企业会计核算的基本前提包括（　　）。
   A. 会计主体　　B. 会计分期
   C. 权责发生制　　D. 货币计量
4. 下列属于会计计量属性的有（　　）。
   A. 历史成本　　B. 现值
   C. 可变现净值　　D. 现金流量
5. 企业财务会计核算基本过程包括（　　）。
   A. 确认　　B. 计量
   C. 考核　　D. 报告
6. 确认一个会计项目应符合的基本标准有（　　）。
   A. 符合某一会计要素定义　　B. 具有可计量性
   C. 具有相关性　　D. 具有可靠性
7. 下列各项中，属于企业财务会计信息质量要求的有（　　）。
   A. 实质重于形式　　B. 可比性
   C. 相关性　　D. 谨慎性
8. 下列各项表述中，符合企业财务会计信息质量要求的有（　　）。
   A. 企业会计核算应当以实际发生的交易或者事项为依据
   B. 企业会计核算应当仅反映交易或者事项的法律形式
   C. 企业会计政策、会计处理方法一经确定，不得随意变更
   D. 企业会计核算应当及时，不得拖延，最好是提前
9. 下列说法正确的有（　　）。
   A. 企业财务会计提供的会计信息主要包括企业财务状况、经营成果和现金流量三大项
   B. 已执行具体会计准则的小企业，即使情况发生变化也不再执行《小企业会计准则》
   C. 企业财务会计计量包括计量单位和计量属性两个方面的内容
   D.《企业会计准则——具体准则》和《小企业会计准则》是《企业会计准则——基本准则》框架下的两个子系统，分别适用于不同类型的企业
10. 下列企业中，需要制定内部会计制度的有（　　）。
   A. 国有企业　　B. 民营企业
   C. 大中型企业　　D. 小企业

判断题

1. 行政单位会计属非营利组织会计，企业财务会计属营利组织会计，两者在会计要素上是有区别的。 （ ）

2. 财务会计向企业外部提供会计信息，管理会计向企业内部提供会计信息。 （ ）

3. 财务会计确认解决经济业务事项“是什么，是否应当在财务会计上反映”的问题；财务会计计量则解决“反映多少”的问题；财务会计记录解决其“如何登记”的问题。这三者是相互独立、分步进行的。 （ ）

4. 企业财务会计计量包括计量单位和计量属性两个方面的内容。我国企业会计采用的计量单位一定是人民币。 （ ）

5. 企业财务会计报告是有规定或公认的格式和内容的，并且要定期编报。 （ ）

6. 企业会计信息质量的可比性要求，同一企业不同时期发生的交易或者事项，应当采用一致的会计政策，不得变更；不同企业发生的交易或事项，应当采用相同的会计政策。 （ ）

7. 《企业会计准则》在我国会计规范体系中处于最高层次和核心地位。 （ ）

8. 《中华人民共和国会计法》是从2000年7月1日起实施的。 （ ）

9. 我国企业会计准则体系包括基本会计准则、具体会计准则和小企业会计准则三个层次。 （ ）

10. 企业财务会计应遵循的法规制度，不仅包括《会计法》《企业会计准则》《内部会计控制规范》等专业性会计法规，还包括公司法、税收法规、金融法规等相关法规制度。 （ ）

11. 《企业会计准则——应用指南》，主要是对具体会计准则的解释和说明，它是没有会计科目和主要账务处理的。 （ ）

12. 企业财务会计的对象是企业的交易或者事项，具体反映为资产、负债、所有者权益、收入、费用和利润六大会计要素。 （ ）

13. 《企业会计准则》是关于企业会计核算工作的基本规范，它不仅适用于所有企业，还适用于政府机关和事业单位。 （ ）

14. 企业应当以实际发生和很可能发生的交易或者事项为依据进行会计确认、计量和报告，以保证会计信息真实可靠、内容完整。 （ ）

15. 为了保证会计信息质量，企业会计的计量属性只能采用历史成本，不能采用重置成本、现值、公允价值、可变现净值等。 （ ）

16. 《小企业会计准则》从2013年1月1日起实施，所有小企业，包括已执行《企业会计准则——具体准则》的小企业，均应执行《小企业会计准则》。 （ ）

17. 根据会计信息质量的可比性要求，同一企业不同时期发生的交易或者事项，应当采用一致的会计政策，不得变更。 （ ）

18. 《企业内部控制基本规范》是针对上市公司、大中型企业的，不适用于小企业。所以，小企业是不必建立内部控制制度的。 （ ）

项目二 *Project 2*

货币资金的核算

模块一　货币资金认知

填空题

1. 广义的现金除了____________外，还包括可以随时支用的____________、____________以及____________。

2. 企业应根据有关法规制度，建立符合____________和适合企业自身特点的货币资金____________。

3. 货币资金的保管（出纳）和货币资金账目（总分类账）的记录应由不同人员来完成，即所谓“____________”；货币资金支出的____________、____________和____________应由不同的人员来完成。

单项选择题

1. 货币资金是企业生产经营过程中处于货币形态的资产，是流动性最强的流动资产，也称为（　　）。

A. “货币资产”　　B. “现金资产”

C. “存款资产”　　D. “有价证券”

2. 根据管理要求，货币资金收付业务的审批、审核、收付和记录等工作环节应满足（　　）的要求。

A. 回避制度　　B. 审计制度

C. 稽核制度　　D. 不相容职务（岗位）分离

3. 票据的签发至少要由（　　）签字或盖章，相互牵制，相互监督。

A. 一个人　　B. 两个人

C. 三个人　　D. 四个人

4. 全部货币资金收入必须（　　）入账，超过库存现金限额的应及时送存银行。

A. 当日　　B. 当月
C. 五日　　D. 十五日

5. 下列各项中，有关货币资金构成的内容，正确的是（　　）。

A. 银行存款 + 有价证券　　B. 库存现金 + 银行存款 + 其他金额工具
C. 库存现金 + 银行存款 + 有价证券　　D. 库存现金 + 银行存款 + 其他货币资金

6. 下列各项中，关于货币资金支付申请人的表述，正确的是（　　）。

A. 财务会计部门　　B. 出纳员
C. 财务会计部门负责人或审批人　　D. 使用款项的业务部门经办人或用款人

7. 下列各项中，不违反“货币资金业务不相容岗位相互分离、制约和监督”要求的是（　　）。

A. 由出纳人员兼任会计档案保管工作
B. 由出纳人员保管签发支票所需全部印章
C. 由出纳人员兼任收入总账和明细账的登记工作
D. 由出纳人员兼任固定资产明细账及其总分类账的登记工作

8. 货币资金支出控制的目的是要保证企业货币资金支付都要按（　　）办理，并做到审批规范、手续齐全、凭证完整有效。

A. 程序　　B. 凭证
C. 用途　　D. 签字

多项选择题

1. 货币资金包括（　　）。

A. 库存现金　　B. 应收账款
C. 银行存款　　D. 其他货币资金

2. 下列各项中，属于货币资金的管理和控制应当遵循的原则与规定的有（　　）。

A. 严格岗位职责分工
B. 建立健全内部审核、审批制度
C. 办理货币资金的财会人员应当定期进行岗位轮换
D. 财务专用章应由专人保管，严禁一人保管支付款项所需的全部印章、网银 U 盾

3. 下列各项中，关于企业货币资金管理规定、要求的表述，正确的有（　　）。

A. 财务专用章应由专人保管
B. 法人名章应由本人或其授权人保管
C. 货币资金的控制主要就是控制货币资金的支付，货币资金收入是不必控制的
D. 货币资金支出的经办、审核、审批应由不同的人员来完成

4. 企业货币资金支付办理程序应包括（　　）。

A. 支付申请　　B. 支付审批
C. 支付复核　　D. 支付办理

5. 广义的现金包括（　　）。

A. 库存现金　　　　　　　　　　B. 可以随时支用的其他货币资金
D. 现金等价物　　　　　　　　　D. 股票、债券投资

判断题

1. 货币资金包括库存现金、银行存款和在途货币资金三大类。（　　）

2. 存放在企业财会部门，由出纳经管的人民币和外币，即库存现金，是狭义的现金。（　　）

3. 企业存放在各开户银行的存款包括人民币存款、外币存款和理财产品，不论其系定期或活期的资产，一定都属于货币资金。（　　）

4. 货币资金的保管（出纳）和货币资金账目（总分类账）的记录应由不同人员来完成。（　　）

5. 上市公司、大中型企业应根据《企业内部控制基本规范》建立健全企业内部控制制度。小企业因规模小、业务简单，是不必建立与实施内部控制制度的。（　　）

6. 企业任何款项的支付都必须有原始凭证作为依据，由经办人员签字证明，由会计主管人员审批确认后，出纳人员据以办理付款。（　　）

7. 现金有广义和狭义之分，会计核算中的库存现金是狭义的现金，财务会计提供的会计信息中的现金流量则是广义的现金。（　　）

模块二　库存现金的管理与核算

名词解释

1. 库存现金限额

2. 坐支现金

单项选择题

1. 下列各项中，根据《现金管理暂行条例》的规定，不能用现金结算的是（　　）。

A. 职工工资和津贴　　B. 按规定发给个人的奖金
C. 出差人员随身携带的差旅费　　D. 向农业企业收购农产品的价款

2. 根据《现金管理暂行条例》的规定，零星支出的结算起点（现金支付限额）是（　　）。
A. 2 000 元　　B. 1 000 元
C. 100 元　　D. 500 元

3. 库存现金清查发现的库存现金短缺，应（　　）账户。
A. 借："其他应收款"　　B. 借："待处理财产损溢"
C. 贷："其他应收款"　　D. 贷："待处理财产损溢"

4. 企业确实无法查明原因的库存现金短款，经批准后应记入（　　）账户。
A. "其他应付款"　　B. "管理费用"
C. "营业外支出"　　D. "待处理财产损溢"

5. 企业一般不得从本单位的现金收入中直接支付现金，因特殊情况需要坐支现金的，应事先报经（　　）审查批准。
A. 本企业单位负责人　　B. 上级主管部门
C. 开户银行　　D. 财政部门

6. 根据现行制度规定，企业库存现金限额一般是按（　　）正常零星开支核定的。
A. 3 天　　B. 3—5 天
C. 5 天　　D. 15 天

7. 企业确实无法查明原因的库存现金溢余，报经批准后应记入（　　）。
A. "管理费用"账户　　B. "营业外收入"账户
C. "其他业务收入"账户　　D. "其他应付款"账户

8. 为了完善货币资金的内部控制，货币资金支付的授权、经办和（　　）应由不同的人员来完成。
A. 账目记录　　B. 票据取得
C. 支付款项　　D. 凭证填开

9. 库存现金、银行存款的总分类账的登记人员，应该是（　　）。
A. 出纳人员
B. 出纳人员以外的会计人员
C. 会计人员或出纳人员
D. 财会部门负责人或单位主管会计工作的负责人

10. 关于库存现金的核算，下列说法不正确的是（　　）。
A. 库存现金清查应采用实地盘点法
B. 有外币现金的企业，应按不同币种分别设置账户
C. 根据审核后的收、付款凭证，按照业务发生的时间顺序逐日逐笔登记
D. "库存现金日记账"必须开设；"库存现金"总分类账可以开设，也可不单独开设

11. 下列各项中，不属于库存现金使用范围内的业务是（　　）。
A. 结算起点以下的零星支出　　B. 向个人收购农副产品
C. 支付职工福利费　　D. 支付银行借款利息

12. 库存现金清查发现无法查明原因的现金短缺或溢余，已按管理权限批准，下列各项中，有关会计处理不正确的是（　　）。

A. 属于无法查明原因的库存现金溢余，应借记“待处理财产损溢”账户，贷记“营业外收入”账户

B. 属于应由保险公司赔偿的库存现金短缺，应借记“其他应收款”账户，贷记“待处理财产损溢”账户

C. 属于应支付给有关单位的库存现金溢余，应借记“待处理财产损溢”账户，贷记“其他应付款”账户

D. 属于无法查明原因的库存现金短缺，应借记“营业外支出”账户，贷记“待处理财产损溢”账户

多项选择题

1. 关于库存现金管理，下列说法正确的有（　　）。

A. 根据规定的库存现金的收付范围使用现金结算

B. 库存现金限额一经确定，不得变更

C. 不准用借条、白条等不符合财会制度的凭证顶替库存现金

D. 每日终了，应结出库存现金结余数，并与库存现金实有数核对，做到日清月结，保证账款相符

2. 企业库存现金实有数小于账面数 200 元，导致该差错的原因可能有（　　）。

A. 出纳员多付库存现金　　B. 出纳员少收库存现金

C. 出纳员挪用了库存现金　　D. 误将支出 200 元作为收入入账

3. 库存现金总分类账可以根据（　　）直接或定期（汇总）登记。

A. 收款凭证　　B. 付款凭证

C. 科目汇总表　　D. 汇总记账凭证

4. 企业（非小企业）库存现金溢缺的会计核算可能涉及的账户有（　　）。

A. “待处理财产损溢”账户　　B. “管理费用”账户

C. “其他应收款”账户　　D. “营业外支出”账户

5. 企业库存现金清查的主要内容有（　　）。

A. 是否存在贪污或挪用　　B. 是否存在“白条顶库”

C. 是否存在未达账项　　D. 是否存在超限额库存现金

6. 下列可以用库存现金结算的有（　　）。

A. 支付职工生活困难补助　　B. 企业职工出差预借差旅费 2 000 元

C. 购买办公用品 280 元　　D. 向农民收购农产品 1 500 元

7. 企业“库存现金日记账”应采用（　　）。

A. 订本账　　B. 三栏式账页

C. 多栏式账页　　D. 数量金额式账页

8. 下列各项中，关于企业库存现金溢余会计处理的表述，正确的有（　　）。

A. 发现库存现金溢余，应贷记“待处理财产损溢”账户

B. 无法查明原因的库存现金溢余，批准后计入营业外收入

C. 查明属于少付给有关单位形成的库存现金溢余，应计入“其他应付款”账户

D. 无法查明原因的库存现金溢余，批准后计入管理费用

判断题

1. 库存现金清查是以实地盘点法盘点核对库存现金实有数与账存数的。（　　）

2. 如果企业经营规模较小，可由出纳一人办理货币资金结算的全过程，以提高工作效率。（　　）

3. 库存现金清查中，未经领导批准的借款单是不能抵充库存现金的，而有领导批准的借款单是可以抵充库存现金的，以便做到账款相符。（　　）

4. 盘点库存现金出现溢余，可以在“其他应付款”账户的贷方反映，待日后短缺时用于抵扣。（　　）

5. 库存现金的清查包括出纳人员每日的清点核对和清查小组定期和不定期的清查。（　　）

6. “库存现金”账户，反映企业持有的库存现金，不包括企业的内部各部门（或个人）周转使用、由各部门（或个人）保管的备用金。（　　）

7. 为了简化库存现金收支手续、方便工作，企业可以坐支现金。（　　）

8. 企业支付在银行支付结算办法规定的结算起点金额以上的款项，必须通过银行办理转账结算，不得使用现金结算。（　　）

9. 记账凭证账务处理程序下，“库存现金”总分类账是根据记账凭证直接登记的，这就与“库存现金日记账”登记基本一致，为避免重复记账，可以不设置“库存现金”总分类账。（　　）

10. 企业无法查明原因的现金溢余，报经批准后记入“营业外收入”账户；无法查明原因的现金短缺，报经批准后记入“管理费用”账户 。（　　）

业务核算题

（一）练习库存现金收付的核算

［资料］某公司“库存现金日记账”期初结余为 2 800 元，库存限额为 3 000 元。10 月 10 日发生下列经济业务：

1. 出售产品 2 件，收到现金 565 元（其中增值税 65 元）。

2. 采购员李明预借差旅费 1 500 元，以现金付给。

3. 从银行提取现金 1 000 元，补充库存现金备用。

4. 向某农户出售产品一批，不含税价款 6 000 元，增值税 780 元，已收足现金。

5. 向开户银行送存现金 7 000 元。

6. 行政部购买厂部用消耗性办公用品一批，增值税普通发票所列价税款 820 元，以现金付给。

7. 公司决定向困难职工李明等 3 人发放生活补助（列应付职工薪酬）1 800 元，以库存现金付给。

8. 清查盘点发现库存现金短缺 200 元。

9. 经查明，上述库存现金短缺由出纳人员李苏工作失误造成，公司决定应由其赔偿，款项尚未收到。

[要求] 根据上述经济业务，编制必要的会计分录，并设置、登记“库存现金日记账”。

（二）练习库存现金清查的核算

[资料] 某公司发生与库存现金清查有关的经济业务如下：

1. 3 月 30 日，库存现金清查，发现溢余 230 元，原因待查。

2. 3 月 31 日，经核查，上述库存现金溢余中：150 元为少付张华的款项，张华已前来领取；其余无法查明原因，经领导批准予以转销。

3. 4 月 28 日，库存现金清查，发现短缺 300 元，原因待查。

4. 4 月 29 日，经核查，上述库存现金短缺由出纳员张延工作责任心不强和公司管理层指导不利造成。经领导核准，应由出纳员张延赔偿 200 元，款项尚未收到；其余予以转销。

5. 4 月 30 日，收到出纳员张延交付的现金 200 元。

[要求] 根据上述经济业务，编制必要的会计分录。

模块三　银行存款的管理与核算

填空题

1. 企业的银行结算账户按照用途可分为__________、____________、__________、

__________四类。

2. 银行汇票结算是指申请人将款项交存银行（或账户有存款），由__________将汇票给申请人，申请人持汇票办理____________或支取现金的一种结算方式。

3. 托收承付结算方式，承付货款分为__________和__________两种方式。

4. “银行存款”和“库存现金”总分类账的登记人员，应是________________；银行存款清查核对的方法是________________。

名词解释

1. 银行结算账户

2. 银行本票

3. 未达账项

单项选择题

1. 企业临时存款账户使用的有效期限以（　　）为限。
   A. 无期限限制　　B. 6 个月
   C. 1 年　　D. 2 年

2. 以下所述中，不符合银行存款开户相关规定的是（　　）。
   A. 企业的工资、奖金等日常经营业务的资金收付，应通过基本存款账户办理
   B. 企业可以通过一般存款账户办理转账结算和现金支取
   C. 一个企业只能选择一家银行的一个营业机构开立一个基本存款账户，不得在多家银行机构开立基本存款账户
   D. 不得在同一家银行的几个分支机构开立一般存款账户

3. 银行承兑汇票的承兑人是（　　）。
   A. 付款人　　B. 付款人的开户银行
   C. 收款人　　D. 收款人的开户银行

4. 对于银行已经入账而企业尚未收到单证而未入账的未达账项，企业应当（　　）。

A. 根据“银行对账单”记录的金额入账

B. 根据“银行存款余额调节表”和“银行对账单”自制原始凭证入账

C. 在编制“银行存款余额调节表”的同时入账

D. 待有关结算凭证到达后入账

5. 出票人签发支票的金额，超过付款时存款金额的支票称为（　　）。

A. 空白支票　　B. 空头支票

C. 远期支票　　D. 大额支票

6. 按照国家《银行账户管理办法》的规定，企业的工资、奖金、津贴等的支取，应通过（　　）办理。

A. 基本存款账户　　B. 一般存款账户

C. 临时存款账户　　D. 专用存款账户

7. 商业汇票的付款期由交易双方商定，但最长不能超过（　　）。

A. 6 个月　　B. 2 个月

C. 9 个月　　D. 12 个月

8. 商业汇票付款人在接到出票人或持票人提示承兑的汇票时，应当在自收到提示承兑的汇票之日起（　　）日内承兑或拒绝承兑。

A. 2　　B. 3

C. 5　　D. 7

9. 除中国人民银行另有规定外，支票的提示付款期限一般为自出票日起（　　）天。

A. 7　　B. 10

C. 15　　D. 20

10. 银行汇票的提示付款期限为自出票日起（　　）。

A. 1 个月　　B. 2 个月

C. 3 个月　　D. 6 个月

11. 下列各项属企业单位信用卡可以办理的业务是（　　）。

A. 交存现金　　B. 10 万元以上的商品交易

C. 支取现金　　D. 从基本存款户划转存款

12. 委托收款结算方式和托收承付结算方式，托收成立的标志是（　　）。

A. 发出商品　　B. 向银行提交委托凭单、发票账单

C. 办妥托收手续　　D. 付款人收到付款通知

13. 反映企业银行存款实有数的是（　　）。

A. 企业“银行存款日记账”余额

B. 开户银行“银行存款账户对账单”余额

C. 企业“银行存款余额调节表”调节后余额

D. 企业“银行存款总分类账”余额

14. 企业使用下列票据支付款项，应通过“银行存款”账户核算的是（　　）。

A. 商业汇票　　B. 银行本票

C. 银行汇票　　D. 支票

15. 委托银行收取的 2 000 元款项，银行已收妥；但企业至月末尚未取得收款通知联，在编制银行存款余额调节表时的处理应是（　　）。

A. 在“银行对账单余额”项下，加：2 000 元

B. 在“银行对账单余额”项下，减：2 000 元

C. 在“企业存款日记账余额”项下，加：2 000 元

D. 在“企业存款日记账余额”项下，减：2 000 元

16. 编制银行存款余额调节表时，下列未达账项中，会导致企业银行存款日记账的账面余额大于银行对账单余额的是（　　）。

A. 企业开出支票，银行尚未支付

B. 企业开出银行汇票，对方尚未到银行承兑

C. 银行代收款项，企业尚未接到收款通知

D. 企业环保违章被罚款 5 000 元，银行已经扣款，但企业未接到扣款通知

17. 9 月 30 日，某公司银行存款日记账账面余额为 216 万元，收到银行对账单的余额为 212.3 万元。经逐笔核对，存在以下记账差错及未达账项：从银行提取现金 6.9 万元，企业误记为 9.6 万元；银行按电信扣款通知扣费付公司通信费 6.4 万元，但公司未接到银行付款通知，尚未入账。9 月 30 日调节后的银行存款余额为（　　）万元。

A. 212.3　　　　B. 225.1

C. 205.9　　　　D. 218.7

18. 经过“银行存款余额调节表”调节后的银行存款余额为（　　）。

A. 企业账上的银行存款余额

B. 银行账上的企业存款余额

C. 企业可动用的银行存款实有数额

D. 企业应当在会计报表中反映的银行存款余额

多项选择题

1. 根据《支付结算办法》的规定，企业办理支付结算的基本要求包括（　　）。

A. 按照规定开立、使用银行账户

B. 使用按中国人民银行统一规定印制的票据和结算凭证

C. 结算凭证上的签章和其他记载事项应当真实，不得伪造、变造

D. 填写结算凭证应当规范，做到要素齐全、数字正确、字迹清晰、防止涂改

2. 下列各项票据，应由银行签发的有（　　）。

A. 支票　　　　B. 银行汇票

C. 银行本票　　　　D. 商业汇票

3. 根据现行银行结算办法的规定，只适用于商品交易或者在商品交易的同时附带提供劳务情况的结算方式有（　　）。

A. 委托收款　　　　B. 汇兑

C. 托收承付　　　　D. 商业汇票

4. 办理异地托收承付的款项应该包括（　　）。

A. 商品交易的款项

B. 代销、寄销的款项

C. 债权债务款项

D. 因商品交易而产生的劳务供应款项

5. 下列各项中，会使企业银行存款日记账余额小于银行存款对账单余额的有（　　）。

A. 企业开出支票，对方未到银行办理划转手续

B. 银行误将其他公司的存款记入本企业银行存款账户

C. 银行代扣水电费，企业尚未接到付款通知

D. 银行收到委托收款结算方式下的结算款项，企业尚未收到通知

6. 下列各项中，应通过“银行存款”账户核算的有（　　）。

A. 收到银行汇票、银行本票存入银行

B. 使用银行汇票和银行本票办理款项结算

C. 收到、开出转账支票

D. 商业汇票到期收到票款

7. 下列各项票据，可以背书转让的有（　　）。

A. 支票　　B. 银行汇票

C. 银行本票　　D. 商业汇票

8. 银行承兑汇票的出票人在汇票到期日未能足额存款时，承兑银行应该（　　）。

A. 将票据退回给持票人

B. 无条件付款

C. 出票人尚未支付的汇票款视为逾期贷款

D. 对逾期贷款部分计收利息

9. 银行存款的清查核对包括（　　）。

A. 银行存款日记账与银行存款收、付款凭证核对，做到账证相符

B. 银行存款日记账与银行存款总账核对，做到账账相符

C. 银行存款日记账与银行对账单核对，做到账单（实）相符

D. 银行存款日记账与银行对账单余额不一致时，要查明原因，并编制“银行存款余额调节表”，调节后两边的余额应相等

10. 下列有关银行汇票的表述，正确的有（　　）。

A. 银行汇票适用于各种款项结算

B. 银行汇票可用于转账，填明“现金”字样的银行汇票可用于支取现金

C. 银行汇票的提示付款期自出票日起 2 个月

D. 未填写实际结算金额或实际结算金额超出出票金额的银行汇票不得背书转让

11. 下列各项中，不符合银行结算规定的有（　　）。

A. 考虑企业的未来现金收入，企业签发了一张远期支票

B. 在不影响企业自身业务的情况下，将企业结算账户暂时借给他人使用

C. 根据自身业务需要，企业可开立多个基本存款账户、一般存款账户

D. 支票必须由指定人员签发，其他人员一律不准签发

12. 下列各项中，不应（或暂时不能）列入“银行存款”账户的有（　　）。

A. 销售产品一批，价税款收到转账支票一张

B. 以银行汇票结算支付购货款 7 万元

C. 销售产品一批，价税款收到银行本票一张，交银行结算并取得回单

D. 销售产品一批，价税款收到银行承兑汇票一张

13. 下列各项中，关于银行存款余额调节表的表述，不正确的是（　　）。

A. 银行存款日记账余额反映企业可以动用的银行存款实有数

B. 银行对账单余额反映企业可以动用的银行存款实有数

C. 银行存款余额调节表用于核对企业和银行的记账有无错误，并作为原始凭证记账

D. 未达账项无需进行账面调整，待结算凭证收到后再进行账务处理

判断题

1. 企业对职工个人的支付，包括工资、奖金、津贴、差旅费等，可以通过基本存款账户转账支付；也可以用库存现金支付，并且不受现金支付限额（1 000 元）的限制。（　　）

2. 银行存款的临时存款账户可办理转账结算和现金收付，所以，临时存款账户可用于发放工资。（　　）

3. 企业一般存款账户只能办理转账，不能提取现金；临时存款账户可办理转账结算和现金收付。（　　）

4. 企业与银行核对银行存款账目时，对已发现的未达账项，应当编制银行存款余额调节表进行调节，并以银行存款余额调节表作为原始凭证进行相应的账务处理。（　　）

5. 因为可能存在未达账项，所以，银行存款日记账余额不一定是企业银行存款的实有数，但银行对账单余额则为企业银行存款的实有数。（　　）

6. 汇兑是汇款人委托银行将其款项支付给收款人的结算方式。这种结算方式适用于同城的各种款项结算。（　　）

7. 企业到外地进行零星或临时采购，汇往采购地银行开立采购专户的款项，应借记“其他货币资金——外埠存款”账户，贷记“银行存款”账户。（　　）

8. 无论是商业承兑汇票还是银行承兑汇票，付款人都负有到期无条件支付票款的责任。（　　）

9. 委托收款、托收承付结算方式适用于企业各种商品交易款项，以及因商品交易而产生的劳务供应款项的结算。（　　）

10. 企业采购商品或接受劳务采用商业汇票、银行汇票结算的，应通过“应付票据”账户核算。（　　）

11. 商业承兑汇票是由付款人或收款人签发，并由开户银行承兑的商业汇票。（　　）

12. 采用委托收款结算方式，付款人的承付期为 3 天，如果付款单位提出拒付，付款单位开户银行应审查其拒付理由是否合理。（　　）

13. 企业银行存款的账面余额与银行对账单余额因未达账项存在差额时，应按照银行存款余额调节表调整银行存款日记账的金额。（　　）

14. 银行存款余额调节表是企业编制的，主要用于核对账目，是企业重要的会计资料，但不是会计凭证，不能据以登记入账。（　　）

15. 商业承兑汇票到期时，如果购货企业（付款人）的存款不足支付票款，开户银行应将汇票退还销货企业（收款人），银行不予代为垫付款项。（　　）

16. 支票方便灵活，可以提取现金，也可以用于转账，而且同城异地均可使用；单位信用卡更为方便灵活，可以用于所有业务款项的结算。（　　）

业务核算题

（一）练习银行存款的核算

［资料］ 某公司为增值税一般纳税人，3 月份发生以下银行存款收付经济业务：

1. 3 月 2 日，销售产品，取得销售收入 18 000 元，增值税专用发票上列明的税款 2 340 元，共计 20 340 元，收到支票存入银行，取得进账单回单。

2. 3 月 3 日，接到开户银行的收款通知，上月赊销给科兴公司产品的应收货款 32 000 元，已收妥入账。

3. 3 月 10 日，购进原材料一批，增值税专用发票所列的货款 3 万元，增值税 3 900 元，共计 33 900 元，以银行存款支付，原材料验收入库。

4. 3 月 15 日，向四海公司预收货款 58 000 元，款项转存银行存款账户。

5. 3 月 21 日，以银行存款支付产品广告费 7 000 元（取得增值税普通发票）。

6. 3 月 28 日，从银行提取现金 10 万元备发工资、奖金。

［要求］ 根据上述经济业务，编制必要的会计分录。

（二）练习银行存款的清查与核对

［资料］ 某公司 12 月 31 日“银行存款日记账”借方余额为 120 000 元，“银行对账单”贷方余额为 159 600 元。经过逐笔核对，发现有如下未达账项：

1. 12 月 28 日，企业开出支票归还欠款 1 500 元已做付款记账，银行因尚未收到划款单据而未记账。

2. 12 月 29 日，银行收到客户汇付货款 25 000 元已做收款记账，企业因尚未收到收款通知而未记账。

3. 12 月 30 日，银行划付电费 3 500 元已做付款记账，企业因尚未收到付款通知而未记账。

4. 12 月 30 日，企业收客户面额为 3 000 元的银行本票已做收款记账，银行因尚未办妥划款手续而未记账。

5. 12 月 31 日，企业以委托收款方式销货的价税款 19 600 元，购货公司如期承付，银行已作收款记账，企业因尚未收到账单而未入账。

[要求] 根据资料，编制银行存款余额调节表（见表 2 – 1）。

表 2 – 1　　　　　　　　　　**银行存款余额调节表**

年　　月　　日

项　　目	金额（元）	项　　目	金额（元）
调节后银行存款余额		调节后银行存款余额	

（三）练习银行存款的核算

[资料] 东方公司开户银行为：中国建设银行宁州市之江路支行，账号：1008251988878。该公司 10 月 31 日银行存款余额 25 万元。11 月发生银行存款经济业务如下：

1. 3 日，向大方公司信汇 65 000 元，以银行存款预付购料款。

2. 5 日，收到银行转来的收账通知，武汉华山公司承付货款 9 500 元已到账。

3. 6 日，采购员赵海借支差旅费 3 000 元，签发现金支票付给。

4. 12 日，根据工资结算汇总表，开出付款通知，以银行存款转账方式发放本月工资 12 万元。

5. 14 日，向银行送存现金 3 000 元。

6. 16 日，收到银行存款的利息清单和收账通知，本期存款利息 1 800 元已到账。

7. 21 日，收到银行转来的付款通知，支付水电费 5 600 元（应付账款）。

8. 28 日，购入原材料一批，增值税专用发票所列货款 4 万元，增值税 5 200 元，签发转账支票 45 200 元支付。材料收到并验收入库。

9. 28 日，银行转来收账通知，收到仁义公司前欠货款 68 000 元。

10. 30 日，销售产品一批，开出的增值税专用发票上列明的价款 8 万元，增值税 10 400 元，价税款共计 90 400 元，收到转账支票已交银行办妥进账手续。

11. 11 月 30 日，收到中国建设银行宁州市之江路支行银行存款对账单（见表 2 – 2）。

[要求]

1. 开设银行存款日记账和总分类账，并登记月初余额。

2. 根据11月经济业务编制记账凭证（会计分录），并进行审核。

3. 根据记账凭证登记银行存款日记账；根据记账凭证每10天汇总一次登记银行存款总分类账。

4. 逐笔核对银行存款日记账与银行对账单，查找出未达账项，并编制银行存款余额调节表。

表2-2 **中国建设银行宁州市之江路支行对账单**

单位：东方公司 账号：1008251988878

××年		凭证号码	摘要	借方	贷方	借或贷	余额	其余各项
月	日							
10	31	略	承前页			贷	250 000	略
11	3		信汇	65 000		贷	185 000	
	5		托收		9 500	贷	194 500	
	6		提现	3 000		贷	191 500	
	12		工资	120 000		贷	71 500	
	14		现金		3 000	贷	74 500	
	16		计息		1 800	贷	76 300	
	21		水电费	5 600		贷	70 700	
	28		托收		68 000	贷	138 700	
	30		托收		8 000	贷	146 700	
	30		承付	5 000		贷	141 700	
11	30		委邮		3 300	贷	145 000	

模块四 其他货币资金的核算

单项选择题

1. 下列各项中，属于其他货币资金核算内容的是（　　）。

A. 库存人民币　　B. 库存外币

C. 银行本票存款　　D. 一般存款账户存款

2. 下列各项中，不属于其他货币资金核算内容的是（　　）。

A. 银行汇票存款　　B. 存出投资款

C. 信用卡存款　　D. 有价证券

3. 企业用存在证券公司资金账户的“存出投资款”购买股票，贷记的账户是（　　）账户。

A. “库存现金”　　B. “其他货币资金”

C. “银行存款”　　D. “其他应收款”

4. 企业将款项汇往外地开立采购专用账户时，应借记的账户是（　　）。

A. “在途货币资金”账户

B. “银行存款——外埠存款”账户

C. “其他货币资金——外埠存款”账户

D. “原材料”账户

5. 企业销售商品收取银行汇票、银行本票，填单交开户银行，并取得入账回单的，应借记的账户是（　　）。

A. “银行存款”账户　　B. “其他货币资金”账户

C. “应收账款”账户　　D. “交易性金融资产”账户

6. 某企业有银行本票存款 8 万元，外埠存款 2 万元，存出投资款 5 万元，银行承兑汇票 8 万元，商业承兑汇票 7 万元，库存现金 15 万元，银行结算账户存款 40 万元，则该企业资产负债表中“货币资金”项目的金额为（　　）万元。

A. 85　　B. 70

C. 65　　D. 55

7. 下列各项中，不应通过“其他货币资金”账户核算的是（　　）。

A. 临时存款账户的存款　　B. 银行本票存款

C. 信用证保证金存款　　D. 外埠存款

多项选择题

1. 下列各项中，应通过“其他货币资金”账户核算的有（　　）。

A. 外埠存款　　B. 银行汇票存款

C. 备用金　　D. 银行本票存款

2. 企业以银行存款账户款项向银行申请取得银行汇票，并持票据购买原材料，可能涉及的账户有（　　）。

A. “其他货币资金”账户　　B. “银行存款”账户

C. “应交税费”账户　　D. “原材料”账户

3. 下列各项中，企业应确认为其他货币资金的有（　　）。

A. 销售商品而收到的银行承兑汇票

B. 用存入证券公司的存出投资款购买股票

C. 汇往外地建立临时采购专户的资金

D. 向银行申请签发银行本票而拨付的资金

4. 下列各项其他货币资金，因结算方式形成的有（　　）。

A. 存出投资款　　B. 银行汇票存款

C. 信用证保证金存款　　D. 银行本票存款

判断题

1. 其他货币资金是除库存现金和银行存款以外的货币资金。它是因存款地点和用途等与库存现金和银行存款不同而形成的货币资金。（　　）

2. 其他货币资金也是一种货币资金，其核算应与库存现金和银行存款一致，编制记账凭证收、付款凭证，并采用日记账进行序时核算。（　　）

3. 银行汇票、银行本票结算后的余额只能从收款单位收取现款，不能从银行转回。

（　　）

4. 企业销售商品收到商业汇票，购买物资签发、承兑商业汇票是不会涉及“其他货币资金”的。（　　）

5. “其他货币资金”账户可分别按“银行汇票”“银行本票”“信用卡”等其他货币资金的种类进行明细核算。（　　）

6. 企业销售商品收取银行汇票、银行本票，应借记“其他货币资金”账户。（　　）

业务核算题

［资料］某公司8月份发生有关经济业务如下：

1. 从银行基本存款户划款50万元，向开户行申请签发银行汇票（A公司），以备赴外地采购设备用。

2. 出售产品一批，开具的增值税专用发票上列明价款7 000元，增值税910元，收到银行本票一张，面额为7 910元，送存银行，并收到回单。

3. 向A公司购入不需要安装设备一台，增值税专用发票所列的货款40万元，增值税

52 000元。价税款用上述银行汇票支付，设备投入生产。

4. 上述银行汇票向 A 公司购入设备后的余额 48 000 元，转回基本存款户。

5. 从银行基本存款户汇款 2 万元到中国工商银行成都宁一支行，设立采购专户。

6. 从银行基本存款户划款 5 万元存入信达证券公司资金账户，以备投资之用。

7. 向成都 B 公司购入乙材料一批，增值税专用发票所列的货款 13 000 元，增值税 1 690 元。价税款从中国工商银行成都宁一支行的采购专户转账支付，材料收到并验收入库（实际成本计价），余款转回银行基本存款户。

8. 向银行申请签发银行本票 4 万元（科美公司），银行予以受理，票款从银行基本存款户中扣除。

9. 以存入信达证券公司资金账户的存款 32 000 元，购买财金公司发行的股票（财金股份），准备随时用于出售。

10. 持银行本票从科美公司购入甲材料一批，增值税专用发票所列的货款 3 万元，增值税3 900 元。价税款以上述银行本票支付，材料收到并验收入库（实际成本计价），余款尚未转回。

11. 企业从银行基本存款户划款 1 万元，转存单位在中国建设银行上宁支行所开设的信用卡。

12. 用单位信用卡刷卡支付业务招待费 3 000 元（取得增值税普通发票）。

［**要求**］根据上述经济业务，编制必要的会计分录。

模块五　外币交易的核算

填空题

1. 外币交易是指企业以____________的其他货币进行__________、__________的经济业务、事项。

2. 汇率标价方法主要有____________、____________两种。

3. 会计期末________________的外币金额，应当按照____________折合为记账本位币，其与账面记账本位币金额的差额，应列为__________，计入__________账户。

单项选择题

1. 企业发生外币交易时记账所采用的汇率，叫作（　　）。

A. 平均汇率　　B. 账面汇率
C. 市场汇率　　D. 记账汇率

2. 企业发生外币交易时，应当将相关的外币金额，采用记账汇率将外币金额折算为（　　）金额记账。

A. 记账本位币　　B. 人民币
C. 结算货币　　D. 账面货币

3. 记账汇率可以从即期汇率和与即期汇率近似的汇率两者中选择确定。即期汇率，通常是指中国人民银行公布的当日人民币外汇牌价的（　　）。

A. 买入价　　B. 卖出价
C. 中间价　　D. 即期近似价

4. 会计期末各项外币账户（货币性项目）的外币金额，按期末即期汇率折合为记账本位币金额与原账面记账本位币金额之间的差额，作为（　　）。

A. 资本公积　　B. 汇兑损益
C. 投资收益　　D. 营业外收支

5. 与购建固定资产（或相关资产）有关的外币专门借款的汇兑损益，符合资本化条件的，计入（　　）。

A. 财务费用
B. 当期损益
C. 所购建固定资产（或相关资产）的成本
D. 制造费用

6. 下列各项中，涉及外币交易时在交易日按记账汇率折算入账，入账后不再因汇率变动而改变其原记账本位币金额的是（　　）。

A. 应收账款　　B. 应付账款
C. 长期应付款　　D. 固定资产

多项选择题

1. 下列各项中，属于外币交易的有（　　　）。

A. 购买以外币计价的商品　　B. 销售以外币计价的商品
C. 企业借入外币借款　　D. 企业承担以外币计价的债务

2. 下列各账户，属于外币账户的有（　　　）。

A. 银行存款（外币银行存款）　　B. 应付债券（外币债券）
C. 实收资本（外币资本）　　D. 长期借款（外币债务）

3. 企业发生外币交易时，应当将相关的外币金额，采用记账汇率将外币金额折算为记账本位币金额记账，记账汇率可以从（　　　）中选择确定。

A. 即期汇率　　B. 市场汇率
C. 与即期汇率近似的汇率　　D. 直接标价汇率

4. 企业在进行外币交易业务处理时，由于采用不同的汇率折算为记账本位币而产生的汇兑损益的列支处理包括（　　　　）。

A. 财务费用　　　　B. 所购建固定资产（或相关资产）的成本

C. 资本公积　　　　D. 投资收益

判断题

1. 在我国境内设立的企业，会计核算应以人民币为记账本位币，所以，会计核算中所指外币是指人民币以外的外国货币。（　）

2. 业务收支以人民币以外的货币为主的企业，可以选定其中一种人民币以外的货币作为记账本位币。（　）

3. 外币非货币性项目，是指货币性项目以外的项目，包括存货、长期股权投资、应付债券、固定资产、无形资产、长期应收款等。（　）

4. 汇兑损益是企业在进行外币交易业务处理时，由于采用不同的汇率折算为人民币而产生的差额。（　）

5. 企业购入外币，银行卖出价与记账汇率不同而产生差额是汇兑损失；企业卖出外币，银行买入价与记账汇率不同而产生差额则是汇兑收益。（　）

6. 企业收到投资者以外币投入的资本，应当采用交易发生日的即期汇率折算。所以，外币投入资本与相应的货币性项目的记账本位币金额之间是不产生外币折算差额的。（　）

7. 外币账户应当在记账本位币所设立总分类账户下，按不同币种设立明细账户。外币账户的明细账可采用“三栏式”和复式币记载，即登记外币金额、汇率和记账本位币金额。（　）

业务核算题

［资料］7 月 1 日，黎明公司“银行存款——美元户”借方余额为 612 000 元（9 万美元），公司外币业务采用当日汇率（即期汇率）记账，当日市场汇率（中间价，下同）为 1∶6.80。7 月份发生有关经济业务如下：

1. 2 日，向中国银行借入 2 万美元，期限为 1 年，年利率 6%，当日市场汇率为 1∶6.82。

2. 7 日，向境外公司出口产品一批，货款 3 万美元，当日市场汇率为 1∶6.78，款项收存银行。

3. 12 日，从国外进口不需要安装设备一台，价款共计 6 万美元（不考虑进口环节的增值税），以存款支付，当日市场汇率为 1∶6.80，并以人民币支付国内运杂费等 12 000 元（取得增值税普通发票）。设备交付生产使用。

4. 15 日，从银行购入 5 万美元，当日银行美元卖出价为 1∶6.85，当日市场汇率（中间价）为 1∶6.81。

5. 18 日，向境外供应单位支付应付材料款 4 万美元，当日市场汇率为 1∶6.85。

6. 28 日，公司向银行出售 3 万美元，当日银行美元买入价为 1∶6.82，取得人民币 204 600

元存入银行。当日市场汇率（中间价）为1:6.86。

7. 31日，结出“银行存款——美元户”的期末余额，按期末汇率1:6.85调整“银行存款——美元户”的账户余额。

［要求］

1. 根据上述经济业务，编制必要的会计分录。

2. 设置并登记“银行存款——美元户”日记账，将结果填写在表2-3中。

表2-3　银行存款（美元户）日记账

年		凭证	摘要	收入			付出			结余		
月	日			原币	汇率	本位币	原币	汇率	本位币	原币	汇率	本位币

项目三 Project 3

应收及预付款项的核算

模块一　应收账款的核算

填空题

1. 应收账款是指企业因＿＿＿＿＿＿＿、＿＿＿＿＿＿＿等经营活动，应向购货单位或接受劳务单位收取的款项。应收账款是交易双方在相互信任条件下凭发票、账单建立的一种＿＿＿＿＿＿＿。

2. 应收账款应按其实际发生的金额计价入账，主要包括销售商品、提供劳务应收取的＿＿＿＿＿、＿＿＿＿＿＿以及代购货单位垫付的＿＿＿＿＿、＿＿＿＿＿等。

3. 销售折扣包括＿＿＿＿＿＿和＿＿＿＿＿＿；企业销售商品存在销售折扣的，应按照＿＿＿＿＿＿管理要求进行处理。

4. "应收账款"账户属于＿＿＿＿账户，期末借方余额反映＿＿＿＿＿＿＿；期末贷方余额反映＿＿＿＿＿＿＿。

名词解释

1. 商业折扣

2. 现金折扣

单项选择题

1. 下列各项中，属于销售商品时为购货方代垫的运杂费应记入的账户是（　　）。

A. “应收账款” 账户　　B. “预付账款” 账户

C. “其他应收款” 账户　　D. “应付账款” 账户

2. 下列各项中，属于应收账款初始计量的依据是（　　）。

A. 估计金额　　B. 实际发生的金额

C. 预计未来现金流量　　D. 可变现净值

3. 企业销售商品时，根据市场供需情况在商品标价上给予的扣除，称为（　　）。

A. 商业折扣　　B. 现金折扣

C. 销售折让　　D. 购货折扣

4. 企业销售商品时，为在一定期限内尽早收回款项而给予的扣除，称为（　　）。

A. 商业折扣　　B. 现金折扣

C. 销售折让　　D. 购货折扣

5. 企业销售业务存在现金折扣的，确认应收账款入账金额对现金折扣的处理，正确的是（　　）。

A. 不扣减现金折扣　　B. 增加最可能发生的现金折扣

C. 按合同最高比例扣减现金折扣　　D. 扣减最可能发生的现金折扣

6. 某公司销售产品，每件单价为 120 元，若客户购买 100 件以上，每件可得到 20 元的商业折扣。某客户于 9 月 10 日购买该产品 200 件，合同约定现金折扣（按货款部分）条件为 2/10，1/20，n/30，增值税税率为 13%；当日产品全部发出，客户取得产品控制权；基于对客户的了解，预计客户 20 天内付款的概率为 90%，20 天后付款的概率为 10%；假定增值税销项税额不考虑现金折扣的影响。该企业 9 月 10 日应确认的应收账款为（　　）元。

A. 22 200　　B. 22 600

C. 26 360　　D. 22 400

7. 下列各项中，与应收账款的确认时间一致的是（　　）。

A. 确认销售收入　　B. 收到货款

C. 发出商品、提供劳务　　D. 按合同交付产品

8. 下列各项中，应列为应收账款的是（　　）。

A. 投资产生的应收股利、应收利息　　B. 商业汇票结算方式形成应收款项

C. 存出保证金（支付押金）　　D. 销售材料应收未收的款项

9. 约定销售折扣条件的销售商品，确认应收账款入账金额的下列处理，正确的是（　　）。

A. 不考虑商业折扣的影响　　B. 扣减商业折扣

C. 扣减实际发生的现金折扣　　D. 不考虑现金折扣的影响

10. 某企业销售商品一批，货款 20 万元，增值税税率 13%，为购买方代垫运输费 2 万元（含增值税），款项尚未收回。该项业务企业确认的应收账款是（　　）。

A. 20 万元　　B. 22 万元
C. 22.6 万元　　D. 24.6 万元

多项选择题

1. 下列各项中，应计列为应收账款的有（　　）。
A. 应收职工欠款　　B. 应收赊销商品货款
C. 应收债券利息　　D. 应收为购货单位垫付的销售商品运费
2. 下列各项中，关于应收账款的表述，正确的是（　　）。
A. 因商品销售、提供劳务等经营活动形成的债权
B. 流动资产性质的债权
C. 本企业应收客户的价税款
D. 本企业付出的存出保证金
3. 下列各项中，应通过“应收账款”账户核算的有（　　）。
A. 销售商品应收的增值税额
B. 销货时代垫的运杂费
C. 不设“预付账款”账户的企业，预付的货款
D. 经营性出租固定资产应收未收的租金
4. 下列各项中，不通过“应收账款”账户核算的有（　　）。
A. 应向保险公司收取的赔偿款
B. 向客户提供劳务应收取的款项
C. 采用递延方式销售商品应收取的价款
D. 租入包装物支付的押金
5. 下列各项表述，正确的有（　　）。
A. “应收账款”账户一定是资产类账户
B. 应收账款通常是由企业赊销活动所引起的，其确认与收入的确认是一致的
C. 应收账款一般应按扣除商业折扣以后的实际成交金额进行初始计量
D. 应收账款是一项流动资产，超过一年未能收回应列为非流动资产

判断题

1. 应收账款是企业因销售商品、提供劳务等生产经营活动所形成的债务。（　　）
2. 企业因投资而产生的应收股利、应收利息应在“应收账款”账户进行核算。（　　）
3. 商业折扣是债权人为鼓励债务人在规定期限内尽早付款而向其提供的债务扣除。（　　）
4. 商业折扣是在交易发生时确定的，是销售中的价格扣除后，所以，企业应收账款应按扣除商业折扣以后的实际成交金额计量。（　　）

5. 附有现金折扣条件的销售业务，商品销售时还不能确定相关的现金折扣发生情况，所以，应收账款应按照未扣减现金折扣的成交金额的计价入账，即总价法。（　　）

6. 应收账款是赊销商品而形成的暂未收取的款项，企业采用分期收款方式销售商品应收取而未收到的价款也应列为应收账款。（　　）

7. 企业销售货物，合同约定的现金折扣应在实际发生时冲减销售收入。（　　）

业务核算题

［**资料**］诚然公司为一般纳税人，5 月份发生应收账款的有关经济业务如下：

1. 5 月 6 日，向 D 公司销售商品一批，售价 6 万元，增值税税率为 13%，以存款代垫运杂费 1 200 元。商品全部发出，D 公司取得商品控制权，全部款项已向银行办妥托收手续。

2. 5 月 7 日，接银行收款通知，上述 D 公司的款项已收妥入账。

3. 5 月 8 日，向利民公司销售产品一批，售价 2 万元，经协商给予利民公司 15% 的商业折扣，增值税税率为 13%。价税款暂未收到。

4. 5 月 12 日，5 月 8 日向利民公司销货的价税款如数收存银行。

5. 5 月 12 日，公司向 H 公司销售商品 1 000 件，商品标价为 200 元/件，根据销售量公司给予 H 公司 5% 的商业折扣，增值税税率 13%；合同约定的现金折扣（货款部分）的条件为“4/10，2/20，n/30”；基于对 H 公司的了解，H 公司 10 天内付款的概率为 5%，20 天内付款的概率为 85%，20 天后付款的概率为 10%；假定增值税销项税额不考虑现金折扣的影响。

（1）5 月 12 日，销售产品，确认应收账款，价税款待收。

（2）5 月 30 日，公司收到 H 公司支付的价税款存入银行。

（3）如果公司于 6 月 8 日，收到 H 公司支付的价税款存入银行。

（4）如果公司于 5 月 20 日，收到 H 公司支付的价税款存入银行。

6. 公司上月向科美公司销售商品的应收价税款 17 550 元，经协商改为商业汇票结算。收到一张为期 3 个月、金额为 17 550 元的商业承兑汇票。

［**要求**］根据上述资料，编制必要的会计分录。

模块二 应收票据的核算

填空题

1. 商业汇票按承兑人不同，分为______和______两种；按照是否带息，分为______和______两种。

2. 企业收到开出、承兑的商业汇票无论是否带息，均按票据的______计价入账。带息票据的利息收入，应列为______。

3. 企业持应收票据向银行申请贴现，银行不附有追索权的，贷记“______”账户；银行有追索权的，贷记“______”账户。

名词解释

1. 背书转让

2. 贴现

单项选择题

1. 企业销售商品收到的下列票据，应列为应收票据的是（　　）。

A. 支票　　B. 银行本票

C. 银行汇票　　D. 商业汇票

2. 超过承兑期收不回票款的应收票据，应（　　）。

A. 转作管理费用　　B. 冲减坏账准备

C. 转作应收账款　　D. 冲减营业收入

3. 企业收到应收票据，应按（　　）入账。

A. 票据面值　　B. 票据到期价值

C. 票据面值加应计利息　　D. 票据贴现额

4. “应收票据”账户的期末借方余额，反映企业（　　）。

A. 持有商业汇票的到期价值　　B. 持有商业汇票的票面金额

C. 签发承兑商业汇票的票面金额　　D. 无法收回商业汇票的到期价值

5. 已贴现附追索权的商业承兑汇票到期，承兑人（付款人）无力付款，贴现银行应向（　　）退票追款。

A. 贴现企业　　B. 承兑人（付款人）

C. 收款人　　D. 付款人开户银行

6. 一张 2022 年 5 月 26 日签发的为期一个月的票据，其到期日为当年的（　　）。

A. 6 月 25 日　　B. 6 月 26 日

C. 6 月 27 日　　D. 6 月 24 日

7. 某企业将一张面值为 3 万元、期限 90 天的不带息商业承兑汇票，在持有 45 天后向银行贴现，贴现率为 6%，则企业可得贴现净额为（　　）。

A. 30 450 元　　B. 29 775 元

C. 29 550 元　　D. 30 225 元

8. 公司一张面值为 8 万元的商业承兑汇票，向开户银行申请贴现得款 78 000 元，银行有追索权。现票据到期，付款人无力支付票款，贴现银行向本公司追款（退票扣款），本公司账户也无款可扣。公司的账务处理为（　　）。

A. 借记“短期借款”账户 80 000 元，贷记“银行存款”账户 80 000 元
同时，借记“应收账款”账户 80 000 元，贷记“应收票据”账户 80 000 元

B. 借记“应收账款”账户 78 000 元，贷记“应收票据”账户 78 000 元

C. 借记“应收账款”账户 80 000 元，贷记“应收票据”账户 80 000 元

D. 借记“短期借款”账户 80 000 元，贷记“应收票据”账户 80 000 元

多项选择题

1. 企业销售商品收到的下列票据，不能列为“应收票据”核算的有（　　）。

A. 银行汇票　　B. 银行承兑汇票

C. 银行本票　　D. 商业承兑汇票

2. 企业将不带息应收票据申请贴现时，影响贴现利息计算的因素有（　　）。

A. 票据的面值　　B. 票据贴现期

C. 票据期限　　D. 贴现利率

3. 下列各项中，应列为财务费用的有（　　）。

A. 支付银行承兑汇票的承兑手续费

B. 应收票据的贴现利息

C. 商业承兑汇票到期无法收回的票款

D. 带息应收票据的利息收入

4. 关于应收票据，下列说法正确的有（　　）。

A. 贴现的实质是企业以票据为抵押向银行融通资金的一种方式

B. 票据贴现得款一定小于票据面值

C. 银行承兑汇票到期，付款人无力付款的，应由承兑银行支付票款，所以，收款人一般都能收到票款

D. 不附追索权的已贴现商业票据到期，承兑人（付款人）无力支付票款，与贴现企业无直接关联，贴现企业是不必进行账务处理的

5. 下列各项中，应通过“应收票据”账户核算的有（　　）。

A. 销售商品收到银行承兑汇票

B. 提供劳务收到银行汇票

C. 持未到期的银行承兑汇票向银行贴现（贴现款已收，银行附有追索权）

D. 销售材料收到商业承兑汇票

判断题

1. 企业持有的不带息商业汇票的到期价值，等于“应收票据”账户的账面余额。（　）

2. 企业持未到期应收票据向银行等金融机构申请贴现，应将产生的贴现利息记入“财务费用”账户。（　）

3. 商业汇票到期，如果付款人无力付款，收款人则无法收回款项，就应将这一票款转入“应收账款”账户。（　）

4. 应收票据到期时，若付款人拒付票款或无力支付票款，应将票据本金和利息一并转销，记入“坏账准备”账户。（　）

5. 商业汇票的贴现期是指从票据签发日到贴现日的时间，一般应按“算头不算尾”的方法进行计算。（　）

6. 带息应收票据的利息一般是收到时计入财务费用，而不必进行应计利息的计提，这也是会计核算谨慎性要求的体现。（　）

7. 贴现是将商业汇票票据权利转让给银行的票据行为。企业持应收票据向银行申请贴现，应贷记“应收票据”账户。（　）

8. 应收票据贴现需要贴付一定利息给贴现银行，所以，票据贴现得款一定是小于票据面值的。（　）

业务核算题

［资料］诚然公司为一般纳税人企业，发生有关应收票据的经济业务如下：

1. 1月5日，向B公司销售商品一批，售价3万元，增值税税率为13%，收到经B公司承兑的为期2个月不带息商业承兑汇票一张。

2. 3 月 5 日，上述商业承兑汇票到期，B 公司履约付款，票款收存银行。

3. 根据上述资料，假设票据到期，B 公司无力支付票款。

4. 4 月 30 日，向 C 公司销售商品一批，售价 20 万元，增值税为 26 000 元，收到购货方 C 公司交来经其开户银行承兑的不带息银行承兑汇票一张，票据期限为 6 个月。

5. 8 月 31 日，该企业因急需资金周转，将上述 C 公司交来银行承兑汇票到其开户银行贴现，贴现年利率为 8%，贴现期按实际天数（“算头不算尾”或“算尾不算头”）计算。此项票据贴现银行不附追索权，贴现得款收存银行。

6. 向 A 公司销售产品一批，售价 6 万元，增值税为 7 800 元，价税款共计 67 800 元。取得期限为 3 个月的带息银行承兑汇票一张，出票日期为 9 月 1 日，票面年利率为 6%。

7. 向 D 公司销售产品一批，售价 4 万元，增值税为 5 200 元，价税款共计 45 200 元，取得期限 60 天的带息商业承兑汇票一张，出票日期为 10 月 5 日，票面年利率为 6%。

8. 12 月 1 日，上述向 A 公司销售产品所收的银行承兑汇票到期，企业收回款项，面值 67 800 元，面值与应计利息（3 个月，年利率 6%）一并转存银行。

9. 12 月 4 日，向 D 公司销售产品的面值 45 200 元、期限为 60 天的商业承兑汇票到期，D 公司无力偿还票款。

10. 公司将持有的账面价值为 11 700 元的商业承兑汇票背书转让，以取得货款为 12 000 元、增值税为 1 560 元的原材料（取得增值税专用发票），差价款以银行存款支付；材料验收入库。

11. 公司一张已贴现的商业承兑汇票（付款人为 B 公司），贴现时面值为 7 万元，贴现利息 3 000 元，贴现得款 67 000 元。现票据到期，付款人无力付款，此项票据贴现银行附追索权。该票据款银行从本公司账户予以扣回。

12. 假设上述已贴现票据到期，付款人无力付款，本公司银行存款余额只有 1 000 元，不足扣除上述票据款。

13. C 公司欠本公司一项购货款 48 000 元，经协商 C 公司以一张银行承兑的不带息商业汇票抵付，票据期限为 2 个月。

[要求] 根据上述资料，编制必要的会计分录。

模块三　预付账款和其他应收款的核算

填空题

1. 预付账款属于企业的一项______________，主要包括：（1）________________；

（2）____________________；（3）____________________等。

2. “预付账款”账户属于双重性质账户，期末借方余额，反映______________；期末贷方余额，反映____________________。该账户可按__________进行明细核算。

3. 企业备用金有两种报结制度：（1）______________；（2）________________，也称________________。

单项选择题

1. 企业进行工程建设预付的工程价款，应记入的账户是（　　）。

A. “应收账款”账户　　B. “在建工程”账户

C. “其他应收款”账户　　D. “预付账款”账户

2. “预付账款”账户期末贷方余额，反映的内容是（　　）。

A. 企业预付的款项　　B. 企业尚未补付的款项

C. 企业多预付的款项　　D. 企业预付性费用

3. 下列各账户，不属于资产类账户的是（　　）。

A. “预付账款”账户（贷方余额）　　B. “其他货币资金”账户

C. “预付账款”账户（借方余额）　　D. “应付账款”账户（借方余额）

4. 下列各项中，应列为预付账款的是（　　）。

A. 采购员出差预借的差旅费

B. 购货按合同预付的订金

C. 购入材料签发承兑的商业承兑汇票

D. 向开户银行申请签发的、用于购买材料的银行汇票

5. 下列各项中，属于预付账款和应收账款的不同点的是（　　）。

A. 债权的性质　　B. 对应核算账户余额的方向

C. 对应核算账户的性质　　D. 产生的原因

6. 下列各项中，应列为其他应收款的是（　　）。

A. 存入保证金

B. 存出保证金

C. 不设置“预付账款”账户的企业预付的购货款

D. 应收票据到期无法收回的票据款

7. 企业应收未收的出租包装物租金应计入（　　）账户。

A. “应收账款”　　B. “预付账款”

C. “预收账款”　　D. “其他应收款”

8. 下列各项中，不属于应收及预付款的是（　　）。

A. 应收垫付款　　B. 提供劳务应收的价款

C. 存出投资款　　D. 备用金

多项选择题

1. 下列各项中，应通过“预付账款”账户核算的有（　　）。

A. 企业购货预付的货款　　B. 预付性费用支出

C. 在建工程预付的工程价款　　D. 企业内部各单位的定额备用金

2. 下列各项中，应通过“其他应收款”账户核算的有（　　）。

A. 垫付职工水电费　　B. 应收保险公司的赔偿款

C. 债权投资的应收利息　　D. 经营性出租资产的应收租金

3. 关于“预付账款”账户，下列说法正确的有（　　）。

A. “预付账款”账户属于双重性质的账户，反映的不一定是资产

B. 预付账款不多的企业，可以不单独设置“预付账款”账户，将预付的货款并入“应付账款”账户进行核算

C. “预付账款”账户期末贷方余额反映的是负债

D. “预付账款”账户核算企业因销售业务产生的往来款项

4. 预付账款和应收账款虽都属于企业的短期债权，但预付账款的不同点包括（　　）。

A. 是企业预先支付的购货款　　B. 是企业销货或提供劳务引起的

C. 是由购货或接受劳务供应引起的　　D. 是预先付给供货方的款项

5. 下列各项中，不会引起“其他应收款”账户余额发生增减变动的有（　　）。

A. 银行承兑汇票到期无力支付票款　　B. 销售商品为客户代垫运杂费

C. 长期股权投资的应收股利　　D. 出租包装物收取的押金

判断题

1. 预付账款不多的企业，可以不单独设置“预付账款”账户，将预付的货款并入“应收账款”账户进行核算。（　　）

2. “应收账款”账户期末如为借方余额，反映企业尚未收回的应收账款；“预付账款”账户期末如为贷方余额，则表示企业尚未补付的款项，即应付款项。（　　）

3. 根据账户的性质，“应收账款”账户、“预付账款”账户和“其他应收款”账户，均属于资产类账户。（　　）

4. 预付账款和“预付账款”账户是不同的，预付账款是企业预先支付给供应单位的款项，是一项资产；“预付账款”账户是双重性质账户，期末余额在借方反映的是资产，如果期末余额在贷方则反映的是负债。（　　）

5. 企业（非小企业）预付报刊订阅费、预付租赁费等预付性费用支出，是不能列为预付账款的。（　　）

6. 备用金是企业拨付给内部用款单位或职工个人作为零星开支的备用款项。备用金应列为其他应收款进行核算。（　　）

7. 定额备用金制度有利于企业对备用金的使用进行控制，但会增加财会部门日常核算的工作量，适用于不太有经常性开支的内部用款单位。 （ ）

8. 企业应收款项和暂付款项是有区别的，但会计核算上是将应收垫付款、应收利息、应收股利等各种其他应收及暂付款项都列为其他应收款的。 （ ）

业务核算题

［**资料**］诚然公司为一般纳税人企业，发生有关预付账款和其他应收款业务如下：

1. 2月5日，按购货合同规定，向新丰公司预付购料款3万元。

2. 2月25日，新丰公司按合同要求发来原材料一批，增值税专用发票所列的货款为4万元，增值税为5 200元，价税款共计45 200元。材料验收入库（按实际成本计价），差额款暂未支付。

3. 2月28日，以银行存款向新丰公司支付上述购料款。

4. 职工李洋因公出差，向财务科借款1 000元，出纳以现金给付。

5. 企业供销部因工作需要，核定其定额备用金3 000元用于日常开支。出纳员开出现金支票给付。

6. 以银行汇票9万元，向长建公司支付公司在建工程项目预付工程价款。

7. 李洋出差归来，报销差旅费920元（其中，含已取得增值税专用发票上列明的住宿费500元、增值税30元），余款80元以现款交回。

8. 供销部前来报销文印费、业务接待费等2 500元（取得增值税普通发票）。经审核有关单据及审批意见后，同意报销，并以现金支票给付。

9. 公司因购货向大华公司租入包装物一批，以银行存款支付租入包装物押金7 000元。

10. 上述租入包装物退还大华公司，收回押金7 000元并存入银行。

11. 公司因自然灾害造成一批账面价值为5万元的库存商品被毁损，兴业保险公司核实后确认赔偿款3万元。

12. 发放职工工资，扣回上月为职工垫付的报刊杂志费（个人自理）12 000元。

［**要求**］根据上述资料，编制必要的会计分录。

模块四　应收款项减值的核算

填空题

1. 应收款项减值有两种核算方法：(1) ______________；(2) ______________。

2. 坏账，是指企业确实无法收回或收回可能性很小的____________；企业因发生坏账而产生的损失称为____________。

3. 备抵法下，企业计提坏账准备的方法主要有____________和____________等。企业对于单项金额重大的应收款项，应当______________减值测试。

4. “坏账准备”账户是________类账户，它是应收款项的________账户，期末贷方余额反映________________________。

名词解释

1. 坏账

2. 备抵法

单项选择题

1. 有客观证据表明应收款项发生减值的，其处理方法是（　　）。

A. 进行减值测试　　B. 计提坏账准备

C. 应确认为坏账　　D. 转为非流动资产

2. 企业（非小企业）应收款项减值（坏账损失）应采用的核算方法是（　　）。

A. 直接转销法　　B. 间接法

C. 备抵法　　D. 成本法

3. 企业计提坏账准备，应记入的账户是（　　）。

A. “管理费用”账户　　B. “财务费用”账户

C. “信用减值损失”账户　　D. “营业外支出”账户

4. 企业应收款项有确凿证据表明确实无法收回或收回可能性很小的，应确认为（　　）。

A. 坏账　　B. 应收款项减值

C. 营业外支出　　D. 信用减值损失

5. 有客观证据表明应收款项发生减值的，应当根据（　　）低于账面价值的差额，确认减值损失，计提坏账准备。

A. 预计未来现金流量　　B. 预计未来现金流量现值

C. 账面余额　　D. 可收回净额

6. 企业确认坏账，应按管理权限和程序进行报批，报经批准后才能予以转销。备抵法下，企业确认的坏账，记入（　　）账户。

A. “管理费用”　　B. “坏账准备”

C. “营业外支出”　　D. “信用减值损失”

7. 下列各项中，会计期末坏账准备的调整计提不必考虑的因素是（　　）。

A. 应收款项期末余额

B. 已计提的坏账准备

C. 已确认为坏账的应收款项本期收回的情况

D. 产品销售采用的结算方式

8. “坏账准备”账户期末余额是在贷方的，它是（　　）的备抵账户。

A. 应收账款　　B. 应收款项

C. 流动资产　　D. 无法收回的应收账款

9. 某企业“坏账准备”账户期初贷方余额为4 000元，“应收账款”和“其他应收款”的年初余额分别为30 000元和10 000元。当年确认的坏账为2 000元。“应收账款”和“其他应收款”的年末余额分别为50 000元和20 000元，假定该企业年末确定的坏账提取比例为10%。该企业年末应提取的坏账准备为（　　）元。

A. 1 000　　B. 3 000

C. 5 000　　D. 7 000

10. 某企业应收款项减值采用应收款项余额百分比法，坏账准备计提比例为5%。12月初，“坏账准备”账户贷方余额为40万元，本月实际确认坏账为12万元，12月31日经减值测试和计算，应调整计提坏账准备22万元。不考虑其他因素，该企业12月31日“应收账款”期末余额为（　　）万元。

A. 1 000　　B. 600

C. 550　　D. 560

多项选择题

1. 企业应在资产负债表日对应收款项的账面价值进行减值测试，分析各项应收款项的（　　　　）等因素，对应收款项是否发生减值作出判断。

A. 特征　　B. 金额大小

C. 信用期限　　D. 债务人的信誉和生产经营情况

2. 判断应收款项发生减值的客观证据，包括（　　）。

A. 债务人发生严重财务困难

B. 债务人违反合同条款，如发生违约等

C. 债务人很可能倒闭或进行其他财务重组

D. 债务人法人代表发生变动

3. 企业应收款项符合下列条件之一的，应确认为坏账，包括（　　）。

A. 债务人死亡或破产，其破产财产或遗产清偿后，仍然无法收回的

B. 因债务单位撤销、资不抵债或现金流量严重不足，确实无法收回的

C. 因发生严重自然灾害导致债务单位停产而在短期内无法偿付债务，确实不能收回的

D. 债务人未履行其偿债义务超过 2 年，并有足够的证据表明收回的可能性很小的

4. 下列各项中，应记入“坏账准备”账户借方的有（　　）。

A. 提取坏账准备　　B. 冲回多提坏账准备

C. 收回以前确认并转销的坏账　　D. 实际发生的坏账

5. 下列各项中，应计提坏账准备的有（　　）。

A. 长期应收款　　B. 应收账款

C. 预付账款　　D. 其他应收款

6. 下列各项中，应记入“坏账准备”账户贷方的有（　　）。

A. 按规定提取的坏账准备　　B. 存出保证金被没收

C. 确认发生的坏账　　D. 收回过去已确认并转销的坏账

7. 下列说法中，正确的有（　　）。

A. 计提坏账准备是谨慎性核算要求的体现

B. “坏账准备”账户属于资产类账户

C. 单项金额非重大的应收款项可以单独进行减值测试，也可以划分为若干组合进行减值测试

D. 小企业应收款项减值（坏账损失）的核算可以采用备抵法，也可以采用直接转销法

不定项选择题

［资料］华盛公司为增值税一般纳税人，2×22 年 12 月初，该公司“应收账款”账户借方余额为 120 万元（各明细账户无贷方余额），“坏账准备”账户贷方余额为 7.5 万元。该公司未设置“预收账款”账户。2×22 年 12 月，该公司发生相关经济业务如下：

（1）3 日，向乙公司销售 H 产品一批，发出的商品满足收入确认条件，开具的增值税专用发票注明的价款 40 万元，增值税税额 5.2 万元；以银行存款为乙公司代垫运杂费 1 万元，增值税 900 元，上述全部款项至本月末均未收到。

（2）13 日，购入原材料一批，取得的增值税专用发票注明的价款 20 万元，增值税税额 2.6 万元，材料验收入库。华盛公司背书转让面值为 22 万元的不带息银行承兑汇票结算购料价税款，不足部分以银行存款补付。

（3）25 日，因丁公司破产，应收丁公司账款 5 万元确实无法收回，经批准确认为坏账予以核销。

（4）31 日，华盛公司经评估测算“坏账准备——应收账款”账户应保持的贷方余额为 80 645 元。

［要求］根据上述资料，不考虑其他因素，分析回答下列各小题。

1. 根据资料（1），下列各项中，华盛公司 3 日销售商品确认的应收账款金额是（　　）元。

A. 462 000　　B. 452 000

C. 462 900　　D. 410 000

2. 根据资料（2），下列各项中，华盛公司采购原材料相关的会计处理，正确的是（　　）。

A. 贷记“其他货币资金”账户 220 000 元

B. 贷记“银行存款”账户 6 000 元

C. 贷记“应收票据”账户 220 000 元

D. 贷记“短期借款”账户 226 000 元

3. 根据资料（2），下列各项中，华盛公司确认坏账的会计处理，正确的是（　　）。

A. 借：信用减值损失——计提坏账准备　　50 000
　　贷：应收账款——丁公司　　50 000

B. 借：坏账准备——应收账款　　50 000
　　贷：信用减值损失——计提坏账准备　　50 000

C. 借：信用减值损失——计提坏账准备　　50 000
　　贷：坏账准备——应收账款　　50 000

D. 借：坏账准备——应收账款　　50 000
　　贷：应收账款——丁公司　　50 000

4. 根据期初资料和资料（1）至（4），下列各项中，关于华盛公司 12 月末坏账准备的会计处理的表述，正确的是（　　）。

A. 计提坏账准备前，“坏账准备——应收账款”账户的贷方余额为 25 000 元

B. 本年末应计提坏账准备的金额为 80 645 元

C. 计提坏账准备前，“坏账准备——应收账款”账户的贷方余额为 75 000 元

D. 本年末应计提坏账准备的金额为 55 645 元

5. 根据期初资料和资料（1）至（4），12 月 31 日，华盛公司应收账款的账面价值是（　　）元。

A. 1 507 255　　B. 1 532 255

C. 1 668 545　　D. 1 612 900

判断题

1. 企业各项应收款项包括应收账款、应收票据、预付账款、其他应收款、长期应收款等，存在坏账风险，确认发生减值的，应按规定计提坏账准备。 (　　)

2. 采用备抵法核算应收款项减值（坏账损失）的，应设置“坏账准备”账户；企业确认坏账时，应贷记“坏账准备”账户。 (　　)

3. 计提坏账准备的应收款项余额百分比法，是根据企业本期赊销金额和估计的坏账准备计提比例来计算提取坏账准备的。 (　　)

4. 企业坏账准备计提的方法和提取的比例应由国家统一规定。 (　　)

5. 个别认定法是指对应收款项明细账上的客户逐一进行分析，据以估计可能的坏账损失，确定本期期末坏账准备的应有余额及应计提坏账准备的方法。 (　　)

6. 年末，企业应根据应收款项余额的一定比例计提坏账准备，账务处理是借记“管理费用”账户，贷记“坏账准备”账户。 (　　)

7. 企业已确认并转销的坏账，如果以后又收回，可以在收回时，按照收回的金额借记“银行存款”账户，贷记“坏账准备”账户。 (　　)

8. 资产负债表日，企业应对各项应收款项的账面价值进行检查，有客观证据表明该应收款项发生减值的，应当计提其坏账准备。 (　　)

9. 商业承兑汇票到期，如果付款人无力付款，收款人则无法收回款项，应将这一票款转为坏账损失。 (　　)

10. 已确认为坏账的应收账款，并不意味着企业放弃了其追索权，一旦重新收回，应及时入账，其账务处理是冲减已计提的坏账准备。 (　　)

业务核算题

（一）练习应收款项余额百分比法下坏账准备的计提

[资料] 某公司发生有关经济业务如下：

2×21 年初，“坏账准备”账户贷方余额为 4 600 元，计提坏账准备金的比例为 1%。同年 3 月，债务人恒达公司因长期亏损已逾期 3 年未偿还前欠本企业货款 5 000 元，经批准，本公司将其确认为坏账；该年年末，公司应收账款余额为 60 万元。2×22 年 7 月恒达公司扭亏为盈，首批偿还原欠债务 2 000 元。2×22 年末，公司应收账款余额为 65 万元。

1. 2×21 年 3 月，核销坏账。

2. 2×21 年末，计提坏账准备。

3. 2×22 年 7 月，收回已核销的坏账。

4. 2×22 年末，计提坏账准备。

[要求] 根据上述资料，编制必要的会计分录。

（二）练习应收款项余额百分比法下坏账准备计提的计提

［资料］某公司2×22年12月1日，应收账款余额为10万元，“坏账准备”账户贷方余额为2 000元；采用“应收款项余额百分比法”核算应收账款减值和坏账准备，坏账准备的提取比例为2%。2×22年12月发生有关经济业务如下：

1. 12月7日，向B公司销售产品210件，单价1 000元，增值税税率为13%，销售价款尚未收到。

2. 12月24日，经批准，将甲公司所欠货款9 000元确认为坏账予以核销。

3. 12月29日，收回前期已确认为坏账的应收账款3 000元，款项已转存银行。

4. 12月31日，调整计提本年末应计提的坏账准备。

［要求］根据上述资料，编制必要的会计分录。

（三）练习应收款项余额百分比法下坏账准备的计提

［资料］某公司2×21年起采用“应收款项余额百分比法”计提坏账准备，计提坏账准备的比例为5%。2×21年初“坏账准备”账户无余额，2×21年末应收款项余额为50万元。2×22年8月确认坏账5万元，10月收回已核销坏账2万元，2×22年末应收账款余额为60万元。

1. 2×21年末，计提坏账准备。

2. 2×22年8月，核销坏账5万元。

3. 2×22年10月，收回已核销的坏账2万元。

4. 2×22年末，调整计提坏账准备。

［要求］根据上述资料，编制必要的会计分录。

（四）练习账龄分析法下坏账准备的计提与核算

［资料］甲公司坏账准备计提采用账龄分析法，2×22年12月31日坏账准备计提前“坏账准备”账户贷方余额为3 000元，应收账款账龄和坏账估计的比例资料见表3-1。

表 3-1　　应收账款账龄分析表　　单位：元

账龄	应收账款金额	估计损失率（%）	估计损失额（减值）
未逾期	45 000	0.5	
逾期六个月	10 000	1	
逾期一年	22 000	3	
逾期一年以上两年以内	35 000	5	
逾期超两年	18 000	10	
合　计	130 000	—	

[**要求**] 计算本年末应调整计提的坏账准备，并编制会计分录。

（五）练习坏账准备的计提

[**资料**] 某公司 2×21 年末至 2×22 年发生下列有关经济业务：

1. 2×21 年末应收款项具体资料见表 3-2，据以调整计提坏账准备。

表 3-2　　应收款项资料表　　单位：元

项目	应收款项账面余额	已提坏账准备	预计未来现金流量现值
应收账款——A 公司	500 000	25 000	420 000
预付账款——B 公司	200 000	20 000	185 000
其他应收款——甲企业	150 000	10 000	120 000
——B 企业	100 000	0	90 000
合计	950 000	55 000	815 000

2. 2×22 年 9 月，应收甲企业的其他应收款 15 万元，因甲企业财务状况恶化，经确认收回可能性很小，经批准确认为坏账予以核销。

3. 2×22 年 11 月，上年已作为坏账核销的应收 C 公司货款 6 万元，收回并存入银行。

[**要求**] 根据上述资料，编制必要的会计分录。

项目四 *Project 4*

存货的核算

模块一　存货认知

填空题

1. 从存货的特点看，存货经常处于不断销售、耗用、购买或重置中，说明存货具有较强的________________；存货有可能变为积压物资或降价销售，说明存货具有________________。

2. 按存放地点的分类，存货包括__________、__________、__________、__________等。

3. 存货盘存制度有__________、__________两种。

名词解释

1. 存货

2. 永续盘存制

单项选择题

1. 存货的确认，首先，要符合（　　）；其次，要同时满足存货确认的两个条件。

A. 存货的定义　　B. 持有目的是使用或销售
C. 是否验收入库　　D. 是否取得发票

2. 下列各项中，不属于企业存货的是（　　）。
A. 委托加工物资
B. 在产品
C. 客户已交款购买，发票（提货单）已开出，因客户原因而暂未提取的货物
D. 货款已付尚在运输途中的外购材料

3. 一项相关资产，判断确认为存货的时点标准是（　　）。
A. 支付款项时　　B. 取得其所有权时
C. 收到货物时　　D. 交付定金或签订合同时

4. 通过盘点先确定期末结存存货的数量，然后推算出本期发出存货的数量，这种方法称为（　　）。
A. 永续盘存制　　B. 实地盘存制（定期盘存法）
C. 权责发生制　　D. 收付实现制

5. 企业持有存货的目的，在于准备在正常经营过程中（　　）。
A. 使用　　B. 获得增值
C. 予以出售或耗用　　D. 提供劳动资料

多项选择题

1. 存货与其他资产相比，其特点包括（　　　　）。
A. 具有实物形态
B. 是流动性最强的流动资产
C. 具有发生潜在损失的可能性
D. 持有目的在于准备在正常经营过程中予以出售或耗用

2. 下列各项中，属于存货的有（　　　　）。
A. 包装物和低值易耗品　　B. 持有待售固定资产
C. 在产品、半成品　　D. 消耗性生物资产

3. 下列各项中，应列为企业存货的有（　　　　）。
A. 为建造厂房等各项工程而专项储备的各种材料、物资
B. 汽车制造厂生产的汽车
C. 一般企业管理部门使用的汽车
D. 已经运出企业用于委托代销的商品和用于展览的商品

判断题

1. 凡是存放在企业仓库的产品、材料、商品等，均应列为本企业的存货。（　　）

2. 企业原材料、周转材料、库存商品、委托加工物资、在途物资均属于企业存货，但委托代销产品、代制品、代修品就不属于企业存货。（　）

3. 永续盘存制下，应对存货分品种、规格等设置明细账，逐笔或逐日记录存货收入、发出的数量和金额，并结出期末结余的数量和金额。企业存货一般应采用永续盘存制进行核算。（　）

4. 实地盘存制是“以存计耗”或“以存计销”的，其期末结存数计算公式为：期末结存数 = 期初结存数 + 本期收入数 - 本期发出数。（　）

5. 企业已经购入尚在运输途中的各种在途物资，已经发出并已办妥托收手续的发出商品，也应列为企业存货。（　）

模块二　存货的收发计量

填空题

1. 构成外购存货成本的采购费用，包括＿＿＿＿＿＿、＿＿＿＿＿＿和＿＿＿＿＿＿等。

2. 企业自制存货成本是其制造过程中发生的＿＿＿＿＿＿，包括在制造过程中发生的＿＿＿＿＿＿、＿＿＿＿＿＿和＿＿＿＿＿＿。

3. 存货发出成本确定的加权平均法，分为＿＿＿＿＿＿和＿＿＿＿＿＿两种。存货发出成本确定的其他方法，主要还有＿＿＿＿＿＿、＿＿＿＿＿＿。

名词解释

1. 移动加权平均法

2. 先进先出法

单项选择题

1. 取得存货入账价值的基础应采用（　　）。

A. 重置成本　　B. 实际成本

C. 可变现净值　　D. 计划成本或定额成本

2. 下列外购存货支付的款项，不应计入存货成本的是（　　）。

A. 入库前的挑选整理费用

B. 一般纳税人企业增值税专用发票所列的增值税

C. 进口货物支付的关税、消费税

D. 委托加工存货支付的运杂费、加工费

3. 材料采购运输途中的合理损耗应（　　）。

A. 计入材料采购成本　　B. 计入管理费用

C. 计入其他业务成本　　D. 计入销售费用

4. 企业投资者投入存货的入账价值是（　　）。

A. 评估价值或实际成本　　B. 投资合同或协议约定的价值

C. 市场价格－增值税进项税额　　D. 实际成本＋增值税进项税额

5. 要求每次收到存货后就计算一次新的加权平均单价的存货发出计价方法是（　　）。

A. 先进先出法　　B. 月末一次加权平均法

C. 移动加权平均法　　D. 个别计价法

6. 下列发出存货的计价方法中，成本计算最准确且又最符合实际情况的是（　　）。

A. 先进先出法　　B. 移动加权平均法

C. 月末一次加权平均法　　D. 个别计价法

7. 在物价上涨的情况下，采用（　　）进行发出存货的计价，可使库存存货的账面价值比较接近于市场价格。

A. 月末一次加权平均法　　B. 个别计价法

C. 先进先出法　　D. 移动加权平均法

8. 物价持续上涨的情况下，采用先进先出法进行发出存货的计价，会使（　　）。

A. 期末库存存货成本降低，当期利润减少

B. 期末库存存货成本升高，当期利润增加

C. 期末库存存货成本降低，当期利润增加

D. 期末库存存货成本升高，当期利润减少

9. 下列发出存货计价方法，平时无法从账簿记录上反映发出和结存存货的单价和金额的方法是（　　）。

A. 月末一次加权平均法　　B. 个别计价法

C. 先进先出法　　D. 移动加权平均法

10. 某工业企业（一般纳税人）从外地购入乙材料 9 000 千克，单价 8 元，以存款支付价款和税费为：增值税专用发票所列价款 72 000 元，增值税 9 360 元；增值税专用发票所列

的运输费5 000 元，增值税 450 元；取得增值税普通发票入库前的挑选整理费用 1 000 元（含增值税）。此项业务还发生采购人员差旅费 1 200 元。不考虑其他因素，该项乙材料的入账成本是（　　）。

A. 91 220 元　　B. 79 200 元

C. 78 000 元　　D. 90 020 元

11. 某企业采用先进先出法计算发出材料的成本。4 月 1 日结存 A 材料 100 吨，每吨实际成本为 400 元；4 月 4 日和 4 月 17 日分别购进 A 材料 300 吨和 400 吨，每吨实际成本分别为 350 元和 420 元；4 月 10 日和 4 月 27 日分别发出 200 吨 A 材料。A 材料 4 月末账面余额为（　　）元。

A. 159 000　　B. 156 500

C. 178 000　　D. 168 000

12. 一般纳税人企业购进存货，用于非应纳增值税项目或免征增值税项目以及未能取得增值税专用发票或完税凭证的，其支付的增值税应计入（　　）。

A. 购入存货的成本

B. 应交增值税的“进项税额”

C. 应交增值税的“待抵扣进项税额”

D. 营业外支出

多项选择题

1. 企业取得存货时，应当按照其成本入账。存货成本，是指存货取得过程中发生的全部实际支出，存货成本有（　　）三种类型。

A. 采购成本　　B. 加工成本

C. 完全成本　　D. 其他成本

2. 企业发出存货，可选择的计价方法有（　　）。

A. 先进先出法　　B. 月末一次加权平均法

C. 个别计价法　　D. 移动加权平均法

3. 对一般纳税人企业而言，（　　）不应计入外购存货的采购成本。

A. 购入存货准予抵扣的增值税　　B. 购入存货应负担的消费税

C. 入库前的挑选整理费用　　D. 采购人员的差旅费

4. 下列各项中，应列入外购存货成本的有（　　）。

A. 运输途中的合理损耗

B. 一般纳税人企业专用发票所列的增值税进项税额

C. 进口货物支付的关税、消费税

D. 委托加工存货支付的运杂费、加工费

5. 发出存货计价方法的选择，可能影响（　　）的确定。

A. 资产总额　　B. 负债总额

C. 企业损益　　D. 应纳税所得额

6. 商品流通企业购进商品采购过程中发生的进货费用的处理方法有（　　）三种。

A. 直接计入商品采购成本

B. 先进行归集，期末根据所购商品的存销情况进行分摊

C. 直接计入当期损益

D. 直接列为商品进销差价

7. 下列发出存货计价方法，能够使存货明细账的记录及时完整、便于存货日常管理的有（　　）。

A. 月末一次加权平均法　　B. 移动加权平均法

C. 个别计价法　　D. 先进先出法

判断题

1. 企业购入存货支付的价内税（如消费税）应列入存货成本；支付的价外税（如增值税），只要是取得增值税专用发票的就不能列入存货成本。（　　）

2. 小规模纳税人企业，购入存货支付的增值税应计入外购存货的采购成本。（　　）

3. 外购存货的入账成本，应包括运输途中发生的所有损耗；自制存货的入账成本应包括存货制造过程中发生的全部支出。（　　）

4. 企业采购人员差旅费、入库后的整理挑选费用、入库后发生的短缺和损耗均不能列入购进存货的成本。（　　）

5. 企业接受外来原材料加工制造的代制品，其入账成本应包括外来原材料的成本和加工成本。（　　）

6. 经过相当长时间的购建或者生产活动才能达到可使用或可销售状态的存货，其符合资本化条件的借款费用，也应计入存货成本。（　　）

7. 由于相同存货的单位成本会因为取得方式、采购时间、采购地点的不同而不同，这样，在每次发出存货时，就会产生发出存货的计价问题。（　　）

8. 个别计价法是指对库存和发出的每一特定货物或每一批特定货物的个别成本加以认定的一种方法。（　　）

9. 企业发出存货采用先进先出法计价，在物价上涨时，会使发出存货的成本接近市场价格。（　　）

10. 物价持续上涨时，发出存货选择移动加权平均法，会导致高估本期利润。（　　）

11. 移动加权平均法每次收入存货都要重新计算一次加权平均单位成本，计算工作量较大，适用于进货和发出次数不多、单位成本变动不大的存货。（　　）

12. 小规模纳税人企业购入存货支付的增值税和一般纳税人企业购入存货支付的未取得增值税专用发票（或规范完税凭证）的增值税是不能抵扣的，应计入存货成本。（　　）

业务核算题

（一）练习外购存货入账价值的确定

［资料］

1. 某工业企业（一般纳税人企业）从外地购入甲材料一批 2 000 千克，单价 20 元，增值税税率 13%，增值税专用发票所列的货款 4 万元，增值税 5 200 元；支付运输部门增值税专用发票所列运输费 1 000 元，增值税 90 元；支付增值税普通发票所列的装卸费 300 元。为采购此项材料，发生采购人员差旅费 500 元；材料验收入库过程中发现短缺 20 千克，经确认此项短缺属定额内合理损耗。

2. 某企业为增值税小规模纳税人企业，购入乙材料 600 千克，单价 50 元，增值税专用发票所列的货款 3 万元，增值税 3 900 元；支付增值税普通发票所列的运输费 900 元，保险费 200 元；发生入库前挑选整理费 300 元。材料验收入库过程中发现短缺 5 千克，经确认此项短缺属定额内合理损耗。

［要求］根据上述资料，分别计算确定购入材料的总成本和单位成本。

（二）练习发出存货计价方法的运用

［资料］甲公司 8 月份 A 材料有关收、发、存的明细资料见表 4－1。

表 4－1　　A 材料明细账（基本格式）　　数量单位：千克

××年		摘要	收　入			发　出			结　存		
月	日		数量	单价（元）	金额（元）	数量	单价（元）	金额（元）	数量	单价（元）	金额（元）
8	1	月初余额							1 200	5	6 000
	3	购　入	600	5.30	3 180				1 800		
	7	发　出				800			1 000		
	12	购　入	1 000	5.40	5 400				2 000		
	16	发　出				1 200			800		
8	31	本月合计	1 600		8 580	2 000			800		

［要求］

1. 分别采用先进先出法、加权平均法和移动加权平均法，计算本月发出材料的成本和月末结存材料的成本。

2. 分别完成三种方法下材料明细账的设置和登记工作。

模块三　原材料的核算

填空题

1. 按其经济内容，原材料包括：________、________、________、________、包装材料和燃料等。

2. “在途物资”账户的期末借方余额，反映____________；“原材料”账户的期末借方余额，反映____________；“材料成本差异”账户的期末贷方余额，反映____________。

3. 企业外购材料采购途中发生的短缺和毁损，应区别情况进行处理：定额内合理的途中损耗，记入“______”账户；应由供应单位赔偿的途中损耗，记入“______”账户；应由运输单位、保险公司或其他过失人负责赔偿的途中损耗，记入“______”账户；待查明原因或需要报经批准才能转销处理的途中损耗，记入“______”账户。

名词解释

1. 原材料

2. 账卡合一

3. 材料成本差异

单项选择题

1. “在途物资”账户，可按（　　）设置明细账，进行明细核算。

A. 物资品种　　B. 供应单位

C. 物资类别　　D. 供应单位和物资品种

2. 企业购入材料已验收入库，但发票账单尚未收到的，其会计处理应是（　　）。

A. 按暂估价入账，并进行材料明细核算

B. 不必进行会计处理

C. 进行材料明细核算，按暂估价列为“应付账款”

D. 进行材料明细核算，收到发票账单后，按正常情况处理；至月终仍未收到发票账单的，进行暂估入账

3. 购入存货过程中因供应单位原因造成，应由供应单位赔偿的短缺，应（　　）。

A. 记入“应收账款”账户　　B. 记入“应付账款”账户

C. 记入“其他应收款”账户　　D. 计入材料采购成本

4. 企业购入材料，材料已验收入库，但至月终仍未收到发票账单的，月终的会计处理应是（　　）。

A. 暂时不进行账务处理　　B. 列为“预计负债”

C. 按估计成本或计划价格等暂估入账　　D. 进行红字冲销

5. 某公司（一般纳税人）从外地购入材料 20 000 千克，单价 15 元，增值税税率 13%，增值税专用发票所列增值税 39 000 元；支付增值税专用发票所列的运输费 15 000 元，增值税 1 350 元；支付增值税普通发票所列的装卸费 1 850 元，入库前挑选整理费用 3 000 元；支付采购人员差旅费 7 800 元。材料验收入库发现短缺 100 千克，经确认属运输途中合理损耗。不考虑其他因素，该材料的单位成本是（　　）。

A. 18.49 元/千克　　B. 18.10 元/千克

C. 16.07 元/千克　　D. 15.99 元/千克

6. “材料采购”账户的期末借方余额，反映（　　）。

A. 材料采购成本　　B. 在途材料的采购成本（实际成本）

C. 采购材料的节约差异　　D. 在途材料的计划成本

7. 某工业企业采用计划成本进行原材料的核算。月初结存原材料的计划成本为 5 万元，本月收入原材料计划成本为 10 万元，本月发出原材料计划成本为 8 万元，原材料成本差异的月初余额为 1 000 元（超支），本月收入材料成本差异为 2 000 元（超支）。不考虑其他因素，本月结存原材料实际成本为（　　）。

A. 81 600 元　　B. 71 400 元

C. 80 800 元　　D. 68 600 元

8. 材料的收发采用计划成本计价核算，收入材料计划成本大于实际成本的差额，结转“材料采购”账户的账务处理为（　　）。

A. 借：材料采购
　　贷：材料成本差异

B. 借：材料成本差异
　　贷：材料采购

C. 借：生产成本
　　贷：材料成本差异

D. 借：材料成本差异
　　贷：生产成本

9. 企业在材料收入的核算中，需在月末暂估入账，并于下月初红字冲回的是（　　）。

A. 月末购货发票账单未到，货款未付但已入库的材料

B. 月末购货发票账单已到，货款未付但已入库的材料

C. 月末购货发票账单已到，货款已付且已入库的材料

D. 月末购货发票账单已到，货款已付但未入库的材料

10. 某企业A材料采用计划成本核算，已知期初A材料计划成本12万元，材料成本差异为贷方余额6 000元，该材料计划单位成本为24元，本期两次分别购进材料为2 000千克和3 000千克，单价分别为22元和28元，本月领用A材料4 000千克。不考虑其他因素，则期末“材料成本差异”账户的余额为（　　）。

A. 借方余额1 200元　　B. 贷方余额1 200元

C. 借方余额800元　　D. 贷方余额800元

11. “材料成本差异”账户和“材料采购”账户，按性质均属于（　　）账户。

A. 负债类　　B. 资产类

C. 成本类　　D. 所有者权益类

12. 原材料已验收入库，月末尚未收到结算凭证，入库材料按暂估价入账时，应贷记的账户是（　　）。

A. “在途物资”账户　　B. “应付账款”账户

C. “其他应付款”账户　　D. “其他货币资金”账户

多项选择题

1. 下列各项中，应列入“原材料”账户进行核算的有（　　　）。

A. 外购半成品　　B. 周转材料

C. 包装材料　　D. 燃料

2. 购入材料、商品采购途中发生短缺或损耗，应根据不同情况进行处理，可能列支的账户（借方）有（　　　）。

A. “应付账款”账户　　B. “其他应收款”账户

C. “应收账款”账户　　D. “待处理财产损溢”账户

3. 企业购进材料一批，已验收入库，但到月终时结算凭证仍未收到，货款尚未支付。对该项业务，企业应进行的账务处理有（　　　）。

A. 材料验收入库时按暂估价入账　　B. 材料验收入库时只登记原材料明细账

C. 月末进行暂估入账　　D. 下月初用红字冲回

4. 企业原材料采用计划成本核算，应设置的账户有（　　　）。

A. “原材料”账户　　B. “在途物资”账户

C. “材料采购”账户　　D. “材料成本差异”账户

5. “材料采购”账户的借方登记（　　　）。

A. 购入材料采购（实际）成本

B. 购入材料实际成本大于计划成本的差异

C. 购入材料实际成本小于计划成本的差异

D. 验收入库材料计划成本

6. 材料按计划成本计价核算，“材料成本差异”账户期末余额（　　　）。

A. 一定为借方余额　　B. 一定为贷方余额

C. 可能为借方余额　　D. 可能为贷方余额

7. “材料成本差异”账户的贷方登记（　　）。

A. 收入材料转入的节约差异　　B. 收入材料转入的超支差异

C. 发出材料应负担的节约差异　　D. 发出材料应负担的超支差异

8. 下列各项中，明细账需采用横线（平行登记式）进行登记的有（　　）。

A. “材料采购”账户　　B. “材料成本差异”账户

C. “原材料”账户　　D. “在途物资”账户

不定项选择题

（一）存货购入、发出及结存的相关会计处理

［资料］大华公司为增值税一般纳税人，适用的增值税税率为13%，原材料按实际成本计价核算，发出材料成本采用月末一次加权平均法计算。12月初A材料结存数量510千克，单位实际成本200元/千克。该公司12月份发生的有关经济业务如下：

（1）6日，购入A材料1 000千克，增值税专用发票注明的价款190 000元，增值税税额24 700元；购入该批材料发生取得增值税普通发票的保险费1 000元、运输费3 000元（均含增值税）。材料验收入库数为990千克，短缺10千克为运输途中的合理损耗。价税款及运输费以银行汇票结算付讫。

（2）10日，收到丙公司作为资本投入的A材料500千克，材料如数验收入库。投资合同约定该批材料不含增值税的价值为10万元，丙公司享受大华公司的实收资本金额为6万元。大华公司因接受此项资本投入取得的增值税专用发票上注明的增值税税额为13 000元。

（3）20日，领用A材料20 000元，全部用于企业专设销售机构办公楼的日常维修，购入时计列的增值税进项税额为2 600元。

［要求］根据上述资料，不考虑其他因素，分析回答下列各小题。

1. 根据资料（1），下列各项中，应计入外购原材料实际成本的是（　　）。

A. 采购过程中发生的保险费、运输费　　B. 运输途中的合理损耗

C. 增值税专用发票注明的增值税税额　　D. 入库前的挑选整理费用

2. 根据资料（1），下列各项中，大华公司购入A材料相关的会计处理，正确的是（　　）。

A. 借记“原材料”账户194 000元

B. 借记“原材料”账户216 800元

C. 借记“待处理财产损溢”账户1 900元

D. 贷记“其他货币资金”账户218 700元

3. 根据期初资料、资料（1）至（2），大华公司当月发出A材料的单价是（　　）元。

A. 178　　B. 198

C. 197.01　　D. 176

4. 根据资料（2），下列各项中，大华公司接受丙公司投入A材料的会计处理结果，正确的是（　　）。

A. “原材料”账户借方增加 100 000 元

B. “资本公积”账户贷方增加 53 000 元

C. “应交税费——应交增值税（进项税额）”账户借方增加 13 000 元

D. “实收资本”账户贷方增加 73 000 元

5. 根据资料（3），大华公司专设销售机构办公楼日常维修领用 A 材料的会计处理，正确的是（　　）。

A. 借：管理费用　　20 000
　　贷：原材料——原料及主要材料（A 材料）　　20 000

B. 借：销售费用　　22 600
　　贷：原材料——原料及主要材料（A 材料）　　20 000
　　　　应交税费——应交增值税（进项税额转出）　　2 600

C. 借：销售费用　　20 000
　　贷：原材料——原料及主要材料（A 材料）　　20 000

D. 借：在建工程　　22 600
　　贷：原材料——原料及主要材料（A 材料）　　20 000
　　　　应交税费——应交增值税（进项税额转出）　　2 600

（二）计划成本法下存货的相关会计处理

[资料] 华丰公司为增值税一般纳税人，适用的增值税税率为 13%，原材料（乙材料）按计划成本计价核算，单位计划成本为 50 元/千克。7 月初“原材料（乙材料）”和“材料成本差异（乙材料）”账户借方余额分别为 152 500 元和 500 元。7 月份发生的有关经济业务如下：

（1）6 日，从大力公司购入乙材料 2 000 千克，增值税专用发票注明的价款 90 000 元，增值税 11 700 元；增值税专用发票注明的运输费 2 000 元，增值税 180 元。全部款项以银行存款支付，材料尚未收到。

（2）10 日，从大力公司购入的乙材料收到，验收时发现短缺 50 千克，经查明，短缺为运输途中合理损耗，按实际数量验收入库。

（3）15 日，从科新公司购入乙材料 5 000 千克，增值税专用发票注明的价款 240 000 元，增值税 31 200 元。材料如数验收入库，价税款尚未支付。

（4）7 月份，华丰公司发出乙材料的计划成本 300 000 元。

[要求] 根据上述资料，不考虑其他因素，分析回答下列各小题。

1. 根据资料（1），下列各项中，华丰公司从大力公司购入材料的会计处理结果，正确的是（　　）。

A. 材料采购增加 92 000 元　　B. 原材料增加 92 000 元

C. 增值税进项税额增加 11 880 元　　D. 在途材料增加 103 880 元

2. 根据资料（2），下列各项中，华丰公司此项业务的会计处理结果，正确的是（　　）。

A. 原材料增加 100 000 元　　B. 原材料增加 97 500 元

C. 发生材料节约差异 5 500 元　　D. 发生材料超支差异 5 500 元

3. 根据资料（3），下列各项中，华丰公司此项业务的会计处理，正确的是（　　）。

A. 借：原材料——原料及主要材料（乙材料）　　250 000
　　贷：材料采购——原材料（乙材料）　　250 000

B. 借：原材料——原料及主要材料（乙材料）　　250 000
　　应交税费——应交增值税（进项税额）　　31 200
　　贷：应付账款——大力公司　　281 200

C. 借：材料采购——原材料（乙材料）　　240 000
　　应交税费——应交增值税（进项税额）　　31 200
　　贷：应付账款——大力公司　　271 200

D. 借：材料采购——原材料（乙材料）　　10 000
　　贷：材料成本差异——原材料（乙材料）　　10 000

4. 根据期初资料和资料（1）至（3），下列各项中，关于材料成本差异的表述，正确的是（　　）。

A. “材料成本差异”账户为借方发生额 17 500 元

B. “材料成本差异”账户为贷方发生额 15 500 元

C. 当月材料成本差异率为 -3%（节约）

D. 当月材料成本差异率为 3.2%（超支）

5. 根据期初资料和资料（1）至（4），华丰公司 7 月末有关账户期末余额的计算结果，正确的是（　　）。

A. “原材料（乙材料）”账户期末借方余额 200 000 元

B. “原材料（乙材料）”账户期末借方余额 194 000 元

C. “材料成本差异”账户期末贷方余额 6 000 元

D. “材料成本差异”账户期末贷方余额 24 000 元

判断题

1. 企业的原材料无论是按实际成本计价核算，还是按计划成本计价核算，其计入生产成本的原材料成本最终均应为所耗用材料的实际成本。（　　）

2. “在途物资”账户是核算外购材料、商品的实际成本的，它应按物资的品种设置明细账。（　　）

3. “原材料”账户的期末借方余额，反映的是库存材料的实际成本；“材料成本差异”账户的期末借方余额，反映库存材料的超支差异。（　　）

4. 材料已验收入库，但月末仍未收到发票账单，入库材料按暂估价入账时，应贷记的账户是“在途物资”或“材料采购”账户。（　　）

5. 材料收发存的数量核算，由仓库保管人员负责；而金额核算则由财会人员负责。（　　）

6. 企业购入材料发生的短缺，经确认系运输单位责任造成，应由其赔偿的价值，应借记“应收账款”账户。（　　）

7. 一般纳税人企业购入材料用于在建工程和职工生活福利等，均应按使用材料的规定税率，计算结转增值税进项税额。（　　）

8. 材料按计划成本计价核算，运输途中发生的定额内合理损耗，是反映在“材料成本差异”账户的。（ ）

9. 材料的明细核算采用“两套账”形式，即“账卡分设”，仓库和会计部门能够相互制约、相互核对，有利于材料管理工作，但核算工作量较大，而且存在重复记账的情况。（ ）

10. 发出材料平时根据发料凭证登记材料明细分类账，月末根据当月的发料凭证，按领用部门和用途进行归类汇总，编制“发料凭证汇总表”，并据以进行发出材料的总分类核算。（ ）

业务核算题

（一）练习原材料按实际成本计价的核算

［资料］某公司为增值税一般纳税人，原材料按实际成本计价核算，A、B 材料均为原料及主要材料。6 月份发生有关经济业务如下：

1. 2 日，从本市购入 A 材料 100 千克，增值税专用发票所列货款 1 万元，增值税 1 300 元。开出转账支票一张支付价税款，材料已验收入库。

2. 5 日，从外地购进 B 材料一批，增值税专用发票所列货款 3 万元，增值税 3 900 元；增值税专用发票所列运输费 600 元，增值税 54 元。签发并承兑为期 3 个月、面值为 34 554 元的商业承兑汇票一张支付价税款，材料已验收入库。

3. 8 日，按合同规定，向利丰公司预付购料款 4 万元，开出转账支票支付。

4. 10 日，从外地康佳公司购入 B 材料 500 千克，材料单价为 40 元，增值税专用发票所列货款 2 万元，增值税 2 600 元。上述款项已通过银行划转，但材料尚未收到。

5. 16 日，用预付款方式向利丰公司采购的 A 材料已验收入库，增值税专用发票列明材料价款 5 万元，增值税 6 500 元，当即开出一张转账支票补付货款 16 500 元。

6. 20 日，从康佳公司购买的 B 材料运达，验收入库 450 千克，短缺 50 千克，原因待查。材料单价为 40 元/千克，进项税额一并予以结转。

7. 25 日，上述 B 材料短缺 50 千克的原因已查明，是康佳公司少发货所致，康佳公司同意退款，但款项尚未收到。

8. 基本生产车间制造 H 产品回收下脚废料一批，列为辅助材料验收入库，作价 2 000 元。

9. 30 日，向上诚公司购入 A 材料，材料已验收入库，但发票单据尚未收到。按合同价 1 万元暂估入账。

10. 30 日，根据发料凭证汇总表，本月生产产品领用 A 材料 3 万元，B 材料 2 万元，车间一般性消耗领用 A 材料 1 000 元，职工生活福利领用 B 材料 1 万元。

［要求］根据以上资料，编制必要的会计分录。

（二）练习材料按计划成本计价的核算

［**资料**］某公司为增值税一般纳税人，原材料按计划成本核算，甲材料为原料及主要材料。7 月初 A 材料计划成本 10 万元，材料成本差异为超支 2 000 元，该公司 7 月份发生有关经济业务如下：

1. 10 日，购入甲材料一批，增值税专用发票上注明材料的货款 20 万元，增值税 26 000 元。价税款以银行存款支付，材料已验收入库。该批材料计划成本为 218 400 万元。

2. 15 日，向大理公司购入甲材料一批，增值税普通发票上标明价税合计为 10 万元，其中货款 88 495. 58 元，增值税 11 504. 42 元。价税款尚未支付，材料已验收入库。该批材料的计划成本 96 600 元。

3. 20 日，向求实公司购买甲材料 1 000 千克，增值税专用发票所列货款 4 万元，增值税 5 200 元。款项均已通过银行支付，材料尚未收到。

4. 28 日，上述 20 日求实公司购买的甲材料已运达，实际验收入库 980 千克，短缺 20 千克，属定额内的合理损耗。甲材料计划单位成本为 42 元。

5. 31 日，生产车间自制完工验收入库甲材料一批，计划成本为 42 840 元，实际成本为 42 030 元。

6. 31 日，结计本月收入甲材料的计划成本和材料成本差异，计算 7 月份材料成本差异率。

7. 31 日，根据发料凭证汇总表，本月领用甲材料计划成本 25 万元，其中生产产品领用 20 万元，车间一般性消耗 2 万元，专设销售机构领用 5 000 元，厂部领用 25 000 元。

8. 31 日，计算发出材料应分摊的成本差异，并予以结转。

［**要求**］根据以上经济业务，完成必要计算，并编制必要的会计分录。

（三）练习材料成本差异的计算

［**资料**］某公司乙材料采用计划成本核算，月初乙材料计划成本为 8 万元，材料成本差异为超支差异 6 000 元；本月收入材料的计划成本为 28 万元，实际成本为 26. 68 万元；本月发出乙材料计划成本为 25 万元。

［**要求**］根据以上材料，列式计算下列各项。

（1）材料成本差异率 =

（2）发出材料应分摊的成本差异 =

（3）发出材料实际成本 =

（4）结存材料应分摊的成本差异 =

（5）结存材料实际成本 =

模块四　周转材料的核算

填空题

1. 周转材料包括____________和____________以及施工企业的钢模板、木模板、脚手架等。

2. 低值易耗品和周转使用的包装物的摊销方法有______________、______________、______________三种。

名词解释

1. 周转材料

2. 分次摊销法

单项选择题

1. 下列属于周转材料的是（　　）。
   A. 包装材料　　B. 生产工具
   C. 消耗性生物资产　　D. 自制半成品

2. 企业不符合固定资产确认条件的劳动资料，一般应确认为（　　）。
   A. 原材料——辅助材料　　B. 材料——修理用备件
   C. 周转材料——低值易耗品　　D. 周转材料——包装物

3. 低值易耗品采用计划成本进行日常核算的，领用的低值易耗品还应在（　　）结转应分摊的成本差异。

A. 领用月份　　B. 报废月份

C. 使用期满月份　　D. 领用月份或报废月份

4. 下列各项中，不能列为“周转材料——包装物”核算的包装用品是（　　）。

A. 生产过程中使用的包装物　　B. 出租的包装物

C. 出借的包装物　　D. 各种包装材料

5. 随同产品出售但不单独计价的包装物，领用时应做的账务处理是（　　）。

A. 借记“营业外支出”账户，贷记“周转材料——包装物”账户

B. 借记“主营业务成本”账户，贷记“周转材料——包装物”账户

C. 借记“销售费用”账户，贷记“周转材料——包装物”账户

D. 借记“其他业务成本”账户，贷记“周转材料——包装物”账户

6. 企业出租包装物的摊销应作为（　　）处理。

A. 其他业务成本　　B. 营业外支出

C. 管理费用　　D. 销售费用

7. 采用一次摊销法核算的情况下，企业（非小企业）将报废的出租包装物残料价值入账时，应作为（　　）。

A. 增加其他业务收入处理　　B. 增加营业外收入处理

C. 冲减其他业务成本处理　　D. 冲减销售费用处理

8. 下列各项中，应列为制造费用的是（　　）。

A. 生产车间生产工具的成本摊销

B. 专设销售机构管理用具的成本摊销

C. 公司管理部门管理用具的成本摊销

D. 公司购进一批劳保用品验收入库

9. 下列各项中，关于周转材料会计处理的表述，不正确的是（　　）。

A. 随同产品出售不单独计价的包装物成本应计入销售费用

B. 随同产品出售单独计价的包装物取得收入应计入其他业务收入

C. 出借包装物成本的摊销应计入其他业务成本

D. 专设销售机构用列为低值易耗品的管理用具的摊销应计入销售费用

多项选择题

1. 不符合固定资产确认条件的下列各项中，应列为低值易耗品的有（　　）。

A. 一般工具　　B. 劳动保护用品

C. 替换设备　　D. 管理工具

2. 低值易耗品的摊销方法有（　　）。

A. 余额百分比法　　B. 一次摊销法

C. 分次（分期）摊销法　　D. 五五摊销法

3. 下列各项中，应列为包装物核算的有（　　）。

A. 随同产品出售而不单独计价的包装物

B. 随同产品出售而单独计价的包装物

C. 出租或出借给购买单位使用的包装物

D. 用于储存和保管产品而不对外出售的包装容器

4. 出租、出借包装物的收入包括（　　）。

A. 出租包装物的租金收入

B. 出租包装物收到的押金

C. 没收逾期未退还出租包装物的押金

D. 没收逾期未退还出借包装物的押金

5. 下列各项中，应列为销售费用的有（　　）。

A. 随同产品出售而不单独计价的包装物成本

B. 随同产品出售而单独计价的包装物成本

C. 出借包装物的成本摊销

D. 出租包装物的成本摊销

6. 周转材料采用分次摊销法和五五摊销法的，应分别设置（　　）三项进行明细核算。

A. “在库”

B. “在用”

C. “周转”

D. “摊销”

判断题

1. 企业的生产工具、管理用具，可以多次参加生产周转而不改变其原有实物形态，所以，应列为固定资产进行管理和核算。（　）

2. 低值易耗品也属于劳动资料，存在与固定资产一致的价值转移、使用过程的维修和报废残值的处理，但其价值较低、使用期限较短，价值转移是采用一定的方法进行摊销的。（　）

3. 低值易耗品的分次摊销法，各期成本费用的负担比较均衡的，主要适用于使用期限较长、单位价值较高或可供反复使用的低值易耗品。（　）

4. 随同产品出售单独计价的包装物成本，应计入销售费用；随同产品出售不单独计价的包装物成本，应计入其他业务成本。（　）

5. 出借包装物采用一次摊销法的，结转其成本的账务处理是：借记“其他业务成本”账户，贷记“周转材料——包装物”账户。（　）

6. 生产过程中领用，用于包装产品的包装物，应按领用包装物的成本，计入产品的生产成本。（　）

7. “周转材料——包装物”账户的核算内容，包括与产品或商品出售有关的包装容器以及包装产品用的包装纸、铁皮等包装材料。（　）

8. 企业用于储存和保管商品、材料，而不对外出售的包装物，应按其是否符合固定资产确认条件，分别列为“固定资产”或“周转材料（低值易耗品）”进行管理与核算。（　）

业务核算题

（一）练习低值易耗品摊销的核算

［**资料**］某公司对低值易耗品生产工具采用计划成本计价核算；管理用具采用实际成本计价核算。5月份有关经济业务如下：

1. 基本生产车间领用生产工具一批，计划成本36 000元，材料成本差异率为超支2%。采用分次摊销法，摊销期为24个月。

2. 公司管理部门领用管理用具一批，实际成本5 000元，采用五五摊销法摊销其成本。

3. 公司专设销售机构领用办公用具一批，实际成本2 000元，采用一次摊销法摊销其成本。

4. 本月公司管理部门报废管理用具一批，实际成本3 000元（五五摊销法）。收回残料验收入库，作价50元，摊销50%，结转全部摊销额。

［**要求**］根据以上经济业务，编制必要的会计分录。

（二）练习包装物的核算

［**资料**］某公司（非小企业）包装物采用实际成本计价核算，出租、出借包装物采用五五摊销法进行摊销，发生有关经济业务如下：

1. 向四平公司出租库存未用包装物200件，每件单位成本100元，本次使用每件租金20元，收取租金4 000元及应交增值税520元；收取押金24 000元。收取的租金及增值税、押金均收存银行，进行领用月份的成本结转及摊销账务处理。

2. 上述出租给四平公司的包装物租赁期满，收回包装物150件，以存款退还押金18 000元；其余50件包装物逾期未能收回，按合同规定没收其余押金（增值税税率为13%）。

3. 上述收回的150件包装物已重新入库，列为在库（已用包装物），成本15 000元。

4. 生产车间领用包装物一批，实际成本16 000元。

5. 销售过程领用随同产品出售不单独计价包装物一批，实际成本12 000元，结转其成本。

6. 销售过程领用随同产品出售单独计价的包装物一批，售价5 000元，增值税650元，价税款收存银行。该批包装物实际成本3 600元，结转其成本。

7. 五湖公司购买本公司产品，出借库存未用包装物一批，实际成本1万元，结转其成本。收取押金12 000元存入银行。

8. 上述出借给五湖公司的包装物如期收回，以存款退还押金12 000元；收回包装物已无法正常使用，经批准予以报废，残料列为辅助材料入库，作价 1 000 元。

［**要求**］根据以上资料，编制必要的会计分录。

模块五　库存商品的核算

填空题

1. 工业企业的库存商品，主要包括：（1）________；（2）________；（3）________；（4）________等。

2. 商品流通企业库存商品按售价金额法核算的，“库存商品”账户期末借方余额，反映的是库存商品的________；对商品售价与进价（实际成本）的差额，设置“________”账户单独进行核算。

名词解释

1. 产成品

2. 进销差价率

单项选择题

1. 下列各项中，不属于库存商品的是（　　）。

A. 库存产成品　　B. 存放在门市部准备出售的商品

C. 验收入库准备出售的自制半成品　　D. 验收入库准备继续加工用的自制半成品

2. 月终，结转发出和销售的产品成本，对已发出但未满足收入确认条件的商品，应借记的账户是（　　）。

A. “发出商品”账户　　B. “主营业务成本”账户

C. “其他业务成本”账户　　D. “营业外支出”账户

3. 就进货费用而言，商品流通企业商品的采购成本（　　）。

A. 包括进货费用　　B. 不包括进货费用

C. 与进货费用无关　　D. 可能包括也可能不包括进货费用

4. 已销商品的进销差价，应结转记入的账户是（　　）。

A. “主营业务成本”账户　　B. “主营业务收入”账户

C. “本年利润”账户　　D. “营业外收入”账户

5. 工业企业外购生产产品用的半成品应列为（　　）。

A. 库存商品　　B. 原材料

C. 周转材料　　D. 生产成本——自制半成品

6. “商品进销差价”账户是（　　）的备抵调整账户。

A. “主营业务收入”账户　　B. “库存商品”账户

C. “主营业务成本”账户　　D. “在途物资”账户

7. 下列说法中，不正确的是（　　）。

A. 代制品、代修品，应按发生的加工成本入账

B. 产成品按实际成本计价的，对发出和销售的产成品，可以采用先进先出法、加权平均法或者个别计价法等方法确定其实际成本

C. 验收入库的自制半成品，应列为库存商品

D. 外购商品价款已付，商品尚未验收入库的，应通过“在途物资”账户核算

多项选择题

1. 工业企业的库存商品包括（　　　）。

A. 已完成全部生产过程并已验收入库的合格品

B. 库存的可降价出售的不合格品

C. 已经完成销售手续，但购买单位至月末仍未提取的库存商品

D. 受托加工制造完成并已验收入库的代制品

2. 下列各项中，不属于工业企业产成品的有（　　　）。

A. 验收入库准备继续加工用的自制半成品

B. 验收入库准备出售的自制半成品

C. 为外单位加工修理的代修品

D. 生产车间之间直接转移的自制半成品

3. 商品流通企业（非小企业）商品采购过程中发生的进货费用的处理方法有（　　　）三种。

A. 直接计入商品采购成本

B. 先进行归集，期末根据所购商品的存销情况进行分摊

C. 直接计入当期损益（销售费用）

D. 直接列为商品进销差价

判断题

1. 企业加工完成并验收入库准备出售的半成品，应作为自制半成品在“生产成本”账户核算。（　）

2. 由于产品生产成本是按月计算的，所以，企业产成品的收入和发出，平时只记数量不记金额；月度终了，计算结转本月全部验收入库产成品的生产成本。（　）

3. 商品流通企业的库存商品包括库存的外购商品、存放在门市部准备出售的商品、发出展览的商品，但不包括自制商品和寄存在外的商品。（　）

4. 商品流通企业采购商品所发生的进货费用和手续费等，应计入管理费用。（　）

5. 库存商品采用售价金额法核算的，“库存商品”账户期末借方余额减去“商品进销差价”账户期末贷方余额，应是期末库存商品的实际成本（不考虑发出商品因素）。（　）

6. 库存商品采用售价金额法核算的商品流通企业，月末结转已销售商品应分摊的进销差价时，贷记的账户是“本年利润”账户。（　）

7. 企业的库存商品、发出商品、自制半成品、在产品都属于企业存货。（　）

8. 商品流通企业购入商品的进货费用，如运输费、装卸费、保险费等，可以计入商品采购成本，也可以直接计入当期损益（销售费用）。（　）

业务核算题

（一）练习工业企业产成品的核算

［资料］

1. 大华公司本月末汇总编制的“产成品入库汇总表”见表 4－2。

表 4－2　产成品入库汇总表　　单位：元

产品名称	单　位	数　量	单位成本	总成本
A 产品	件	1 200	110	132 000
B 产品	件	2 800	200	560 000
C 产品	吨	1 000	158	158 00
合　计	—	—	—	850 000

2. 大华公司本月“产成品发出（销售）汇总表”见表4－3。

表4－3　　**产成品发出（销售）汇总表**　　单位：元

产品名称	单　位	数　量	单位成本	总成本
A产品	件	1 000	115	115 000
B产品	件	2 000	193	386 000
C产品（发出未实现销售）	吨	500（科美商场）	158	79 000
合　计	—	—	—	580 000

［**要求**］根据上述资料，编制必要的会计分录。

（二）练习商品流通企业库存商品的核算

［**资料**］科新公司为商业零售企业（一般纳税人），库存商品采用售价核算，采购商品的进货费用，设置“待摊进货费用”账户进行归集。本月份发生有关经济业务如下：

1. 向四新公司购入甲商品一批，增值税专用发票所列的商品货款为20万元，增值税26 000元；增值税专用发票所列的运输费3 000元，增值税270元；增值税普通发票所列的装卸费1 000元。价税款及运杂费以存款支付，商品尚未收到。

2. 向五洋公司购入甲商品一批，增值税专用发票所列的商品货款为10万元，增值税13 000元；增值税专用发票所列的运输费1 500元，增值税135元；增值税普通发票所列的入库前的整理挑选费用500元。价税款及运杂费以银行汇票支付，商品已验收入库，售价为15万元。

3. 上述向四新公司购入的甲商品收到并验收入库，售价29万元。

4. 销售甲产品取得营业收入30万元，增值税39 000元，款项收存银行。同时，结转此项收入的主营业务成本。

5. 月末，该企业“库存商品”月末余额为25万元，本月销售甲产品取得“主营业务收入”95万元，结转前“商品进销差价”账户贷方余额为192 000元；“待摊进货费用”账户借方余额为36 000元。计算本月甲商品的进销差价率，并计算结转本月销售商品应分摊的进销差价和进货费用。

［**要求**］

（1）根据上述资料，编制必要的会计分录。

（2）假定企业采购商品的进货费用直接列为销售费用，编制必要的会计分录。

模块六 委托加工物资的核算

单项选择题

1. “委托加工物资”账户期末借方余额，反映（　　）。

A. 委托外单位加工物资的实际成本

B. 委托外单位加工物资的实际成本（或计划成本）

C. 委托外单位加工尚未完成物资的实际成本

D. 委托外单位加工尚未完成物资的加工成本

2. 一般纳税人企业委托加工物资支付的加工费、往返运杂费未取得增值税专用发票的情况下，其增值税应计入（　　）。

A. 委托加工物资成本

B. 应交税费——应交增值税（进项税额）

C. 管理费用

D. 其他业务成本

3. 委托加工物资加工完成验收入库后，退回的剩余材料应作为材料入库，同时将其列为（　　）。

A. 营业外收入　　B. 其他业务收入

C. 冲减委托加工物资成本　　D. 材料成本差异

4. 委托加工物资属于应纳消费税的应税消费品的，应由受托方在向委托方交货时代收代缴消费税。委托加工物资收回后用于连续生产应税消费品的，支付的消费税应借记的账户是（　　）。

A. “应交税费——应交增值税（进项税额）”账户

B. “应交税费——应交消费税”账户

C. “委托加工物资”账户

D. “税金及附加”账户

5. A企业委托B企业（A、B企业均为增值税一般纳税人，增值税税率为13%）加工应税消费品一批，发出材料成本67.5万元，支付给B企业加工费用4.5万元（不含增值税，取得增值税专用发票），由B企业代收代缴消费税8万元，材料已经加工完毕并验收入库，收回后用于直接销售。不考虑其他因素，该委托加工物资加工后的入账成本是（　　）万元。

A. 75　　B. 72

C. 72.56　　D. 80

多项选择题

1. 委托加工物资应按实际成本计价核算，其实际成本包括（　　）。

A. 支付的加工费

B. 往返运杂费

C. 支付的消费税、支付的未取得增值税专用发票的增值税

D. 发出加工材料、半成品或商品的实际成本

2. 一般纳税人企业委托加工物资支付的相关税费，可以列为可抵扣税费的有（　　）。

A. 加工费、往返运杂费取得增值税专用发票的增值税

B. 加工费、往返运杂费未取得增值税专用发票的增值税

C. 加工物资收回后用于连续生产的应税消费品支付的消费税

D. 加工物资收回后用于直接出售的应税消费品支付的消费税

3. 下列各项中，应列入资产负债表“存货”项目的有（　　）。

A. “材料成本差异”账户期末借方余额

B. “委托加工物资”账户期末借方余额

C. “商品进销差价”账户期末贷方余额

D. “发出商品”账户期末借方余额

判断题

1. 企业发出委托外单位加工的物资，应将物资的成本结转记入“委托加工物资”账户，如果发出物资采用的是计划成本计价核算的，还应同时结转其成本差异。（　）

2. 委托加工物资收回后，其实际成本应包括支付的加工费、往返运杂费和受托方代扣代缴的消费税。（　）

3. 委托加工物资收回后，直接用于对外销售的，其支付的由受托方代扣代缴的消费税列入“应交税费——应交消费税”账户，等待抵扣。（　）

4. “委托加工物资”账户应按加工合同、委托加工单位以及加工物资的品种进行明细核算。（　）

业务核算题

[资料]

1. 某公司为增值税一般纳税人企业，发出辅助材料 A 材料委托财茂公司加工成包装物一批。发出原材料实际成本为 8 万元。以银行存款支付以下款项：加工费 15 000 元，增值

税 1 950 元（取得增值税专用发票）；往返运杂费 800 元（未取得增值税专用发票）。包装物加工完毕收回并验收入库。A 材料、包装物均按实际成本计价核算。

2. 某公司为增值税一般纳税人，发出原料及主要材料 A 材料委托万达公司加工成原料及主要材料 G 材料（属于应税消费品）。

（1）发出 A 材料的成本为 23 万元。

（2）以银行存款支付以下款项：增值税专用发票所列的加工费 4 万元，增值税税率 13%；增值税专用发票所列的往返运输费 3 000 元，增值税 270 元；增值税普通发票所列的装卸费、保险费 800 元。

（3）万达公司交付加工完成的 G 材料时，按照 10% 税率代扣代缴消费税 3 万元，以银行存款支付。加工收回的 G 材料用于连续生产应税消费品。

（4）加工完成的 G 材料收到并验收入库。G 材料按计划成本计价核算，确认的计划成本为 281 000 元。

［要求］ 根据上述资料，编制必要的会计分录。

模块七　存货清查和期末计价

填空题

1. 企业在财产清查中查明的各种财产物资的盘盈、盘亏和毁损，应通过“__________”账户进行核算。存货盘亏和毁损，应根据不同的原因报经批准后进行处理：属于计量收发差错和管理不善等原因造成的存货短缺或毁损的净损失计入__________；属于自然灾害或意外事故造成的存货毁损的净损失列为__________。

2. 企业期末存货的成本低于可变现净值，则__________；期末存货的可变现净值低于成本，则应在当期确认__________，设置“__________”账户进行核算。

名词解释

1. 实地盘点法

2. 成本与可变现净值孰低法

单项选择题

1. 财产清查发现存货盘盈时，应贷记的账户是（　　）。
   A. “管理费用”账户　　B. “营业外收入”账户
   C. “其他业务收入”账户　　D. “待处理财产损溢”账户
2. 下列库存材料相关损失项目，应计入营业外支出的是（　　）。
   A. 意外灾害造成的原材料损失　　B. 管理不善造成材料的短缺净损失
   C. 运输途中发生的合理损耗　　D. 计量差错引起的材料盘亏损失
3. 企业存货需要进行期末计量，存货期末计量采用的是（　　）。
   A. 历史成本　　B. 可变现净值
   C. 成本与可变现净值孰低法　　D. 月末一次加权平均法
4. 存货按“成本与可变现净值孰低法”计价，是（　　）会计信息质量要求的运用。
   A. 真实性　　B. 权责发生制
   C. 实质重于形式　　D. 谨慎性
5. “成本与可变现净值孰低法”中的成本是指（　　）。
   A. 计划成本　　B. 历史成本
   C. 重置成本　　D. 估计成本
6. 下列各项中，应列为资产减值损失的是（　　）。
   A. 库存商品自然灾害或意外事故造成的毁损
   B. 计提存货跌价准备
   C. 出售材料售价低于成本的损失
   D. 库存存货属于计量收发差错和管理不善造成的净损失

7. 2×22 年 12 月 1 日，某公司“存货跌价准备——原材料”账户贷方余额 20 万元。2×22 年 12 月 31 日，“原材料”账户的期末余额为 220 万元，由于市场价格的上升，导致材料减值的因素消失，使原材料的预计可变现净值为 230 万元。不考虑其他因素，2×22 年

12 月 31 日，该公司原材料的账面价值为（　　）万元。

A. 200　　　　B. 210

C. 220　　　　D. 230

多项选择题

1. 经批准后转销的下列各项中，应列为管理费用的有（　　）。

A. 存货由于收发计量原因形成的盘盈

B. 存货属于自然损耗产生的定额内损耗

C. 属于计量收发差错和管理不善等原因造成的存货短缺或毁损的净损失

D. 存货期末可变现净值低于成本跌价损失

2. 企业进行存货清查时，对于盘亏或毁损的存货，应先记入“待处理财产损溢”账户，报经批准后根据不同的原因可分别结转记入的账户有（　　）账户。

A. “管理费用”　　　　B. “资产减值损失”

C. “其他应收款”　　　　D. “营业外支出”

3. 下列关于存货盘点盈亏的说法中，正确的有（　　）。

A. 存货盘盈时，经批准后，存在记入“管理费用”账户的情况

B. 存货盘亏时，经批准后，存在记入“管理费用”账户的情况

C. 企业发生存货盘盈盘亏，会涉及“待处理财产损溢”账户

D. 企业发生存货盘盈盘亏，不会涉及“其他应收款”账户

4. 下列关于“成本与可变现净值孰低法”的表述，正确的有（　　）。

A. 其“成本”是指存货的历史成本

B. 当“成本”低于“可变现净值”时，存货按成本计价

C. 当“可变现净值”低于“成本”时，存货按可变现净值计价

D. 当“可变现净值”高于“成本”时，存货按可变现净值计价

5. 期末存货成本与可变现净值进行比较，可以采用的方法有（　　）。

A. 单项比较法　　　　B. 分类比较法

C. 备抵法　　　　D. 综合比较法

判断题

1. 企业清查发现的各种存货损溢，在年末结账前尚未批准处理的，可以留转下年度处理，这样“待处理财产损溢”账户是存在年末余额的。（　　）

2. 采用计划成本（或售价）核算的存货，发生盘亏和毁损时在计算结转计划成本（或售价）的同时还应结转其成本差异（或进销差价）。（　　）

3. 企业对存货可变现净值低于成本的损失，可直接冲减“存货”类账户的期末余额。（　　）

4. 存货可变现净值，即存货预计未来净现金流量，是指库存商品、材料、在产品、自

制半成品等存货的预计市场售价或合同价。（　）

5. 企业计提的存货跌价准备，应记入“资产减值损失”账户。存货出售后应将其计提的存货跌价准备转入“营业外支出”账户。（　）

6. 已计提跌价准备的存货，以后得以恢复的，可以按恢复部分，冲销已计提的存货跌价准备；存货出售后应将其计提的存货跌价准备转入“主营业务成本”账户。（　）

7. 企业转回已计提存货跌价准备是不会引起存货账面价值发生增减变动的。（　）

业务核算题

（一）练习存货盘点盈亏的核算

[资料] 某公司期末对存货进行清查，清查结果及批准处理情况如下：

1. 发现盘盈原料及主要材料 A 材料 50 千克，实际单位成本 30 元。

2. 发现盘亏原料及主要材料 B 材料 200 千克，实际单位成本 15 元，增值税税率 13%。

3. 发现 C 产品毁损 100 件，每件实际成本 400 元，其应负担的增值税进项税额为 3 500元。

4. 上述原因已查明，A 材料盘盈系收发计量误差造成；B 材料短缺是公司管理不善造成；C 产品毁损系自然灾害公司管理不规范造成，其残料回收作价 200 元，可获保险公司赔偿 16 000 元（赔偿款待收）。经公司办公会议批准，对上述清查结果作出处理。

[要求] 根据上述资料，编制必要的会计分录。

（二）练习存货跌价准备计提的核算

[资料] 某公司对期末存货采用“成本与可变现净值孰低”法进行计价。2×20 年末，存货 A 产品实际成本 75 万元，确定的可变现净值为 70 万元；2×21 年末，存货成本 75 万元，已提跌价准备 5 万元，确定的可变现净值为 72 万元；2×22 年 2 月结转本月出售的 A 产品已提跌价准备 6 000 元。

[要求] 根据上述资料，编制必要的会计分录。

项目五 *Project 5*

投资的核算

模块一　投资认知

填空题

1. 投资有广义和狭义之分，会计核算中的投资，一般是指____________的投资；按投资性质分类，分为______________、__________________、________________三大类。

2. 企业购买普通股股票并准备长期持有，以参股、合营、合资方式进行投资等，属于______________；企业购买公司债券，属于________________。

名词解释

1. 投资

2. 权益性投资

单项选择题

1. 取得某金融资产的目的主要是近期出售，则应将其作为（　　）进行核算。

A. 其他债权投资　　　　B. 交易性金融资产

C. 长期股权投资　　　　D. 其他权益工具投资

2. 下列各项中，不属于金融资产的是（　　）。

A. 库存现金、银行存款、应收票据、应收账款

B. 存货、其他应付款

C. 其他应收款、股权投资、债券投资

D. 衍生金融工具形成的资产

3. 企业购买优先股股票，从投资性质看属于（　　）。

A. 权益性投资　　B. 债权性投资

C. 混合性投资　　D. 股权性投资

4. 企业为赚取租金或资本增值，或两种兼有而持有的房地产，称为（　　）。

A. 投资性房地产　　B. 长期股权投资

C. 固定资产　　D. 其他权益工具投资

多项选择题

1. 会计核算中的投资具有的特点包括（　　）。

A. 目的是增加财富，或谋求其他利益

B. 是通过让渡一项资产而换取另一项资产

C. 获取收益的直接性

D. 获取收益的间接性

2. 按照投资的目的，企业购买股票可能列为的投资类别有（　　）。

A. 交易性金融资产　　B. 债权投资

C. 长期股权投资　　D. 投资性房地产

判断题

1. 投资是指企业为通过分配来增加财富，或为谋求其他利益，而将资产让渡给其他单位所获得的权益。（　　）

2. 企业购买普通股股票、优先股股票并准备长期持有、联营、参股，以及购买公司债券并准备持有至到期的，均属于权益性投资。（　　）

3. 投资有广义和狭义之分，会计核算中的投资是狭义上的投资。（　　）

4. 企业投资是通过让渡一项资产而换取另一项投资，其目的是通过取得投资收益而增加财富。（　　）

5. 企业取得以公允价值计量的金融资产，应列为交易性金融资产；取得以摊余成本计量的金融资产，应列为其他债权投资。（　　）

模块二　交易性金融资产的核算

填空题

1. 交易性金融资产是企业利用________________的一种投资方式。企业取得的交易性金融资产，应按照取得时的________________进行初始计量；取得过程中发生的交易费用应列为________________。

2. “交易性金融资产”账户，可按照其类别和品种，并分别“______________”和“______________”进行明细核算。

名词解释

1. 交易性金融资产

2. 公允价值

单项选择题

1. 企业取得以获取差价为目的从二级证券市场购入的基金，属于（　　）。
   A. 可供出售金融资产　　B. 持有至到期投资
   C. 交易性金融资产　　D. 其他货币资金
2. 企业取得交易性金融资产的已宣告但尚未发放的现金股利，应列为（　　）。
   A. 投资收益　　B. 应收利息
   C. 交易性金融资产　　D. 应收股利
3. 会计期末，交易性金融资产公允价值与账面余额的差额应列为（　　）。
   A. 投资收益　　B. 公允价值变动损益
   C. 应收股利　　D. 信用减值损失
4. 企业持有交易性金融资产期间，取得被投资单位宣告发放的现金股利，或债券性投资的应计利息，应列为（　　）。

A. 投资成本的减少　　B. 投资收益

C. 财务费用　　D. 营业外收入

5. 某公司本月初以 7 元/股的价格从证券市场购入 B 种股票 10 万股（列为交易性金融资产），股票价格中含已宣告但尚未发放的现金股利 0.20 元/股，并支付增值税普通发票所列的购入股票手续费 6 000 元。当股票价格升至 8 元/股时，公司将此项股票全部出售，扣除手续费后取得转让收入 792 000 元。不考虑其他因素，公司此项投资的净收益是（　　）。

A. 106 000 元　　B. 126 000 元

C. 86 000 元　　D. 80 000 元

6. 2×20 年 2 月 5 日，公司以 7 元/股的价格购入海福控股股票 10 万股，支付增值税普通发票所列的手续费 1 200 元，公司不准备长期持有，将在价格合适时予以出售。2×21 年 12 月 31 日，海福股份价格为 9 元/股。2×22 年 2 月 15 日，海福公司宣告发放现金股利 0.80 元每 10 股，公司于 2×22 年 3 月 15 日收到此项现金股利 0.8 万元。2×22 年 4 月 10 日，公司以 11.60 元/股的价格（已扣除交易费用）将此项股票全部出售。不考虑其他因素，公司因此项股票投资在 2×22 年应确认的投资收益为（　　）。

A. 26 万元　　B. 26.8 万元

C. 46.66 万元　　D. 46.8 万元

多项选择题

1. 下列各项中，关于企业交易性金融资产的会计处理方法，正确的有（　　）。

A. 企业取得列为交易性金融资产的股票、债券，应当按照取得时的公允价值和相关的交易费用作为初始确认金额

B. 支付的价款中包含已宣告但尚未发放的现金股利或债券利息，应当单独确认为应收项目

C. 企业在持有期间取得的利息或现金股利，应当确认为投资收益

D. 资产负债表日，公允价值变动计入当期损益

2. 交易性金融资产是指企业（　　）的金融资产。

A. 为交易目的而持有　　B. 准备近期出售

C. 准备持有至到期　　D. 为了控制被投资单位而持有

3. “交易性金融资产”账户，应当按照其类别和品种设置明细账，并分别（　　）进行明细分类核算。

A. “成本”　　B. “利息调整”

C. “公允价值变动”　　D. “应计利息”

4. 下列各项中，应当划分为交易性金融资产的有（　　）。

A. 取得主要是为了近期内出售的金融资产

B. 有客观证据表明企业近期采用短期获利方式进行集中管理的可辨认金融工具组合

C. 取得属于衍生工具的金融资产

D. 直接指定为以公允价值计量且其变动计入当期损益的金融资产

不定项选择题

[**资料**] 甲公司为增值税一般纳税人，2×22 年发生与交易性金融资产相关的经济业务如下：

（1）5 月 12 日，从深圳证券交易所购入普文科技股票 10 000 股，以存在证券公司的专款支付购买价款 500 000 元，另支付取得增值税专用发票的交易费用 3 000 元和增值税 180 元。公司将该股票划分为交易性金融资产。

（2）6 月 30 日，甲公司持有普文科技股票的市价为 520 000 元。

（3）7 月 6 日，普文科技宣告以每股 0.2 元发放现金股利。7 月 15 日，甲公司收到普文科技向其发放的现金股利，假定股利不考虑相关税费。

（4）7 月 18 日，甲公司将持有的普文科技股票全部出售，售价为 606 000 元，转让该金融商品应交增值税 6 000 元（列入投资收益）。

[**要求**] 根据上述材料，不考虑其他因素，分析回答下列各小题。

1. 根据材料（1），甲公司购入该交易性金融资产的初始入账金额是（　　）元。

A. 503 180　　B. 502 820

C. 503 000　　D. 500 000

2. 根据材料（1）和（2），下列各项中，甲公司 6 月 30 日计入公允价值变动损益的金额是（　　）元。

A. 17 000　　B. 20 000

C. 16 820　　D. 17 180

3. 根据材料（1）和（3），下列各项中，关于甲公司现金股利的会计处理结果，表述正确的是（　　）。

A. 宣告发放股利时，确认投资收益 2 000 元

B. 实际收到股利时，确认投资收益 2 000 元

C. 宣告发放股利时，确认公允价值变动损益 2 000 元

D. 实际收到股利时，冲减交易性金融资产成本 2 000 元

4. 根据资料（1）和（4），下列各项中，甲公司出售该股票的会计处理，正确的是（　　）。

A. 借：公允价值变动损益　　20 000
　　贷：投资收益　　20 000

B. 借：投资收益　　20 000
　　贷：公允价值变动损益　　20 000

C. 借：其他货币资金——存出投资款　　606 000
　　贷：交易性金融资产——成本　　500 000
　　　　　　　　——公允价值变动　　20 000
　　　　投资收益　　86 000

D. 借：投资收益　　　　　　　　　　　　　　　　　　　6 000

　贷：应交税费——转让金融商品应交增值税　　　　　　　　6 000

5. 根据材料（1）至（4），该业务引起甲公司 2×22 年营业利润增加的金额是（　　）元。

A. 102 000　　　　B. 105 000

C. 79 000　　　　D. 99 000

判断题

1. 交易性金融资产是企业利用闲散资金获利的一种投资方式，主要包括企业从证券市场购入的债券投资、股票投资、基金投资等。（　　）

2. 企业取得的交易性金融资产，应按取得时的公允价值作为初始确认金额计价入账。（　　）

3. 交易性金融资产持有期间，被投资单位宣告发放现金股利，或在资产负债表日计算确认的债券利息，应列为当期损益，记入"投资收益"账户。（　　）

4. 企业持有的交易性金融资产的公允价值与其账面余额的差额，应记入"公允价值变动损益"账户，交易性金融资产出售时，应将该项金融资产的公允值变动结转计入营业外收支。（　　）

5. 企业处置交易性金融资产其公允价值发生过变动的，还应将该项金融资产的公允价值变动，结转记入"公允价值变动损益"账户。（　　）

业务核算题

（一）练习交易性金融资产的核算

[资料] 四新公司发生有关交易性金融资产的经济业务如下：

1. 2×22 年 2 月 15 日，公司以存入证券公司专款购入高科股份股票 5 万股，以备近期出售，每股价格 6.80 元，并支付增值税普通发票所列的相关交易税费 2 000 元；2×22 年 2 月 5 日，高科公司已宣告发放现金股利 0.20 元/股，拟订于 2×22 年 2 月 25 日支付；2×22 年 3 月 20 日公司将此项股票全部出售，取得价款 418 000 元，收到股利及出售价款均转存证券公司存款专户。

（1）2×22 年 2 月 15 日，购入股票。

（2）2×22 年 2 月 25 日，收到购入前已宣告发放但尚未支付的现金股利 1 万元。

（3）2×22 年 3 月 20 日，出售此项股票。

2. 公司于 2×22 年 12 月 2 日，以存入证券公司专款购入远明控股股票 3 万股，每股价格 7.50 元，并支付增值税普通发票所列的相关税费 1 500 元；公司拟在近期于价格合适时出售上述远明控股股票；2×22 年 12 月 31 日，经核实这一投资的总市价为 21 万元；2×23 年 1 月 20 日，公司将这一股票全部出售，取得价款 208 000 元存入证券公司专户。

（1）2×22 年 12 月 2 日，购入股票。
（2）2×22 年 12 月末，结转公允价值变动。
（3）2×23 年 1 月 20 日，公司出售股票。
［**要求**］根据上述经济业务，分步编制必要的会计分录。

（二）练习交易性金融资产的核算

［**资料**］四新公司发生有关交易性金融资产的经济业务如下：

1. 公司于 2×22 年 1 月 1 日以银行存款购入兴旺公司发行的两年期、票面年利率为 6% 的可上市交易的债券（面值为 10 万元），公司实际支付价款 101 000 元，其中 1 000 元为相关交易费用（未取得增值税专用发票）。该债券列为交易性金融资产，票面利率与实际利率差异很小，每半年计付利息一次。

（1）2×22 年 1 月 1 日，公司以存款购入债券。
（2）2×22 年 6 月 30 日，按票面利率计提此项债券上半年利息。
（3）2×22 年 7 月 5 日，收到此项债券上半年利息。
（4）2×22 年 9 月 30 日，公司将此项债券出售，取得价款 105 000 元存入银行。

2. 2×22 年 7 月 1 日，公司以存入证券公司专款购入 2×22 年 1 月 1 日中铁公司发行的两年期、票面年利率为 7% 的可上市交易的债券（面值 20 万元）。该债券列为交易性金融资产，票面利率与实际利率差异很小，每半年计付利息一次，到期还本。公司实际支付价款 208 500 元，其中：1 500 元为增值税普通发票所列的相关交易费用，7 000 元为上半年的利息。

（1）2×22 年 7 月 1 日，公司以证券公司专款购入债券。
（2）2×22 年 7 月 5 日，收到此项债券本年度上半年利息，转入证券公司专户。
（3）2×22 年 12 月 31 日，按票面利率计提此项债券下半年利息。
（4）2×23 年 1 月 5 日，收到此项债券上年度下半年利息，转入证券公司专户。
（5）2×23 年 12 月 31 日，按票面利率计提此项债券最后半年的利息。
（6）此项债券到期，收到此项债券本金及最后半年的利息共计 207 000 元转入证券公司专户。

［**要求**］根据上述经济业务，分步编制必要的会计分录。

模块三　债权投资和其他债权投资的核算

填空题

1. 企业取得以摊余成本计量的金融资产应当按照取得时的＿＿＿＿＿和＿＿＿＿＿之和作为初始确认金额计价入账。支付的价款中包含的已到付息期但尚未领取的债券利息，应作为＿＿＿＿＿＿处理。

2. 企业以摊余成本计量的债权投资，应设置“＿＿＿＿＿＿”账户进行核算；债权投资取得时入账价值与支付价款（含交易费用）的差额以及计息过程中产生的利息差额，应作为＿＿＿＿＿＿处理。

单项选择题

1. 企业购入到期收回本金及按照约定利率在合同期间收取固定或浮动利息的普通债券，在没有特殊安排的情况下，应列为（　　）。

A. 交易性金融资产　　B. 债权投资

C. 其他债权投资　　D. 其他权益工具投资

2. 下列各项中，属于“债权投资”账户的期末借方余额反映内容的是（　　）。

A. 债权投资的摊余成本　　B. 债权投资的面值

C. 债权投资的本息　　D. 债权投资的投资成本

3. 企业债权投资在持有期间确认利息收入应当采用的利率是（　　）。

A. 票面利率　　B. 实际利率

C. 合同利率　　D. 市场利率或票面利率

4. 企业取得债权投资时，支付价款中已到付息期但尚未领取的利息，应列为（　　）。

A. 应收利息　　B. 债权投资的成本

C. 投资收益　　D. 财务费用

5. 以摊余成本计量的金融资产（债权投资）取得时，入账价值与支付价款（含交易费用，不含应收利息）的差额，应记入的账户是（　　）。

A. “债权投资——面值”账户　　B. “投资收益”账户

C. “应收利息”账户　　D. “债权投资——利息调整”账户

6. 下列各项中，属于计提债权投资减值准备时应借记的账户是（　　）。

A. “资产减值损失”账户　　B. “投资收益”账户

C. “信用减值损失”账户　　D. “债权投资——利息调整”账户

7. 下列各项中，关于已计提减值准备的债权投资，以后其价值又得到恢复的会计处理表述，正确的是（　　）。

A. 应全部冲转已计提的减值准备

B. 不应冲转已计提的减值准备

C. 应计入投资收益

D. 应在原已计提的减值准备金额内，冲转已计提的减值准备

8. 未发生减值的分期计息、到期一次还本付息的债权投资，资产负债表日计算确定的应收未收利息，应借记的账户是（　　）。

A. “债权投资——应计利息”账户　　B. “债权投资——利息调整”账户

C. “应收利息”账户　　D. “投资收益”账户

9. 企业购入三年期普通公司债券，合同约定该债券在遇到特定情况时可以提前赎回，且不必支付额外费用。企业确定如果情况正常就持有至到期收回本金和利息；如果企业有特定需求，就出售该债券。企业购入的上述债券，应列为（　　）。

A. 交易性金融资产　　B. 债权投资

C. 其他债权投资　　D. 其他权益工具投资

10. 企业持有的其他债权投资，资产负债表日其公允价值低于账面余额的差额，应借记的账户是（　　）。

A. “其他综合收益”账户　　B. “其他债权投资”账户

C. “投资收益”账户　　D. “公允价值变动损益”账户

11. 企业处置其他债权投资，取得价款与其账面价值的差额，应确认为当期损益，记入（　　）。

A. “其他综合收益”账户　　B. “其他收益”账户

C. “投资收益”账户　　D. “公允价值变动损益”账户

12. 下列各项中，属于“其他债权投资”账户的期末借方余额反映内容的是（　　）。

A. 其他债权投资的摊余成本　　B. 其他债权投资的成本

C. 其他债权投资的本金和应计利息　　D. 其他债权投资的公允价值

13. 2×22 年 1 月 1 日，甲公司从二级市场购入乙公司 2×21 年 1 月 1 日发行的债券 12 万张。该债券每张债券面值为 100 元，期限为 3 年，分期付息、到期还本，票面年利率为 5%，每年 1 月 10 日支付上年度利息。甲公司购入该债券时以银行存款支付价款 1 260 万元，另支付相关交易费用 12 万元。甲公司购入的此项债券确认为到期收回本金及按照约定利率在合同期间收取利息，且实际利率与票面利率相差很小。

（1）甲公司购入乙公司此项债券的入账价值是（　　）。

A. 1 272 万元　　B. 1 212 万元

C. 1 200 万元　　D. 1 118 万元

（2）甲公司持有乙公司此项债券至到期累计应确认的投资收益是（　　）。

A. 108 万元　　B. 120 万元

C. 168 万元　　D. 180 万元

多项选择题

1. 下列各项中，构成债权投资初始入账价值的有（　　）。

A. 取得时的公允价值　　B. 相关交易费用

C. 已到付息期尚未领取的利息　　D. 应计利息

2. “债权投资”账户，可按债权投资的类别和品种，分别（　　）等进行明细核算。

A. “成本”　　B. “利息调整”

C. “公允价值变动”　　D. “应计利息”

3. 下列各项中，关于债权投资的会计处理表述，不正确的有（　　）。

A. 债权投资在持有期间，应按照投资面值与实际利率确认利息收入，计入投资收益

B. 债权投资确认的利息收入，应借记“债权投资——应计利息”账户

C. 债权投资应按照《企业会计准则第22号——金融工具确认和计量》的规定，确认计提减值准备

D. 债权投资，投资面值与支付价款的差额应记入“债权投资——利息调整”账户

4. 下列各项中，应列为投资收益的有（　　）。

A. 债权投资价款中包含的已到付息期但尚未领取的利息

B. 债权投资持有期间按照实际利率法计提的利息收入

C. 取得债权投资支付价款与投资入账价值及应收利息之和的差额

D. 处置债权投资取得价款与该投资账面价值的差额

5. “其他债权投资”账户，按照债权投资的类别和品种，分别设置的明细账户包括（　　）。

A. “成本”　　B. “利息调整”

C. “应计利息”　　D. “公允价值变动”

6. 下列各项中，其后续计量采用公允价值的有（　　）。

A. 其他债权投资　　B. 债权投资

C. 交易性金融资产　　D. 长期股权投资

判断题

1. 企业取得的金融资产，属于管理该金融资产的业务模式是以收取合同现金流量为目标的，应将其确认为以摊余成本计量的金融资产，即债权投资。（　　）

2. 企业债权投资在持有期间应当按照实际利率法确认利息收入，并计入投资收益。实际利率与票面利率差别很小的，可以按票面利率计算利息收入。（　　）

3. 资产负债表日，分期付息、一次还本的债权投资，分期确认的应收未收利息，应借记“债权投资——应计利息”账户，贷记“投资收益”账户。（　　）

4. 债权投资在持有期间确认利息收入的实际利率，应当在取得债权投资时确定，在随后期间保持不变。 ( )

5. 债权投资和其他债权投资，资产负债表日按规定确认的减值，均应列为资产减值损失。 ( )

6. 企业持有债权投资计提的减值准备，是不涉及“债权投资”账户的，所以，债权投资发生减值是不影响其账面价值的。 ( )

7. 企业取得的金融资产，属于既以收取合同现金流量为目标又以出售该金融资产为目标的，应通过“其他债权投资”账户进行核算。 ( )

8. 其他债权投资持有期间的公允价值变动，应确认为公允价值变动损益。 ( )

9. 债权投资按照实际利率法确认各期利息收入，计入投资收益；其他债权投资按照票面利率确认各期利息收入，计入其他综合收益。 ( )

10. 债权投资按照公允价值进行后续计量；其他债权投资按照摊余成本进行后续计量。 ( )

11. “债权投资”账户期末借方余额，反映企业债权投资的本息；“其他债权投资”账户期末借方余额，反映企业所持有该债权投资的公允价值。 ( )

12. 到期一次还本付息的其他债权投资，按照票面利率计算确定的应收利息与按照实际利率确认的利息收入的差额，记入“其他债权投资——利息调整”账户。 ( )

业务核算题

（一）练习债权投资的核算

［资料］某公司发生有关债权投资的经济业务如下：

1. 本年1月1日，公司以存款购入华泰公司同日发行的二年期债券一批，债券面值70万元，票面年利率7%，按年计息，到期一次还本付息；另以存款支付相关交易费用2 000元。公司确认该债券系到期收回本金及按照约定利率在合同期间收取利息，且票面利率与实际利率相差很小。

（1）本年1月1日，公司以银行存款购入债券。

（2）第一年末，按票面利率计提本年应计利息。

（3）第二年末，按票面利率计提本年应计利息。

（4）债券到期兑付，收到债券本息存入银行。

2. 公司于本年7月1日，从证券市场购入华星公司本年1月1日发行的二年期债券一批，债券面值100万元，票面年利率6%，每半年付息一次，到期还本；以存款支付价款103万元，其中3万元为已到付息期但尚未领取的利息；7月15日收到此项利息；公司确认该债券为以摊余成本计量的金融资产，且实际利率与票面利率相差很小。

（1）本年7月1日，以存款购入此项债券。

（2）本年7月15日，收到购入时已到付息期的利息3万元存入银行。

（3）本年末、第二年6月30日、第二年末计提本期利息（每半年计息一次）。

（4）分期收到半年期利息3万元存入银行。

（5）第二年末，债券到期收回本金并存入银行。

［要求］根据上述资料，分步编制必要的会计分录。

（二）练习债权投资的核算

［资料］某公司发生有关债权投资的经济业务如下：

1. 公司于本年 1 月 1 日购入科创公司同日发行的三年期债券一批，债券面值 80 万元，票面年利率 7%，按年计息，到期还本付息；以存款支付价款 827 000 元，并支付相关交易费用 3 000 元。公司将该债券确认为以摊余成本计量的金融资产，且实际利率与票面利率相差很小，利息调整按持有期限平均分摊。

（1）本年 1 月 1 日，以存款购入债券。

（2）本年末、第二年末、第三年末计息，并分摊利息调整。

（3）第三年末债券到期，公司收到债券本息并存入银行。

2. 公司于本年 1 月 1 日从证券市场购入东湖公司同日发行的 5 年期债券一批，债券面值 120 万元，公司按面值购入，债券票面利率 5%，按年计息，到期还本付息，每年年末按单项金额重大项目进行减值测试。公司将该债券确认为以摊余成本计量的金融资产，且实际利率与票面利率相差很小，每年年末按单项金额重大项目进行减值测试。

（1）本年 1 月 1 日，以存款购入此项债券。

（2）第一年末，计提第一年应计利息。

（3）第一年末，根据市场利率变化等情况，测试确认此项投资发生减值 35 000 元。

（4）第二年末，计提第二年应计利息。

（5）第二年末，经测试此项投资发生减值 3 万元，即投资价值回升了 5 000 元。

（6）第三年 1 月，公司将上述债券予以出售，取得价款 131 万元存入银行。

［要求］根据上述资料，分步编制必要的会计分录。

（三）练习其他债权投资的核算

［资料］某公司发生其他债权投资有关的经济业务如下：

1. 公司于2×22年1月1日购入华润公司2×21年1月1日发行的三年期、票面年利率5%的债券100万元（面值）。该债券为按年计付利息，到期还本，且实际利率与票面利率差别很小。购入此项债券以银行存款支付价款105万元（含2×21年的利息5万元）。根据相关条件，该债券被划分为以公允价值计量且其变动计入其他综合收益的金融资产。

（1）2×22年1月1日，以银行存款购入此项债券。

（2）2×22年1月20日，收到购入时确认的债券利息5万元存入银行。

（3）2×22年末计提本年应计利息，同时确认此项债券的公允价值与账面余额一致。

（4）2×23年1月20日，收到2×22年的利息并存入银行。

（5）2×23年6月30日，确认此项债券的公允价值为103万元，债券的账面余额为100万元。

（6）2×23年7月10日，出售此项债券，收到价款105.5万元并存入银行。

2. 公司于2×22年1月1日购入东南公司同日发行的两年期、票面年利率6%、按年计息、到期一次还本付息的债券60万元（面值）。购入债券以银行存款支付价款及交易费用共计61.2万元。根据相关条件，该债券被划分为以公允价值计量且其变动计入其他综合收益的金融资产。该债券实际利率与票面利率差别很小，利息调整按期限平均分摊。

（1）2×22年1月1日，以银行存款购入此项债券。

（2）2×22年末，计提本年应计利息，并分摊利息调整。

（3）2×22年末，债券账面余额为64.2万元，确认的公允价值为63.4万元，调整债券的账面价值。

（4）2×23年末，计提本年应计利息，并分摊利息调整。

（5）2×23年末，债券到期，如数收到债券本息并存入银行。

［要求］根据上述资料，分步编制必要的会计分录。

模块四　长期股权投资的核算

填空题

1. 企业以非合并方式取得的长期股权投资，应按照支付现金、转出非货币性资产的____________加上相关税费作为初始投资成本。取得长期股权投资支付价款中包含的已宣告但尚未支付的现金股利，应列为____________。

2. 长期股权投资的核算方法有____________和____________两种。“长期股权投资”账户，能够反映其投资成本的方法是____________。

3. 长期股权投资采用权益法核算的，应分别设置明细分类账户，包括“__________”“____________”“____________”。

名词解释

1. 长期股权投资

2. 权益法

单项选择题

1. 企业以非合并方式取得长期股权投资，实际支付价款或对价中包含的已宣告但尚未发放的现金股利或利润，应（　　）。

A. 作为长期股权投资成本　　B. 作为应收项目

C. 作为投资收益　　D. 作为资本公积

2. 投资企业能够对被投资单位实施控制的长期股权投资，应采用的核算方法是（　　）。

A. 成本法　　B. 权益法

C. 权益法为主，成本法为辅　　D. 成本法或权益法

3. 权益法下，长期股权投资投资企业收到被投资单位宣告发放的现金股利，应列为（　　）。

A. 投资收益　　B. 其他业务收入

C. 长期股权投资的减少　　D. 资本公积的增加

4. 权益法下，长期股权投资的被投资单位除净损益、其他综合收益、分配利润以外的所有者权益的其他变动，投资企业享有的份额应列为（　　）。

A. 投资收益　　B. 资本公积

C. 营业外收入　　D. 应收项目

5. 资产负债表日，应将有客观证据表明长期股权投资的账面价值与一定方法确定的（　　）之间的差额，确认为资产减值。

A. 预计未来现金流量　　B. 可收回金额

C. 预计未来现金流量的现值　　D. 公允价值

6. 以支付现金取得的长期股权投资，应当按照（　　）作为初始投资成本。

A. 实际支付的购买价款和相关税费

B. 被投资企业所有者权益账面价值的份额

C. 被投资企业所有者权益公允价值的份额

D. 被投资企业所有者权益

7. 权益法下“长期股权投资”账户的期末借方余额，反映（　　）。

A. 投资企业享有被投资单位的权益份额

B. 投资企业占有被投资单位的注册资本额

C. 投资企业享有被投资单位可辨认净资产公允价值的份额

D. 长期股权投资的成本

8. 下列与长期股权投资相关的经济业务事项，应记入“长期股权投资”账户的是（　　）。

A. 权益法下取得长期股权投资的初始投资成本小于投资时应享有被投资单位可辨认净资产公允价值的份额

B. 计提的长期股权投资减值准备

C. 成本法下被投资单位宣告发放现金股利，投资企业应享有的份额

D. 成本法下被投资单位发生亏损，投资企业应享有的份额

9. 2×23 年5 月10 日，甲公司以银行存款5 000 万元从二级市场购入乙公司股票500 万股，准备长期持有，占乙公司30% 的股份，对乙公司有重大影响。甲公司为取得该部分股权另支付增值税普通发票所列的手续费等必要支出共50 万元。购入股票时，乙公司可辨认净资产的公允价值为 20 000 万元，甲公司取得长期股权投资的入账价值为（　　）万元。

A. 20 000　　B. 5 050

C. 5 000　　D. 6 000

10. 企业发生的下列事项中，影响“投资收益”账户金额的是（　　）。

A. 长期股权投资购入前已宣告但尚未发放的现金股利

B. 权益法下，投资企业享有被投资企业可辨认净资产账面价值的份额大于投资成本的差额

C. 处置权益法核算的长期股权投资时，结转持有期间确认的其他权益变动金额

D. 取得债权投资支付的交易费用

多项选择题

1. 下列长期股权投资中，应采用权益法核算的有（　　）。

A. 投资企业能够对被投资单位实施控制的

B. 投资企业对被投资单位具有共同控制的

C. 投资企业对被投资单位具有重大影响的

D. 投资企业持有债券占被投资单位发行债券总额50%以上的

2. 下列与长期股权投资相关的经济业务事项中，应记入“长期股权投资”账户的有（　　）。

A. 权益法下被投资单位宣告发放现金股利，投资企业应享有的份额

B. 成本法下被投资单位宣告发放现金股利，投资企业应享有的份额

C. 权益法下被投资单位发生的其他综合收益变动，投资企业应享有的份额

D. 权益法下被投资单位发生亏损，投资企业应享有的份额

3. 下列各项中，应列为投资收益的有（　　）。

A. 购入交易性金融资产支付的交易费用

B. 权益法下，被投资单位实现利润，投资企业应享有的份额

C. 取得长期股权投资支付价款中包含的已宣告但尚未发放的现金股利

D. 出售长期股权投资，实际收取价款大于其账面价值的差额

4. 权益法下，“长期股权投资”账户应设置的明细账户有（　　）。

A. “成本”　　B. “损益调整”

C. “其他权益变动”　　D. “其他综合收益”

5. 成本法核算长期股权投资的优点包括（　　）。

A. “长期股权投资”账户，能够反映长期股权投资的初始成本

B. 投资收益实现与现金流入的时间不一致

C. “长期股权投资”账户，能反映投资企业在被投资企业所有者权益中所占的份额

D. 能体现会计核算的谨慎性核算要求

6. 下列各项中，应列为“应收股利”的有（　　）。

A. 成本法下，收到被投资企业分来的现金股利

B. 取得长期股权投资实际支付价款中所包含的已宣告但尚未发放的现金股利

C. 计提的长期股权投资减值准备

D. 权益法下，被投资单位宣告发放现金股利，投资企业应享有的份额

判断题

1. 权益法下，投资企业确认被投资企业发生亏损的，应当按投资企业应负担的数额列为投资损失，并调减长期股权投资（一般减到零为限）。（　）

2. 企业以非合并方式取得长期股权投资支付的税金及相关费用，应作为投资初始成本，记入“长期股权投资”账户。（　）

3. 投资企业对被投资单位能够实施控制和不具有共同控制或重大影响的长期股权投资，应采用成本法进行核算。（　）

4. 权益法下，资产负债表日，投资企业应根据被投资单位实现的净利润和所有者权益的其他变动，计算应享有的份额，确认为当期的投资收益。（　）

5. 长期股权投资核算的成本法和权益法，在条件发生变化的情况下是可以相互转换的。（　）

6. 长期股权投资减值损失确认以后，如果以后会计期间长期股权投资的价值得以回升，已经计提的减值准备也不得转回。（　）

7. 企业长期股权投资、其他债权投资确认处置的投资损失，经批准后，应列为营业外支出。（　）

8. 企业购入准备近期出售的股票、债券属于交易性金融资产；企业购入债券准备长期持有的，属于其他债权投资；企业购入股票准备长期持有的，属于长期股权投资。（　）

9. 企业持有并准备增值后转让的房屋、土地使用权，应列为企业的投资性房地产，它是企业投资的一种特殊形式。（　）

10. 权益法下，企业取得长期股权投资，初始投资成本小于投资时应享有被投资单位可辨认净资产公允价值份额的，不必调整已确认的初始投资成本。（　）

业务核算题

［资料］四新公司发生有关长期股权投资的经济业务如下：

1. 公司于 2×21 年 1 月 15 日，以存款 58 万元从非关联方取得黎明公司 65% 的股份作为长期投资，支付价款中含已宣告但预定于 2×21 年 2 月 5 日支付的现金股利 12 000 元。四新公司这一投资能够对黎明公司实施控制；2×21 年 12 月 25 日黎明公司宣告发放现金股利 38 000 元；2×23 年 3 月 1 日公司将此项投资予以出售。

（1）2×21 年 1 月 15 日，以存款 580 000 元取得投资。

（2）2×21 年 2 月 5 日，收到购入前黎明公司已宣告但尚未发放的现金股利 12 000 元存入银行。

（3）2×21 年 12 月 25 日，黎明公司宣告发放本年度现金股利 38 000 元。

（4）2×23 年 3 月 1 日，公司将此项投资予以出售，取得价款 63 万元存入银行，此项投资未计提过减值准备，取得价款中含 2023 年 2 月 1 日已宣告但尚未发放的现金股利

22 000元。

2. 公司于2×21年1月10日，以存款500万元购买博远公司普通股，占博远公司股本总额的35%，并对其具有重大影响，该项投资采用权益法进行核算。同日博远公司可辨认净资产账面价值（公允价值）为1 200万元。

（1）2×21年1月10日，以存款500万元进行投资，并以存款支付相关税费2万元。

（2）2×21年年末，资料列明博远公司本年实现净利润200万元，公司应享有35%。

（3）2×22年2月5日，博远公司宣告发放现金股利90万元，公司应享有35%。

（4）2×22年2月20日，公司收到博远公司于2月5日宣告发放的现金股利315 000元，存入银行。

（5）2×22年年末，博远公司其他债权投资公允价值确认减值22万元，本公司占比35%（列为其他综合收益）。

（6）2×22年年末，资料列明博远公司发生亏损80万元，本公司占比35%。

（7）2×22年年末，结计此项长期股权投资的账户余额。

（8）2×23年初，公司将上述投资出售，取得价款579万元存入银行。

3. 中野公司欠本公司一项应收账款，账面余额为90万元，已计提坏账准备9万元。由于中野公司财务困难，无法偿还款项，经协商，中野公司以其公司20万股的普通股票抵偿此项债务，该股票面值为1元/股，市价（公允价值）为3.50元/股。公司将取得的此项股票列为对合营企业的投资，公司放弃债权公允价值与其账面价值的差额列为投资收益。

4. 2×22年1月1日，公司以发行普通股票的方式取得非关联企业黄河公司40%的股权（属共同控制），有关业务如下：

（1）发行股票数量为20万股，面值1元/股，发行价为12元/股。取得股权当日，黄河公司所有者权益账面价值为480万元，与其公允价值一致，确认其投资成本，并予以入账。

（2）2×22年度黄河公司实现净利润320万元，公司享有40%；黄河公司当年宣告发放现金股利20万元，公司可获得8万元，股利款尚未收到。

（3）2×23年1月1日，公司以银行存款152万元对黄河公司进行增资，进一步取得黄河公司20%的股权，实现了对黄河公司的控制（转为成本法），确认投资成本，并进行账务处理。

（4）2×23年度黄河公司实现净利润350万元，当年黄河公司宣告分配现金股利50万元，公司享有60%，股利款尚未收到。

5. 公司对盛业公司采用权益法核算的一项长期股权投资，2×21年年末账户余额为：

长期股权投资——盛业公司——成本（借方）	360 000元
——损益调整（贷方）	200 000元
总分类账户余额（借方）	160 000元

（1）2×21年年末，根据发生减值迹象，测算确定此项投资的可收回金额为150 000元，计提其减值准备。

（2）2×22年年末，经核实盛业公司继续发生亏损，亏损额为150 000元，本公司占30%的股份。

（3）2×22 年末，根据发生减值迹象，测算确定此项投资的可收回金额为 100 000 元，其账面余额为 115 000 元，已提减值准备 10 000 元，账面价值为 105 000 元。继续计提减值准备。

（4）2×23 年，公司将此项投资出售，取得价款 99 000 元存入银行。

［**要求**］

1. 根据上述经济业务，编制必要的会计分录。

2. 根据资料 1 和资料 2 的会计分录，分别设置并登记“长期股权投资”账户的丁字型账户。

项目六 Project 6

固定资产的核算

模块一　固定资产认知

填空题

1. 固定资产指为__________、__________、________或经营管理而持有的、使用寿命超一年的________________。

2. 固定资产的确认，首先要符合____________________；其次，还需要同时符合两个条件：（1）______________________________；（2）______________________________。

3. 固定资产按照使用情况分类，可以分为__________、__________和__________三类。

4. 固定资产的计量基础有：______________、______________、______________。

名词解释

1. 固定资产

2. 原始价值

3. 净值

单项选择题

1. 将一项资产确认为固定资产的前提是（　　）。

A. 使用寿命一年以上　　B. 单位价值较高

C. 符合固定资产定义　　D. 与该资产有关的经济利益很可能流入企业

2. 为建造固定资产而发生的借款利息，若是在固定资产达到预定可使用状态后发生的，应计入（　　）。

A. 在建工程成本　　B. 财务费用

C. 销售费用　　D. 管理费用

3. 某公司固定资产建造过程中发生非正常中断时间连续超过三个月的，中断期间发生的借款费用应计入（　　）。

A. 生产成本　　B. 当期损益

C. 固定资产购建成本　　D. 长期待摊费用

4. 企业购置需要安装的设备，设备安装费应列为（　　）。

A. 固定资产成本　　B. 未确认融资费用

C. 管理费用　　D. 制造费用

5. 企业已投入使用，但尚未办理竣工决算的固定资产，可先按（　　）入账，待实际价值确定后再进行调整。

A. 计划成本　　B. 重置成本

C. 市场价格　　D. 估计入账价值

6. 下列不应计入固定资产价值的项目是（　　）。

A. 购置固定资产发生的运杂费

B. 购置固定资产发生的采购人员差旅费

C. 购置固定资产发生的包装费

D. 购建固定资产发生的安装调试费

7. 一般纳税人企业，下列不应列入购建固定资产入账成本的是（　　）。

A. 购进固定资产增值税专用发票所列增值税额

B. 固定资产建设工程领用库存原材料的进项税额

C. 固定资产改扩建过程中发生的工程支出

D. 进口固定资产支付的关税、消费税

8. 关于固定资产的初始计量，下列说法正确的是（　　）。

A. 盘盈的固定资产，按同类或类似固定资产的市场价格，减去按该项资产的新旧程度估计折旧后的余额，作为入账价值

B. 建造固定资产专项借款的利息支出，应计入固定资产的建造成本

C. 自行建造的固定资产，按建造该资产达到设计要求前发生的全部支出作为入账价值

D. 投资者投入固定资产的成本，应当按照投出单位的账面价值确定

9. 为专项建造固定资产而发生的利息支出，在固定资产达到预定可使用状态前发生

(符合资本化条件的）的，应记入（　　）账户。

A. “在建工程”　　B. “财务费用”

C. “销售费用”　　D. “管理费用”

10. 企业接受投资转入的固定资产入账价值为（　　）。

A. 投资单位固定资产账面价值　　B. 市场价格

C. 评估确认的价值　　D. 投资合同或协议约定的价值

11. 盘盈固定资产入账价值的确定，依据的是（　　）。

A. 原始价值　　B. 重置价值

C. 公允价值　　D. 现值

12. 反映企业固定资产实际占用的资金额，即现有价值的是（　　）。

A. 原始价值　　B. 重置价值

C. 重置完全价值　　D. 净值

多项选择题

1. 固定资产所具有的基本特点有（　　）。

A. 使用寿命超过一年　　B. 有形资产

C. 不使用就不会发生价值损耗　　D. 用于生产经营活动，不是为了出售

2. 一般纳税人企业购入固定资产的入账价值，应包括支付的（　　）。

A. 买价　　B. 运输费、包装费、途中保险费

C. 增值税专用发票所列的增值税　　D. 安装成本

3. 下列与固定资产购建相关的支出，构成一般纳税人企业固定资产入账价值的有（　　）。

A. 达到预定可使用状态前的专业人员服务费

B. 支付的耕地占用税、关税

C. 固定资产投入使用后发生的不符合资本化条件的后续支出

D. 自营在建工程达到预定可使用状态前发生的借款利息（符合资本化条件）

4. 关于固定资产初始计量，下列说法正确的有（　　）。

A. 购入旧的固定资产，按原账面价值减去该项资产已计提累计折旧后的余额，作为入账价值

B. 投资者投入的固定资产，应按照投资合同或协议约定的价值作为入账价值

C. 接受捐赠的固定资产，按该资产的评估价值作为入账价值

D. 固定资产改扩建过程中回收残料价值是不计入固定资产入账价值的

5. 下列各项中，应列为固定资产的有（　　）。

A. 购入的正在安装中的设备

B. 因购置计算机硬件而附带购入的未单独计价的软件

C. 经营性出租的房屋

D. 有偿取得的土地使用权

6. 下列各项中，不必对固定资产账面原值进行调整的有（　　）。

A. 为了维护固定资产的正常运转和使用，对固定资产进行必要的维护和修理

B. 国有企业改制为股份制公司对固定资产评估的增值

C. 根据实际价值调整原暂估入账价值

D. 计提固定资产减值准备

7. 下列各项中，可以对已入账的固定资产原始价值进行调整的有（　　）。

A. 支付固定资产日常修理费　　B. 将固定资产的一部分拆除

C. 发现固定资产原值登记有误　　D. 计提固定资产折旧

判断题

1. 固定资产是指同时具有以下特征的有形资产：一是使用寿命超过一个会计年度；二是企业单位价值较高的主要劳动资料。（　）

2. 固定资产是企业的劳动资料，企业所拥有的工具、模具、管理用具等，也属于劳动资料，所以，应当列为固定资产进行核算。（　）

3. 企业环保设备、安保设备等资产，有助于企业从相关资产获得经济利益，或者将减少企业未来经济利益的流出，只要符合固定资产定义和确认条件的，应将其确认为固定资产。（　）

4. 固定资产在建工程达到预定可使用状态前，由于某些特殊原因发生非正常中断的现象，其中断期间发生的借款费用，不计入所购建固定资产的价值，可将其列为当期损益。（　）

5. 固定资产的入账价值，应当包括为取得固定资产而缴纳的增值税、消费税、契税、耕地占用税、车辆购置税等相关税费。（　）

6. 历史成本具有客观性和可验证性的特点，因而它成为固定资产的基本计量标准，同时它也是计提固定资产折旧的基本依据。（　）

7. 固定资产进行改建、扩建，应将改建、扩建过程中发生的各项支出计入改建、扩建后的固定资产原价。对于改建、扩建过程中取得的变价收入，也应冲减计入相应的固定资产入账价值。（　）

8. 企业购置旧的固定资产、接受捐赠旧的固定资产，其入账价值应是该项固定资产的净值。（　）

9. 专项用于固定资产建设的长期借款、应付债券按期计提的应付利息，应计入所建的固定资产成本。（　）

10. 企业消防设备、监控设备等是不能给企业带来直接经济利益的，所以不能作为固定资产进行核算。（　）

11. 企业发生的借款费用属于专项用于固定资产建设的，并且是在竣工决算前的，应计入固定资产的入账成本，其余均应列为财务费用。（　）

12. 企业季节性生产停用、大修理停用的固定资产，是不在生产经营活动中发挥作用的，所以，应列为未使用固定资产。（　）

业务核算题

［资料］

1. 某公司（一般纳税人企业）购置一台需要安装的设备，支付增值税专用发票所列的设备买价 100 万元，增值税 13 万元，支付增值税专用发票所列的运费 2 000 元，增值税 180 元。设备安装中领用库存原材料 3 000 元，购进该批物资时支付的增值税税额为 390 元。设备安装时支付工程人员职工薪酬 2 万元。

2. 某公司（一般纳税人企业）购入设备一台，支付增值税专用发票所列的买价 38 000 元，增值税 4 940 元；增值税普通发票所列的包装费 375 元。设备当即投入安装，安装过程中领用工程物资 2 240 元；领用生产用库存原材料实际成本 500 元，原进项税额 65 元；领用自产库存商品实际成本 1 800 元，市场售价 2 000 元，增值税税率为 13%。设备安装完毕交付使用。

3. 某企业为小规模纳税人，购入一项生产设备，支付增值税专用发票所列的货款 9 万元，增值税 11 700 元；支付增值税普通发票所列的运输费 1 800 元，包装费 300 元。应负担安装工程成本 5 000 元。设备安装完工交付生产使用。

［要求］根据资料，计算确定固定资产的入账价值。

模块二　固定资产取得的核算

填空题

1. “固定资产”账户期末借方余额反映____________________；“在建工程”账户期末借方余额反映________________。

2. 企业应设置“____________”“____________”进行固定资产的明细分类核算。

3. “在建工程”账户可按照“____________”“____________”“____________”“____________”以及单项工程等进行明细核算。

4. 按规定向承建企业预付工程价款，应借记“___________”账户；固定资产达到预定可使用状态后剩余的工程物资，转作企业库存材料的，应按其成本____________。

单项选择题

1. 企业购入不需要安装的生产设备一台并交付生产使用，应按其入账成本借记的账户是（　　）。

A. “工程物资”账户　　B. “在建工程”账户

C. “固定资产”账户　　D. “在建工程”或“固定资产”账户

2. 购买固定资产的价款超过正常信用条件延期支付的，实质上具有融资性质，固定资产的入账成本是（　　）。

A. 购买价款　　B. 公允价值

C. 购买价款 + 融资费用　　D. 购买价款的现值

3. “固定资产卡片”是进行固定资产明细核算的账簿，它是按照（　　）分别设置的。

A. 固定资产项目　　B. 固定资产类别

C. 固定资产类别、项目　　D. 固定资产使用部门

4. 固定资产建设工程领用库存原材料，应按照（　　）结转记入“在建工程”账户。

A. 实际成本 + 应负担的进项税额　　B. 实际成本

C. 市场价格 + 应负担的进项税额　　D. 市场价格

5. 固定资产建设工程领用自产商品产品，应按照（　　）结转记入“在建工程”账户。

A. 市场价格　　B. 市场价格 + 售价 × 增值税税率

C. 生产成本　　D. 生产成本 + 应负担的进项税额

6. “固定资产”账户和“在建工程”账户的期末借方余额，分别反映的是（　　）。

A. 固定资产现有价值和在建工程成本

B. 固定资产净值和未达到可使用状态的在建工程成本

C. 固定资产原值和未达到可使用状态的在建工程成本

D. 固定资产原值和达到可使用状态的在建工程成本

7. 一般纳税人企业，购入需要安装的生产设备直接交付安装，增值税专用发票所列的增值税额应记入的账户是（　　）。

A. “在途物资”账户

B. “工程物资”账户

C. “在建工程——在安装设备”账户

D. “应交税费——应交增值税（进项税额）”账户

8. 某公司为增值税一般纳税人，自营方式建造一条生产线（生产设备），领用工程物资的成本是 280 万元，增值税专用发票所列的增值税 36.4 万元；领用原材料一批，账面成本 20 万元（不含增值税）；领用本公司所生产的产品一批，账面成本为 80 万元，该产品适用增值税税率为 13%，销售价格为 100 万元；发生的在建工程人员的职工薪酬 98.2 万元。假定该生产线已达到预定可使用状态，不考虑其他相关税费，该项固定资产的入账成本为（　　）万元。

A. 530.2　　B. 493.8

C. 491.2　　D. 478.2

9. 某公司的注册资本为150万元，现接受乙公司以一台设备进行投资：设备的原价为84万元，已计提折旧24.93万元；投资各方经协商确认投入资产的价值为63.57万元（未取得增值税专用发票），约定乙公司的资本额为公司注册资本的30%。假定不考虑其他相关税费，此项投入固定资产的入账价值为（　　）万元。

A. 63.57　　B. 59.07

C. 84　　D. 45

10. 某公司采用出包方式建造固定资产，按合同规定预付的工程款，应通过（　　）账户核算。

A. “应付账款”　　B. “预付账款”

C. “在建工程”　　D. “其他应收款”

11. 中大公司于年初从银行取得一项两年期借款300万元，专项用于自建一条流水生产线（设备工程），年利率为6%。借款当即一次全部用于工程建设。工程领用本企业生产的A产品一批，实际成本为16万元，产品售价为20万元，增值税税率13%。工程建设期为一年，工程如期完工并达到预定可使用状态，生产线设备交付生产使用。不考虑其他因素，该项固定资产的入账成本是（　　）万元。

A. 334　　B. 338

C. 340.6　　D. 352

多项选择题

1. 下列各项中，应通过“在建工程”账户核算的有（　　　）。

A. 租入不需要安装的使用权资产

B. 购入需要安装的固定资产

C. 固定资产的改、扩建工程

D. 不应计入固定资产入账价值的后续支出

2. 企业以自营方式建造固定资产，下列项目应计入固定资产取得成本的有（　　　）。

A. 工程耗用库存原材料发生的增值税进项税额

B. 工程人员的职工薪酬

C. 工程领用本公司自产产品的实际成本

D. 工程达到预定可使用状态前进行试运转时发生的支出

3. 一般纳税人企业购入固定资产的入账成本，应包括（　　　）。

A. 买价+运输费

B. 增值税专用发票所列的增值税

C. 支付消费税、契税、车辆购置税

D. 安装工程成本

4. 固定资产建设的工程物资发生盘亏、报废、毁损的净损失时，相关会计处理包括

(　　　　)。

A. 工程项目尚未达到预定可使用状态的，计入所建工程项目的成本

B. 工程项目已达到预定可使用状态后的，列为营业外支出

C. 工程项目已达到预定可使用状态的，列为管理费用

D. 工程项目尚未达到预定可使用状态的，列为营业外支出

5. 下列不能列入“固定资产”账户进行核算的有（　　　　）。

A. 购入需要安装的设备，正在安装中

B. 短期租赁的生产设备

C. 改扩建中的固定资产

D. 预付的工程款

6. 下列各项中，关于固定资产的会计处理表述，不正确的有（　　　　）。

A. 在建工程领用库存存货，需要进行增值税的结转处理

B. 购入需要安装设备直接交付安装，应借记“在建工程——安装工程”账户

C. 购入旧的固定资产，其入账价值是售出单位的原始价值

D. 自建固定资产结转形成固定资产的时间点是达到预定可使用状态时

判断题

1. 企业购入需要安装的固定资产，应通过“在建工程”账户进行核算；企业购入不需要安装的固定资产，应通过“工程物资”账户进行核算。（　　）

2. 企业接受其他单位的固定资产投资时，“固定资产”账户和“实收资本”账户均要按投资合同约定的价值入账。（　　）

3. 企业在建工程领用库存原材料，应按原材料成本和销售价格确定增值税销项税额之和，计入在建工程成本。（　　）

4. 企业以一笔款项购买多项没有单独标价的固定资产时，应当按照各项固定资产公允价值比例对总成本进行分配，分别确定各项固定资产的入账价值。（　　）

5. 按现行规定，企业购建固定资产支付的增值税，全部可以列为“应交税费——应交增值税（进项税额）”，而不必计入固定资产的成本。（　　）

6. 企业在建工程领用本公司生产的产品，应按产品的成本和销售价格确定增值税销项税额之和，计入在建工程成本。（　　）

7. 企业专项用于固定资产购建的长期借款发生的利息支出，在固定资产达到预定可使用状态前发生的（符合资本化条件），应计入固定资产的建造成本；在固定资产达到预定可使用状态后发生的，则应作为当期财务费用处理。（　　）

8. 企业外购固定资产取得增值税专用发票的增值税进项税额是可以抵扣的，而不计入固定资产成本；接受投资、接受捐赠取得的固定资产是不存在可以抵扣的“增值税进项税额”的。（　　）

9. “固定资产”账户可按固定资产类别和项目进行明细核算；“在建工程”账户按单项工程项目进行明细核算。（　　）

10. 购入工程物资验收入库的，应借记“工程物资”账户；直接交付工程使用的，应借记“在建工程”账户。 （　　）

业务核算题

（一）练习固定资产取得的核算

［**资料**］某公司（一般纳税人企业）发生有关固定资产取得的经济业务如下：

1. 购买不需要安装的生产设备一台，增值税专用发票所列的价款 100 万元，增值税税率为 13%；增值税普通发票所列不能单独计价的控制设施及软件等相关费用 10 万元。价税款以银行存款支付，设备交付生产使用。

2. 公司购入一台需要安装的机器设备一台，发生有关经济业务如下：

（1）购入设备，增值税专用发票列明的货款为 39 万元，增值税 50 700 元；增值税专用发票列明的运输费为 3 000 元，增值税 270 元。价税款以银行汇票支付，设备直接交付安装。

（2）安装设备时，领用本公司原材料一批，价值 36 000 元，购进该批原材料支付的增值税额为 4 680 元。

（3）领用本公司所生产的产品一批，成本为 5 万元，市场售价为 7 万元，增值税税率 13%。

（4）结转安装人员的职工薪酬 7 200 元。

（5）设备安装完毕达到预定可使用状态，交付车间使用。

3. 公司自行建造一条流水生产线（生产设施），发生有关经济业务如下：

（1）以银行存款购入为工程准备的各种物资 10 万元，增值税专用发票所列增值税税额为 13 000 元。

（2）领用工程物资价值 10 万元。

（3）领用生产用的原材料一批，实际成本为 15 000 元，购进时支付的增值税为 1 950元。

（4）结转工程人员的职工薪酬 25 000 元。

（5）公司辅助生产车间为工程提供有关劳务，应分摊成本 5 000 元。

（6）工程达到预定可使用状态，交付生产使用。

4. 以出包方式委托长城建筑公司购建一项固定资产，工程总造价预计为 50 万元。2×23年 1 月 20 日，按规定预付工程款 20 万元；6 月 10 日，结算工程进度款，增值税专用发票所列的本期应付工程进度款 45 万元，增值税 40 500 元，以银行存款支付本次工程进度价税款；6 月 20 日，工程达到预定可使用状态，结算实际工程造价 52 万元，以银行存款补付增值税专用发票所列工程款 7 万元，增值税 6 300 元。固定资产经验收后交付生产使用。

［**要求**］根据上述资料，编制必要的会计分录。

（二）练习固定资产取得的核算

［**资料**］某公司（一般纳税人企业）发生有关固定资产取得的经济业务如下：

1. 公司的注册资本为500万元，接受乙公司以一台不需要安装的设备进行投资，该台设备的原价为66万元，已计提折旧5万元，已计提固定资产减值准备1万元，投资合同约定的价值为57万元，并约定此项投资占公司注册资本的10%。此项业务未取得增值税专用发票。

2. 公司以一项账面余额51万元的长期股权投资与乙公司交换汽车一辆，长期股权投资公允价值为56万元；汽车的账面价值为50万元，公允价值为58万元，假定双方均未计提相关减值准备，此项交换符合非货币性资产交换的两个条件（资产按换出资产公允价值计量）。另外，此项交换本公司向乙公司支付增值税普通发票所列的补价款1万元。

3. 大明公司（一般纳税人企业）自建一条流水生产线（生产设备），购入工程建设所需的各种设备、物资90万元，支付的增值税税额为11.7万元（取得增值税专用发票），验收后全部直接用于工程建设；工程建设领用库存原材料一批，实际成本为2万元，购进时支付的增值税为2 600元；领用本企业生产的A产品一批，生产成本为20万元，产品售价为30万元，增值税税率为13%；工程人员应计职工薪酬15万元。3个月后，工程完工并达到预定可使用状态，交付生产使用。

［**要求**］根据上述资料，编制必要的会计分录。

模块三　固定资产折旧的核算

填空题

1. 固定资产由于________和__________的客观存在，一般均应计提折旧。

2. 应计折旧额是指____________________扣除其____________后的金额。

3. 固定资产折旧率是指固定资产折旧额与__________之比，它反映固定资产的损耗程度，可分为__________、__________、____________三种。

4. 固定资产折旧的计算方法有____________、____________、____________和____________四种。

名词解释

1. 固定资产折旧

2. 预计净残值

3. 年限平均法

单项选择题

1. 固定资产的应计折旧额（未发生减值）是（　　）。
A. 固定资产原值 - 实际净残值　　B. 固定资产原值 - 累计折旧
C. 固定资产原值 + 预计清理费用　　D. 固定资产原值 - 预计净残值

2. 固定资产折旧率是指固定资产折旧额与固定资产原值之比。下列各项中，不是折旧率表现形式的是（　　）。
A. (1 - 预计净残值率) ÷ 预计使用年限
B. {[固定资产原值 ×(1 - 预计净残值率)] ÷ 预计使用寿命} ÷ 固定资产原价
C. 预计净残值 ÷ 固定资产原值
D. 固定资产原值 ×(1 - 预计净残值率) ÷ 预计总工作量

3. “累计折旧”账户是“固定资产”账户的备抵账户，期末余额在贷方，从性质看该账户属于（　　）账户。
A. 负债类　　B. 资产类
C. 双重性质　　D. 权益类

4. 下列各项固定资产，不应计提折旧的是（　　）。
A. 季节性、大修理停用的固定资产　　B. 经营性出租的固定资产
C. 已全额计提减值准备的固定资产　　D. 当月减少的固定资产

5. 下列各项固定资产，应计提折旧的是（　　）。
A. 当月购入并投入使用的机器　　B. 短期租赁取得的生产用设备
C. 已提足折旧额继续使用的厂房　　D. 未使用、不需用的固定资产

6. 以一个逐期递减的折旧率乘以一个固定基数计算各期固定资产应提折旧额的方法是（　　）。
A. 工作量法　　B. 双倍余额递减法
C. 平均年限法　　D. 年数总和法

7. 工作量法将固定资产折旧额与其使用期间的负荷相关联，有一定的合理性，它适用于（　　）。
A. 使用不均衡的大型机械、大型施工设施、运输设备
B. 房屋、建筑物

C. 技术进步较快的生产设备

D. 预计使用寿命较短的固定资产

8. 某公司6月初应计提折旧的固定资产原值7 000万元，6月份增加的固定资产入账价值为500万元，减少的固定资产原值为100万元。则6月份该某公司应提折旧的固定资产原值为（　　）。

A. 7 000万元　　B. 7 100万元

C. 7 400万元　　D. 6 900万元

9. 某项固定资产原值302 000元，预计使用寿命为5年，预计净残值为2 000元，按年数总和法计提折旧，则第三年的折旧额为（　　）元。

A. 80 000　　B. 60 000

C. 72 000　　D. 65 000

10. 某项固定资产原值为15 500元，预计使用寿命为5年，预计净残值为500元，按双倍余额递减法计提折旧，则第二年末该固定资产的账面净值为（　　）元。

A. 5 580　　B. 6 320

C. 5 900　　D. 6 500

11. 某公司2×21年12月28日自行建造的一条生产线投入使用，该生产线建造成本为370万元，预计使用年限为5年，预计净残值为10万元。采用年数总和法计提折旧，2×22年应计提的折旧额为（　　）万元。

A. 120　　B. 123.33

C. 10　　D. 72

12. 某公司一项机器设备采用工作量法计提折旧：原值为100万元，预计使用寿命为10年，预计生产产品产量为400万件，预计净残值率为4%，本月生产产品5万件。则该台机器设备的本月折旧额为（　　）万元。

A. 8.33　　B. 0.8

C. 1.2　　D. 1.25

多项选择题

1. 下列各项中，是固定资产折旧的影响因素的有（　　）。

A. 固定资产原值　　B. 固定资产预计使用寿命

C. 固定资产折旧方法　　D. 固定资产预计净残值

2. 企业在确定固定资产预计使用寿命时，应当考虑的因素包括（　　）。

A. 该资产的预计生产能力或实物产量

B. 该资产预计的有形损耗

C. 该资产预计的无形损耗

D. 有关资产使用的法律或者类似规定的限制

3. 下列各项固定资产，不计提折旧的有（　　）。

A. 改扩建中的固定资产　　B. 持有待售的固定资产

C. 已提足折旧继续使用的固定资产　　D. 大修理停用的固定资产

4. 计提固定资产折旧一开始就需要考虑其预计净残值的折旧方法有（　　）。

A. 年限平均法　　B. 工作量法

C. 双倍余额递减法　　D. 年数总和法

5. 下列各项固定资产，应计提折旧的有（　　）。

A. 未提足折旧提前报废的固定资产　　B. 经营性出租固定资产

C. 当月增加的固定资产　　D. 未使用的固定资产

6. 下列固定资产折旧方法中，不考虑减值，使用年限变动情况下，折旧率为固定值的有（　　）。

A. 工作量法　　B. 年限平均法

C. 双倍余额递减法　　D. 年数总和法

7. 下列固定资产折旧方法中，属于快速折旧方法的有（　　）。

A. 年限平均法　　B. 工作量法

C. 双倍余额递减法　　D. 年数总和法

8. 计提固定资产折旧，可能列支的账户有（　　）账户。

A. “生产成本——基本生产成本”　　B. “制造费用”

C. “其他业务成本”　　D. “研发支出”

判断题

1. 固定资产折旧的过程，是将固定资产的取得成本在其使用寿命内进行合理分摊，使之合理地收回投资，该过程与企业确认损益是无关联的。（　　）

2. 固定资产使用寿命一般是指固定资产预期使用的年限，也可以用该资产所能生产的产品或提供的服务的数量来表示。（　　）

3. 企业应当根据固定资产的性质和使用情况，确定固定资产的预计使用年限和预计净残值；根据与固定资产有关的经济利益的预期消耗方式，选择确定固定资产的折旧方法，该方法一经确定，不得随意变更。（　　）

4. 应计折旧额是指应当计提折旧的固定资产净值扣除其净残值后的金额，已计提减值准备的固定资产，还应当扣除已计提的固定资产减值准备累计金额。（　　）

5. 企业当月增加的固定资产，当月应计提折旧；当月减少的固定资产，当月不计提折旧。（　　）

6. 当月增加的固定资产，当月不提折旧；当月减少的固定资产，当月照提折旧。这一做法说明企业计提折旧的固定资产是月初应计提折旧的固定资产。（　　）

7. 企业改扩建中的固定资产应视同在用固定资产计提折旧；季节性、大修理停用的固定资产，不应计提折旧。（　　）

8. 固定资产折旧的双倍余额递减法是不考虑预计净残值的；年限平均法、工作量法和年数总和法均考虑固定资产的预计净残值。（　　）

9. 短期租赁取得的固定资产，租入企业不需要计提折旧；经营性出租固定资产，出租

企业应计提折旧。 (　　)

10. 年限平均法和工作量法计提折旧的特点是每期提取的折旧额是相等的。 (　　)

11. 采用直线法计提固定资产折旧，应该按照月初在用固定资产的账面原值乘以固定的月折旧率计算。 (　　)

12. 采用年数总和法计提固定资产折旧，应该按照固定资产原值减去预计净残值后的余额乘以逐年递减的折旧率计算应提折旧额。 (　　)

13. 固定资产折旧方法的年限平均法属于直线法，而工作量法、双倍余额递减法、年数总和法则属于加速折旧法。从收支配比的要求来看，直线法比加速折旧法合理。 (　　)

14. 企业无论采用何种方法计提固定资产折旧，最终都是要考虑固定资产预计净残值的。 (　　)

15. 双倍余额递减法是以不变固定资产净值为基数，以逐年递减的折旧率计算各期折旧额，各期折旧额前多后少，逐年递减，体现加速折旧法的优点，但这种方法最后两年需改为直线法。 (　　)

业务核算题

（一）练习采用年限平均法计算固定资产折旧

[资料] 某公司（一般纳税人企业）购入设备一台，增值税专用发票所列的价款 12 万元，增值税 15 600 元；增值税专用发票所列的运输费 2 000 元，增值税额为 180 元；增值税普通发票所列的包装费、装卸费 1 000 元（含增值税）。设备当即投入安装，安装过程中领用库存原材料实际成本 2 000 元，购进时支付的增值税进项税额为 260 元；安装人员的职工薪酬 5 000 元。设备安装完毕交付使用。该项固定资产预计使用寿命为 8 年，预计净残值率为 4%。

[要求]

1. 计算该设备的入账成本。

2. 采用年限平均法计算该项固定资产的年折旧率、月折旧率、年折旧额、月折旧额。

（二）练习采用工作量法计算固定资产折旧

[资料] 某公司的一台设备原价为 55 万元，预计生产工时为 8 万小时，预计净残值率为 4%，本月设备开动工时为 600 小时。

[要求] 采用工作量法计算该台设备的本月折旧额。

单位工时折旧额 =

本月折旧额 =

（三）练习采用年数总和法和双倍余额递减法计算固定资产折旧

［资料］

1. 某公司自行建造的一条生产线投入使用，该生产线建造成本 1 110 万元，预计使用年限为 5 年，预计净残值为 30 万元。

2. 某公司一项生产设备，账面原值 50 000 元，预计使用寿命为 5 年，预计净残值率为 4%。

［要求］

1. 根据资料 1，采用年数总和法计算各期折旧额，并将计算结果填入表 6－1。

2. 根据资料 2，采用双倍余额递减法计算各期折旧额，并将计算结果填入表 6－2。

表 6－1　各年折旧额计算表（年数总和法）　金额单位：万元

时间	尚可使用年限（年）	原值－预计净残值	年折旧率	年折旧额	累计折旧	年末账面折余价值

表 6－2　各年折旧额计算表（双倍余额递减法）　金额单位：元

时间	年初账面净值	年折旧率	年折旧额	累计折旧	年末账面折余价值

（四）练习计提固定资产折旧的账务处理

［资料］2×23 年 5 月份，某公司本月固定资产计提折旧资料如表 6－3 所示。

表 6－3　固定资产折旧计算汇总表　单位：元

使用部门	固定资产项目	上月折旧额	上月增加固定资产		上月减少固定资产		本月折旧额
			原值	月折旧额	原值	月折旧额	
基本生产车间	厂房	5 000					
	机器设备	53 000	115 000	1 200	58 000	700	
	小计	58 000	115 000	1 200	58 000	700	
无形资产研发	厂房	2 000					
	机器设备	11 000	87 000	1 050			
	小计	13 000	87 000	1 050			
厂部	房屋	10 000					
	设备设施	7 000			25 000	500	
	交通工具	5 000					
	小计	22 000			25 000	500	
专设销售机构	房屋	1 000					
经营性出租	机器设备	2 600					
总　计							

［要求］根据资料计算完成折旧计算汇总表，并据以编制本月计提折旧的会计分录。

模块四　固定资产后续支出的核算

填空题

1. 固定资产的后续支出可以分为两类：______________、________________。企业对原有固定资产的更新改造、装修工程等，一般属于___________的后续支出。

2. 不符合固定资产资本化条件的后续支出，应当在费用发生时按照受益对象计入_________。企业生产车间发生固定资产日常修理费用，按功能分类应列入“_________”账户；专设销售机构发生的固定资产日常修理费用，应列入_________。

单项选择题

1. 下列各项中，应列入购建固定资产入账价值的是（　　）。
   A. 固定资产发生日常大修理费用
   B. 公司管理自行建造固定资产项目发生的管理费用
   C. 固定资产改扩建工程人员的职工薪酬
   D. 固定资产改扩建工程领用库存原材料应负担的增值税进项税额

2. 固定资产改建扩建过程中取得的残料变价收入，应记入（　　）账户。
   A. “其他业务收入”　　B. “在建工程”
   C. “营业外收入”　　D. “固定资产清理”

3. 专设销售机构固定资产的修理费用应列入（　　）账户。
   A. “主营业务成本”　　B. “其他业务成本”
   C. “销售费用”　　D. “营业外支出”

4. 下列各项中，应列为长期待摊费用的是（　　）。
   A. 租入使用权资产的改建支出
   B. 生产经营用固定资产（符合资本化条件）的更新改造支出
   C. 固定资产发生的大修理费用
   D. 预付固定资产改扩建工程的工程款

5. 下列各项中，不应通过“在建工程”账户核算的是（　　）。
   A. 正在进行改扩建固定资产的净值
   B. 需要安装的固定资产
   C. 固定资产改扩建工程发生的支出
   D. 固定资产费用化的后续支出

多项选择题

1. 下列各项支出中，属于固定资产后续支出的有（　　）。
   A. 改造厂房结构使其更加坚固耐用
   B. 对生产设备更新改造，以提高设备的生产能力
   C. 对原有固定资产进行装修
   D. 对固定资产进行的日常修理和维护
2. 下列各项中，应计入固定资产入账成本的有（　　）。
   A. 更新改造固定资产的原账面价值
   B. 固定资产更新改造工程发生的支出
   C. 固定资产更新改造过程中回收残料价值
   D. 固定资产更新改造工程、维护修理购入物资增值税专用发票所列的增值税
3. 固定资产日常修理费用，可能列支的账户有（　　）。
   A. "主营业务成本"账户　　B. "管理费用"账户
   C. "制造费用"账户　　D. "销售费用"账户

判断题

1. 固定资产后续支出是指固定资产在使用过程中发生的更新改造、计提折旧和减值、进行修理等方面的支出。（　）
2. 与固定资产有关的后续支出，符合企业会计准则规定资本化条件的，应当计入固定资产成本；不符合资本化条件的，应当在发生时计入当期损益。（　）
3. 固定资产发生的后续支出，同时满足下列两个条件的，应列为资本化支出：(1) 支出达到取得固定资产时计税基础50%以上；(2) 使固定资产的使用寿命延长2年以上。（　）
4. 对原有固定资产进行改建、扩建，应将改建、扩建过程中发生的各项支出计入改建、扩建后的固定资产原值。对于改建、扩建过程中取得的变价收入，应作为固定资产清理净收益转入营业外收入。（　）
5. 固定资产修理费用（非小企业），无论大修理或中小修理，应当在费用发生时直接计入当期损益。（　）

业务核算题

[资料] 某公司发生有关固定资产后续支出的业务如下：

1. 公司决定对现有生产线设备进行更新改造，以提高其生产能力，发生有关经济业务如下：

（1）生产线设备原值160万元，已提折旧50万元。设备交付更新改造。

（2）设备进行更新改造，购入专用物资一批直接交付工程使用，以银行存款支付增值税专用发票列明的货款30万元，增值税3.9万元；工程施工人员的职工薪酬为50万元；更新改造过程中取得的残料作为辅助材料验收入库，作价5万元。

（3）设备更新改造工程达到预定可使用状态，交付生产使用，结转工程成本。

2. 公司对厂部办公用房进行维修，领用库存材料（修理用备件）12 000元，应付修理人员职工薪酬9 000元。

3. 月末结转辅助生产机修车间成本：生产车间设备修理应负担15 000元；对厂部设施修理应负担5 000元；出租设施修理应负担2 000元。

4. 公司对专设销售机构用房进行修理（修缮服务），以银行存款支付增值税专用发票列明的修理费16 000元，增值税1 440元。

［要求］ 根据上述资料，编制必要的会计分录。

模块五　固定资产租赁的核算

填空题

1. 租赁是指在一定期间内，出租人将资产的________让与承租人以获取对价的______。企业租入固定资产除短期租赁和低价值资产租赁以外，均确认__________和__________。

2. 承租人对租入资产虽不具有所有权，但拥有控制权，根据________的会计信息质量要求，应将租入资产确认为使用权资产。出租人应当在租赁开始日将租赁分为__________和________。

3. 经营出租固定资产取得的收入应列为__________；出租固定资产计提的折旧应列为__________。

单项选择题

1. 下列各项中，属于使用权资产初始计量时应遵循的原则的是（　　）。

A. 公允价值原则　　B. 现值原则

C. 成本原则　　D. 重置成本原则

2. 承租人取得使用权资产，使用权资产应按租赁付款额的现值入账，租赁负债按租赁付款额入账，两者的差额应列为（　　）。

A. 未确认融资费用
B. 财务费用
C. 管理费用
D. 预计负债

3. 承租人租赁的使用权资产因部分终止或完全终止租赁产生的相关利得或损失，应当计入（ ）。

A. 使用权资产成本
B. 营业外支出
C. 其他收益
D. 资产处置损益

4. 企业短期租赁和低价值资产租赁取得的固定资产，应列为（ ）。

A. 使用权资产
B. 固定资产
C. 其他非流动资产
D. 代管物资

5. 经营性出租固定资产，出租人收取租金，交付租赁资产；承租人支付租金，取得租赁资产的使用权，与租赁资产所有权有关的风险和报酬的归属者是（ ）。

A. 出租人
B. 承租人
C. 承租人或出租人
D. 承租人和出租人

6. 下列各项中，关于无法合理确定租赁期届满时是否能够取得租赁资产所有权的使用权资产折旧年限的表述，正确的是（ ）。

A. 在租赁期与租赁资产预计使用寿命两者孰短的期间内计提折旧
B. 在租赁期与租赁资产剩余使用寿命两者孰短的期间内计提折旧
C. 在租赁资产剩余使用寿命期间内计提折旧
D. 按租赁期与租赁资产剩余使用寿命两者孰短的期限计提折旧

7. 下列各项中，关于“使用权资产”账户期末借方余额反映内容的表述，正确的是（ ）。

A. 承租人持有使用权资产的净值
B. 承租人持有使用权资产的账面价值
C. 承租人持有使用权资产的原价
D. 承租人持有使用权资产成本的现值

多项选择题

1. 下列各项中，一项合同被分类为租赁合同必须要满足的三个要素是（ ）。

A. 存在一定期间
B. 存在已识别资产
C. 资产供应方向客户转移对已识别资产使用权的控制
D. 合同到期资产供应方向客户转让资产所有权

2. 应当按照成本原则对使用权资产进行初始计量。下列各项中，属于使用权资产的初始计量成本核算内容的有（ ）。

A. 租赁负债的初始计量金额
B. 租赁付款额与租赁付款额现值的差额
C. 在租赁开始日或之前支付的租赁付款额
D. 承租人发生的初始直接费用

3. 使用权资产按月计提的折旧，应根据其用途，计入相关资产的成本或者当期损益，可能列支的账户有（　　　　）账户。

A. “制造费用”　　　　B. “销售费用”

C. “研发支出”　　　　D. “管理费用”

4. 下列各项中，承租人判断某项租赁是否属于短期租赁和低价值资产租赁时需要考虑的因素有（　　　　）。

A. 租赁期限　　　　B. 资产处于全新状态时的单价

C. 使用获益方式　　　　D. 租赁资产的重要性

判断题

1. 承租人对租入的使用权资产虽不具有所有权，但拥有控制权，根据实质重于形式的要求，应确认为资产。（　　）

2. 根据《企业会计准则第 21 号——租赁》的规定，承租人不再将租赁区分为经营租赁和融资租赁；出租人应当将租赁区分为融资租赁和经营租赁。（　　）

3. 使用权资产应自租赁开始的次月计提折旧，次月计提折旧确有困难的，也可以从次月的下月起开始计提折旧。（　　）

4. 短期租赁和低价值资产租赁租入固定资产，预付以后会计年度的租赁付款额，应当通过“预付账款”账户核算。（　　）

5. 承租人为拆卸及移除租赁资产、复原租赁资产所在场地或将租赁资产恢复至租赁条款约定状态预计将发生的成本，应根据其用途，计入相关资产的成本或者当期损益。（　　）

6. 出租人发生的与经营出租相关的初始直接费用和经营出租固定资产计提的折旧，应当在发生时计入其他业务成本。（　　）

7. 融资租赁转移了与租赁资产所有权有关的几乎全部风险和报酬，所以，融资租赁实际上是一种融资行为，企业融资租赁固定资产实质上相当于分期付款购置固定资产。（　　）

业务核算题

（一）练习使用权资产的核算

[资料] 钱江公司与乐业公司签订一项生产设备 A 的租赁合同，合同约定租赁期为 5 年，租赁开始日为 2×22 年 7 月 1 日，设备交付一车间使用，租金为每年 12 万元（不含增值税），于每年的 7 月 1 日支付当年租金；租赁付款额为 60 万元，假定按照增量借款利率 8%（租赁内含利率无法确定）折现后的现值为 48 万元；乐业公司需向此商铺前任租户支付补偿款 7 000 元，并需要支付中介机构佣金 5 000 元（含税）；生产设备剩余使用寿命为 10 年，合同未约定租赁期届满时乐业公司是否能够取得此项租赁设备所有权。此项租赁业务钱江公司发生的有关经济业务如下：

（1）租赁开始日（2×22 年 7 月 1 日），根据租赁付款额和租赁付款额的现值，确认租赁负债和使用权资产。

（2）2×22 年 7 月 1 日，以银行存款支付取得增值税普通发票的补偿款 7 000 元、中介机构佣金 5 000 元。

（3）2×22 年 7 月 1 日，以银行存款支付增值税专用发票所列的租金 12 万元（第 1 年）和增值税 15 600 元。

（4）租赁设备采用直线法计提折旧，租赁期开始日为 2×22 年 7 月 1 日，按月计提折旧。

（5）2×27 年 6 月 30 日，租赁合同到期，钱江公司向乐业公司返还租赁资产，此项租赁资产未计提过减值准备。

[要求] 根据上述资料，编制必要的会计分录。

（二）练习固定资产短期租赁的核算

[资料] 利民公司与甲公司签订一项运输设备租赁合同，设备原值 90 万元，预计使用年限为 6 年，租赁期为 10 个月；租赁开始日为 2×22 年 3 月 1 日，租赁付款额 20 万元（不含增值税）于合同到期日一次支付；交付租赁资产时，利民公司需支付押金 10 万元。此项租赁符合短期租赁条件。利民公司的有关经济业务如下：

（1）2×22 年 3 月 1 日，收到租赁设备，交付专设销售机构使用，以银行存款支付押金 10 万元。

（2）2×22 年 3 月起，按月确认此项设备的应付租金。

（3）2×22 年 12 月 31 日，租赁到期退还设备，结计租赁付款额并取得增值税专用发票，增值税税率 13%，价税款抵扣应退还押金 10 万元后以银行存款予以支付。

[要求] 根据上述资料，编制必要的会计分录。

（三）练习经营性出租固定资产的核算

[资料] 甲公司与利民公司签订一项经营租赁合同，甲公司将一辆原值为 90 万元的未使用运输设备出租给利民公司。租赁开始日为 2×22 年 3 月 1 日，租赁期为 10 个月，租赁付款额为 20 万元（不含增值税），于合同到期日一次收取；交付租赁资产时，利民公司需支付押金 10 万元。设备预计使用年限为 6 年，预计净残值率为 4%。甲公司的有关经济业务如下：

（1）2×22 年 3 月 1 日，交付出租设备；利民公司交付的押金 10 万元收存银行。

（2）2×22 年 3 月起，按月确认租金收入（假定增值税于合同到期月份开票计列）。

（3）2×22 年 3 月起，按月计提此项出租设备折旧。

（4）2×22 年 12 月 31 日，结计租金收入，开具增值税专用发票，增值税税率 13%，扣除押金后的价税款收存银行。

（5）2×22 年 12 月 31 日，租赁到期收到利民公司退还的设备，办妥交接，设备转生产用。

［要求］ 根据上述资料，编制必要的会计分录。

模块六　固定资产处置、清查和减值的核算

填空题

1. 固定资产处置是包括固定资产的__________、__________、__________、对外投资、重组债务、对外捐赠等。固定资产出售以外的处置清理，应通过“________________”账户进行核算。

2. 固定资产清理处置取得残料收入、确认保险赔款等，应贷记“____________”账户；处置固定资产收入应交增值税，应贷记“________________________”账户，出售固定资产的净损益应列为_____________。

3. 固定资产在使用过程中，由于存在有形损耗和无形损耗以及其他原因，导致其________低于其____________，这种情况即为固定资产减值。

单项选择题

1. 下列各项中，不属于固定资产处置（清理）的是（　　）。

A. 固定资产报废　　B. 固定资产出售

C. 固定资产盘亏　　D. 固定资产对外投资

2. 企业发生固定资产的毁损，应通过（　　）账户进行核算。

A. “在建工程”　　B. “固定资产清理”

C. “待处理财产损溢”　　D. “管理费用”

3. 企业出售固定资产取得的收入，应贷记的账户是（　　）。

A. “营业外收入”账户　　B. “投资收益”账户

C. “固定资产清理”账户　　D. “其他业务收入”账户

4. 企业投资转出固定资产，符合非货币性资产交换条件的，转出资产账面价值（净值+相关税费）与投资确认价值的差额列为当期损益，计入（　　）。

A. 营业外收入或营业外支出　　B. 资产处置损益

C. 其他业务收入或其他业务成本　　D. 未确认融资费用

5. 企业发现固定资产盘盈，应作为前期会计差错通过（　　）进行核算。

A. “待处理财产损溢”账户　　B. “营业外收入”账户

C. “以前年度损益调整”账户　　D. “长期应付款”账户

6. 固定资产盘亏净损失审批后的结转，应记列的账户是（　　）。

A. “其他业务成本”账户　　B. “管理费用”账户

C. “营业外支出——盘亏损失”账户　　D. “营业外支出——非常损失”账户

7. 已提取了固定资产减值准备的资产，以后其可收回金额又高于其账面价值，正确处理是（　　）。

A. 冲减已提减值准备　　B. 不得冲减已提减值准备

C. 将已提减值准备转为营业外收入　　D. 恢复固定资产账面价值

8. 出售一项固定资产（持有待售），原值 30 万元，已提折旧 15 万元，取得收入 103 000元（其中含增值税 2 000 元），支付清理费用 3 000 元。不考虑其他因素，企业处置此项固定资产的净损益（不考虑增值税外的其他税费）是（　　）。

A. 营业外支出 52 000 元　　B. 营业外收入 52 000 元

C. 营业外支出 248 000 元　　D. 资产处置损益 52 000 元

9. 企业已计提减值准备的固定资产报废清理，其已计提的减值准备，应结转记列的账户是（　　）。

A. “其他业务成本”账户　　B. “管理费用”账户

C. “固定资产清理”账户　　D. “营业外支出”账户

10. 企业预计将在近期出售，且满足划分为持有待售类别的相关条件的固定资产，应划分为（　　）。

A. 固定资产清理　　B. 待处理非流动资产

C. 持有待售资产——固定资产　　D. 持有待处置资产

多项选择题

1. 通过“固定资产清理”账户核算的报废毁损等转出固定资产的净损益，结转记入的账户可能有（　　　）。

A. “营业外支出——非流动资产毁损报废损失”账户

B. “营业外支出——公益性捐赠支出”账户

C. “营业外支出——非常损失”账户

D. “资产处置损益”账户

2. “固定资产清理”账户借方登记的内容包括（　　　）。

A. 转入清理的固定资产净值

B. 发生的清理费用

C. 结转固定资产清理的净损失

D. 结转固定资产清理的净收益

3. 固定资产报废处理中，最终的净损益应作为（　　）处理。

A. 管理费用

B. 营业外收入

C. 投资收益

D. 营业外支出

4. “固定资产清理”账户的核算内容包括（　　）。

A. 固定资产报废

B. 固定资产毁损

C. 固定资产投资转出

D. 固定资产大修理

5. 确定固定资产账面价值，应考虑下列（　　）账户的期末余额。

A. “固定资产”

B. “累计折旧”

C. “固定资产减值准备”

D. “在建工程”

6. 企业期末对固定资产进行检查，如果发现存在（　　），应当计算固定资产的可收回金额，以确定资产是否已经发生减值，并计提相应的固定资产减值准备。

A. 企业所处经营环境，如技术、市场、经济或法律环境，在当期发生或在近期发生重大变化，并对企业产生负面影响

B. 固定资产陈旧过时或发生实体损坏等

C. 固定资产预计使用方式发生重大不利变化，如企业计划终止或重组该资产所属的经营业务、提前处置资产等情形，而对企业产生负面影响

D. 固定资产市价大幅度下跌，其跌幅大大高于因时间推移或正常使用而预计的下跌，并且预计在近期内不可能恢复

不定项选择题

［资料］ 甲公司为增值税一般纳税人，发生与固定资产有关的经济业务如下：

（1）2×21 年 12 月购入一台需要安装的设备，取得增值税专用发票注明的价款为 200 万元，增值税为 26 万元；发生取得增值税普通发票的保险费 3 万元。款项均以银行存款支付，设备交付安装，发生安装人员职工薪酬 17 万元。设备当月安装完毕，达到预定可使用状态。该设备预计使用年限为 8 年，预计净残值为 4 万元。

（2）2×23 年 1 月 1 日，甲公司采用出包方式对上述设备进行改良。当日，该设备停止使用，开始改良。改良过程中被拆除更换部件的账面价值 10 万元，以银行存款支付增值税专用发票所列的工程款 50 万元，增值税 4.5 万元。设备折旧按年限平均法计算确定。

（3）2×23 年 2 月，甲公司某仓库因发生火灾毁损，该仓库原价为 400 万元，已计提折旧 100 万元；其残料估计价值为 5 万元，残料已办理入库；发生的清理费用 2 万元（不考虑增值税），以银行存款支付；经保险公司核定应付赔偿款 150 万元，尚未收到款项。

［要求］ 根据上述资料，假定不考虑其他因素，分析回答下列问题。

1. 根据资料（1），甲公司购入设备的入账价值是（　　）万元。

A. 220

B. 246

C. 216

D. 217

2. 根据资料（1），下列各项中，关于该设备计提折旧的表述，正确的是（　　）。

A. 2×21 年 12 月，该设备不应计提折旧

B. 如采用年限平均法，该设备每月应计提折旧额为 2.25 万元

C. 如采用双倍余额递减法，其年折旧率应为 25%

D. 如采用年数总和法，其第一年的年折旧额应为 48 万元

3. 根据资料（1）和（2），2×22 年 1 月 1 日，甲公司与对该设备进行改良有关的下列账务处理中，正确的是（　　）。

A. 借：在建工程——出包工程　　2 200 000
　　贷：固定资产　　2 200 000

B. 借：在建工程——出包工程　　1 930 000
　　　累计折旧　　270 0000
　　贷：固定资产　　2 200 000

C. 借：在建工程——出包工程　　500 000
　　　应交税费——应交增值税（进项税额）　　45 000
　　贷：银行存款　　545 000

D. 借：在建工程——出包工程　　645 000
　　贷：银行存款　　545 000
　　　　固定资产　　100 000

4. 根据资料（1）和（2），改良后，该项设备的入账价值为（　　）万元。

A. 243　　B. 260

C. 237.5　　D. 233

5. 根据资料（3），结转固定资产毁损净损益时，记入“营业外支出”账户的金额是（　　）万元。

A. 借方 147　　B. 借方 297

C. 贷方 147　　D. 借方 253

判断题

1. 企业固定资产报废、毁损的净损益，均应结转计入营业外收入或营业外支出。（　　）

2. 企业（非小企业）清查发现的固定资产盘盈，应作为前期会计差错处理，通过“以前年度损益调整”账户进行核算；固定资产毁损、盘亏，均应通过“待处理财产损溢”账户进行核算。（　　）

3. 固定资产报废和毁损，均列为固定资产清理，无论是正常原因造成还是非正常原因造成，其账务处理是相同的。（　　）

4. 企业应定期对固定资产账面净值进行检查，由于使用过程中损耗及其他原因导致账面净值低于其可收回金额的，应将其差额作为固定资产减值准备，并确认为资产减值损失。（　　）

5. 企业发现盘盈、盘亏的固定资产，应通过“以前年度损益调整”账户进行核算。（　　）

6. 固定资产出售、报废以及由于意外事故、自然灾害而产生的毁损，均应通过“固定资产清理”账户核算，其发生的净损益，应直接转入资产处置损益。（　）

7. 企业出租固定资产和出售固定资产应交的增值税以外的税费，应列入“税金及附加”账户。（　）

8. 固定资产投资转出、报废、毁损以及盘亏，均应通过“固定资产清理”账户核算；企业处置固定资产的净损益，应列为营业外收支。（　）

9. 固定资产计提减值后，固定资产的账面价值发生变化，其以后期间应提折旧额、月折旧额均应加以调整计算。（　）

10. 持有待售固定资产出售产生的净损益列为资产处置损益，未列为持有待售资产的固定资产出售、处置产生的净损益，应列为营业外收入或营业外支出。（　）

业务核算题

（一）练习固定资产处置清理的账务处理

［**资料**］大力公司（一般纳税人）发生有关固定资产处置清理的经济业务如下：

1. 某设备（2×19 年 6 月购置）无法正常使用（已列为不需用）经批准予以提前报废，原值为 56 万元，已提折旧 50 万元，清理过程中以存款支付增值税普通发票所列的清理费用 2 000 元，残料变价收入款共计 13 390 元（增值税税率 3%，减按 2%）存入银行。报废清理完毕。

2. 某项已转为未使用的设备（2×20 年 3 月购置）经批准予以转为持有待售资产，原值为 9 万元，预计使用寿命为 5 年，累计已提折旧 48 000 元。2×23 年 2 月将该设备予以出售，取得收入56 500 元（含增值税，增值税税率 13%）存入银行。以银行存款支付增值税专用发票所列的出售费用5 000元，增值税 450 元。出售清理完毕。

3. 以一台在用设备对甲公司进行投资，设备的原值为 66 万元，累计已计提折旧 5 万元，已计提固定资产减值准备 1 万元，双方经协商确认的投资价值为 57 万元。此项投资不符合非货币性资产交换的两个条件，无清理费用。投资设备已经交付甲公司。

4. 因遭受一场突然的台风导致原值为 96 万元、已提折旧 55 万元的厂房报废；清理时以银行存款支付增值税普通发票所列清理费用 2 万元，取得残料变卖收入 3 万元并存入银行（不考虑增值税）；公司财产已投保，保险公司赔偿清单注明赔偿金额为 25 万元，款未到账。此项净损失于当期结转。

［**要求**］根据上述资料，编制必要的会计分录。

（二）练习固定资产盘点盈亏和减值的账务处理

［**资料**］大力公司（一般纳税人）发生有关固定资产盘盈盘亏和减值的经济业务如下：

1. 公司在财产清查中发现盘盈设备一台，其重置价值为 20 万元，有六成新，估计折旧 8 万元。

2. 清查发现盘亏一项生产设备，原价为 50 万元，已提折旧 18 万元（不考虑增值税）。

3. 盘盈设备审批后进行结转。所得税税率为 25%，法定盈余公积提取比例为 10%。

4. 盘亏生产设备审批后结转完毕。

5. 年末，公司对一项使用不正常的设备进行检测，发现存在减值迹象，设备账面原值 50 万元，预计净残率为 4%，预计使用寿命为 8 年，已提折旧为 32 万元。经确认设备公允价值（净值）为 17 万元，清理处置费用预计为 5 000 元；设备尚可使用期间和处置的预计未来现金流量的现值为 15 万元。确认其发生的减值金额。

6. 上述固定资产计提减值后，预计尚可使用年限为 2 年。计算确定其计提减值后的年折旧额、月折旧额。

［**要求**］根据上述资料，完成相关计算，编制必要的会计分录。

（三）练习固定资产取得、折旧和处置的核算

［**资料**］甲公司（一般纳税人）购建一套生产线（生产设备），发生的有关经济业务如下：

1. 2×20 年 6 月 30 日，为购建该生产线向中国建设银行专门借入资金 50 万元，并存入银行。该借款期限为 3 年，年利率为 9.6%，到期一次还本付息。次日用此项借款购入生产线设备：增值税专用发票注明的买价为 42 万元，增值税 54 600 元；支付增值税专用发票注明的运输费 8 000 元，增值税 720 元；支付增值税普通发票注明的装卸费 2 000 元。设备直接交付工程。

2. 生产线建设工程，领用本公司产品一批，该批产品实际成本为 6 万元，市场售价 8 万元，增值税税率为 13%。

3. 工程施工人员应计职工薪酬 101 000 元。

4. 以银行存款支付增值税专用发票注明的工程费用 60 000 万元，增值税 5 400 元。

5. 2×20 年 12 月 31 日，计提本年（半年）应计借款利息（本金按 50 万元计算）。

6. 2×20 年 12 月 31 日，工程达到预定可使用状态，生产线投入生产使用。

7. 该生产线预计使用寿命 6 年，采用年限平均法按月计提折旧（预计净残值率为 4%）。

8. 2×22 年 12 月 31 日（两年后），甲公司该生产线设备准备予以出售，转为持有待售固定资产。

9. 2×23 年 2 月，出售此项资产，以银行存款支付增值税专用发票所列的出售费用 1 万元，增值税 900 元；出售该生产线设备所得款项 45.2 万元（含增值税，增值税税率 13%），款项全部存入银行，设备交付购买单位。计算出售此项资产的净损益。

［**要求**］根据上述资料，完成下列会计处理。

1. 2×20 年度用此项借款购建生产线设备及年末计提利息的会计分录。

2. 按年限平均法计算该生产线设备的年折旧额、月折旧额，并编制按月计提折旧的会计分录。

3. 与出售该生产线设备有关的会计分录。

项目七 *Project 7*

无形资产和长期待摊费用的核算

模块一　无形资产的核算

填空题

1. 无形资产是指企业拥有或控制，________________的可辨认的________________。

2. 无形资产一般包括____________、____________、____________、____________、____________和____________等。

3. 企业自行开发无形资产，属于研究阶段的支出，应于发生时计入________________；属于开发阶段的支出分为：（1）符合资本化条件的，应结转记入________________账户；（2）不符合资本化条件的，应结转记入______________账户。

4. 无形资产一般应自________________起，按______________进行摊销。

5. 企业出租无形资产的收入应列为__________________，出租无形资产的摊销应列为____________；出售无形资产的净损益应列为__________________。

名词解释

1. 无形资产

2. 可辨认资产

3. 专利权

4. 无形资产减值

单项选择题

1. 下列应列为无形资产的是（　　）。

A. 企业自创的商誉　　B. 行政划拨的土地使用权

C. 政府授予的特许权　　D. 外购专利权

2. 下列属于无期限的无形资产的是（　　）。

A. 非专利技术　　B. 专利权

C. 商标权　　D. 土地使用权

3. 企业自创并依法申请取得的无形资产，申请取得前研究阶段发生的费用，应计入（　　）。

A. 无形资产价值　　B. 研发支出

C. 长期待摊费用　　D. 管理费用

4. 甲公司 2×22 年初起自行研发一项非专利技术，同年 7 月该项目达到预定用途形成无形资产并交付管理部门使用。研发过程中发生材料费用 200 万元，人员工资 60 万元，其他费用 40 万元，其中符合资本化条件的支出为 180 万元。该项无形资产的摊销期限为 5 年，无预计净残值，按直线法摊销。不考虑其他因素，该事项对甲公司 2×22 年度损益的影响金额为（　　）万元。

A. 120　　B. 138

C. 192　　D. 300

5. 出租无形资产的收入应列为（　　）。

A. 营业外收入　　B. 资本公积

C. 其他业务收入　　D. 主营业务收入

6. 企业行政划拨未入账的土地使用权有偿转让时，按规定补交的土地出让金，应当（　　）。

A. 作为固定资产处理　　B. 作为无形资产处理

C. 作为当期损益处理　　D. 作为长期待摊费用处理

7. “研发支出”账户的期末借方余额，反映（　　）。

A. 企业正在进行研发项目费用化的支出

B. 企业研发项目发生成本

C. 企业正在进行研发项目满足资本化条件的支出

D. 企业正在进行研发项目发生的各项支出

8. 无形资产预期不能为企业带来经济利益时，应予以报废，其账面价值应列入（　　）。

A. 营业外支出　　B. 管理费用

C. 其他业务成本　　D. 资产减值损失

9. 下列各项中，一般不会引起无形资产账面价值发生增减变动的是（　　）。

A. 对无形资产计提减值准备　　B. 摊销无形资产

C. 无形资产可收回金额大于账面价值　　D. 转让无形资产所有权

10. 无形资产出售所发生的净损益，应列为（　　）。

A. 营业外收支　　B. 资本公积

C. 资产处置损益　　D. 投资收益

11. 下列应列为管理费用的是（　　）。

A. 研究开发无形资产发生的支出　　B. 生产经营用无形资产的摊销

C. 出售无形资产的净损益　　D. 计提无形资产减值准备

12. 投资者投入无形资产的入账成本是（　　）。

A. 无形资产的公允价值　　B. 投资方无形资产的账面价值

C. 投资合同或协议约定的价值　　D. 同类或类似无形资产的市价

13. 企业自行研发无形资产发生的费用化支出，按期结转时应借记的账户是（　　）。

A. "研发支出" 账户　　B. "管理费用" 账户

C. "无形资产" 账户　　D. "营业外支出" 账户

14. 确定无形资产摊销期限，对来源于合同性权利或者其他法定权利，而且合同规定或法律规定有明确使用年限的，其摊销期限（预计使用寿命）的确定是（　　）。

A. 合同规定或法律规定的年限　　B. 参考历年经验，合理加以估计

C. 不应超过合同或法律规定的年限　　D. 不应超过 10 年

15. 下列关于无形资产摊销的说法，不正确的是（　　）。

A. 使用寿命不确定的无形资产不需进行摊销

B. 无形资产应当自可供使用月份起进行摊销

C. 无形资产有预计残余价值的，应在摊销时从入账成本中扣除

D. 企业无形资产的摊销是不可能计入相关资产成本的

16. 无形资产减值金额是无形资产可收回金额低于其（　　）的差额。

A. 公允价值　　B. 账面余额

C. 账面价值　　D. 预计未来现金流量

多项选择题

1. 下列属于无形资产基本特征的有（　　　）。

A. 有偿取得　　B. 是可辨认的资产

C. 未来经济利益存在不确定性　　D. 必须是企业自用的

2. 下列应列为无形资产的有（　　）。

A. 外购商标权

B. 自创商标权

C. 以缴纳土地出让金方式取得的土地使用权

D. 自行研究开发无形资产研究过程中发生的支出

3. 关于无形资产摊销，下列说法正确的有（　　）。

A. 无形资产应当自取得当月起进行摊销

B. 无形资产的应摊销金额为其入账价值

C. 使用寿命不确定的无形资产不应摊销

D. 无形资产摊销的预计使用寿命，按合同规定或法律规定的年限确定

4. 企业无形资产摊销可能列支的账户有（　　）。

A. “其他业务成本”账户　　B. “管理费用”账户

C. “制造费用”账户　　D. “财务费用”账户

5. 企业在自行开发并取得专利权的过程中所发生的下列费用，应记入该专利权入账价值的有（　　）。

A. 依法取得专利权发生的注册费

B. 依法取得专利权发生的聘请律师费

C. 研究阶段发生的费用

D. 开发阶段发生的符合资本化条件的支出

6. 下列关于无形资产会计处理的表述中，正确的有（　　）。

A. 无形资产均应确定预计使用年限并分期摊销

B. 有偿取得的自用土地使用权应确认为无形资产

C. 内部研发项目开发阶段支出应全部确认为无形资产

D. 无形资产减值损失一经确认在以后会计期间不得转回

7. 关于自行研究开发的无形资产，下列说法中不正确的有（　　）。

A. 研究阶段的支出，应当资本化，确认为无形资产

B. 研究阶段的支出，应当费用化，月末转入当期损益

C. 研发支出，应当区分研究阶段支出与开发阶段支出

D. 开发阶段的支出，一律资本化，确认为无形资产

8. 下列各项能引起无形资产账面价值发生增减变动的有（　　）。

A. 摊销无形资产　　B. 转让无形资产所有权

C. 发生无形资产的后续支出　　D. 对无形资产计提减值准备

9. 企业自行研究开发项目开发阶段的支出，若要确认为无形资产则应同时满足的条件包括（　　）。

A. 具有完成该无形资产并使用或出售的意图

B. 归属于该无形资产开发阶段的支出能够可靠地计量

C. 完成该无形资产以使其能够使用或出售在技术上具有可行性

D. 有足够的技术、财务资源和其他资源支持，以完成该无形资产的开发，并有能力使用或出售该无形资产

10. 无形资产摊销金额的确定，下列应从无形资产成本中扣除的有（　　）。

A. 预计净残值　　B. 已计提的无形资产减值准备累计金额

C. 预计可收回金额　　D. 账面价值

判断题

1. 无形资产的取得成本应该能够可靠地计量，凡是取得成本不能可靠计量的不具有实物形态的资产，不能确认为无形资产。（　）

2. 企业无形资产不论是外购的，还是自创的，都是受法律保护的。（　）

3. 企业拥有的土地使用权，都应作为无形资产入账核算。（　）

4. 无形资产出租和出售的收入均应列为其他业务收入。（　）

5. 当无形资产预期不能为企业带来经济利益时，应将该项无形资产的账面价值予以转销，计入转销当月的营业外支出。（　）

6. 无形资产确认后发生的支出，金额较大的应增加无形资产的价值，金额较小的可确认为发生当期的费用。（　）

7. 企业用于生产某种产品的、已确认为无形资产的非专利技术，其摊销金额应计入当期制造费用。（　）

8. 企业自行开发无形资产，发生的研究、开发费用，会计核算上一般应将其全部列为当期管理费用。（　）

9. 商誉是不具有实物形态的资产，并且能够给企业带来经济利益，但其存在无法与企业自身分离，不具有可辨认性，所以，不能列为无形资产。（　）

10. 企业需要摊销的无形资产仅是指使用寿命有限的无形资产，使用寿命不确定的无形资产不必进行摊销。（　）

11. 企业自行开发无形资产，无法区分研究阶段支出和开发阶段支出的，应当将其所发生的研发支出全部费用化，计入当期损益。（　）

12. 企业所持有的无形资产其账面成本低于其可收回金额的，其差额应确认为无形资产减值，计入“资产减值损失”账户。无形资产减值损失一经确认，在以后会计期间不得转回。（　）

13. 商标权是指企业专门在某种指定的产品或商品上使用特定的名称、图案和标记的权利。企业拥有的商标权均应列为无形资产。（　）

14. 无形资产确认入账后发生的后续支出，符合资本化条件的应记入“无形资产”账户；不符合资本化条件的则计入当期损益。（　）

15. 某项无形资产不再受法律保护，且不能给企业带来经济利益，则应将其账面价值结转计入营业外支出。（　）

16. 无形资产的应摊销金额为其成本扣除预计净残值后的金额，已经计提减值准备的无形资产，还应扣除已计提的无形资产减值准备累计金额。（　）

业务核算题

（一）练习无形资产取得的核算

［资料］某公司发生有关无形资产的经济业务如下：

1. 从技术市场购入一项专利权，增值税专用发票所列的价款 3 万元，增值税 1 800 元；增值税普通发票所列的注册登记费、律师费用等共计 2 000 元。价款均以存款支付。该项专利权已投入使用。

2. 接受 H 公司以某项非专利技术向本企业投资，投资协议确定的价值为 15 万元，按比例确认的资本额为 10 万元，取得的票据为增值税普通发票。该项著作权已投入使用。

3. 本公司接受外单位捐赠一项著作权，捐赠单位提供增值税专用发票确认的价值为 6 万元，增值税 3 600 元，并以存款支付增值税普通发票所列的相关费用 7 000 元。

4. 为适应生产经营的需要，公司有偿取得一项土地的使用权，使用年限为 30 年，以存款支付增值税专用发票所列的土地出让金 900 万元，增值税 81 万元，已办妥相关手续。

5. 公司自行研究开发一项新技术，研究试制过程中领用原材料 5 万元，应付职工薪酬 2 万元，应负担的固定资产折旧费 1 万元。

6. 月末，将上述研究阶段发生的支出予以转销。

7. 公司上述自行开发项目取得初步成功，进入开发阶段，发生应付职工薪酬 26 000 元；以存款支付相关增值税专用发票所列的服务费用 2 万元，增值税 1 200 元。经确认，开发阶段支出全部符合资本化条件。

8. 上述自行开发项目取得成功，申请取得专利权。以银行存款支付增值税专用发票所列登记及律师费用 15 000 元，增值税 900 元，并结转开发阶段的资本化支出。

［要求］根据上述经济业务，编制必要的会计分录。

（二）练习无形资产摊销、出租、出售和处置等业务的核算

［资料］某公司发生有关无形资产的经济业务如下：

1. 2×22 年 6 月份公司无形资产摊销资料如表 7－1 所示。

表 7－1 无形资产摊销表

2×22 年 6 月　　金额单位：元

项目	无形资产账面余额	摊销期限	每月摊销
土地使用权	2 700 000	30 年	7 500
专利权 A	180 000	5 年	3 000
商标权	192 000	10 年	1 600
著作权（出租）	86 400	6 年	1 200
合计	27 458 400	—	13 300

2. 公司出租的著作权，2×22 年 6 月取得出租收入 3 万元，增值税 1 800 元，款项转存银行。以银行存款支付增值税普通发票所列的此项出租业务的技术指导费 9 000 元，应付职工薪金 6 000 元。

3. 公司出售一项商标权，账面余额 192 000 元，累计摊销额为 96 000 元，取得收入 15 万元，增值税税率为 6%（其他税费略），价税款共计 15.9 万元收存银行。此项商标权未计提过减值准备。

4. 公司于 2×22 年 6 月检查发现某项专利权 A 由于技术进步等原因已不能为企业带来经济利益，应予以报废转销。该专利权账面成本 18 万元，已累计摊销 15 万元，已计提无形资产减值准备 1 万元。

5. 年末公司对现有无形资产进行检查，各项无形资产的账面价值与可收回金额对比资料如表 7－2 所示。计算提取本期应计提的无形资产减值准备。

表 7－2　　无形资产账面价值与可收回金额资料表　　单位：元

项　目	账面价值确定				可收回金额	减值
	账面成本	累计摊销	已提减值准备	余　额		
土地使用权	54 000 000	1 500 000	—	52 500 000	90 000 000	—
著作权	86 400	43 200	7 000	36 200	30 000	6 200
非专利技术	156 000	9 750	—	146 250	150 000	—

6. 公司用于出租的著作权，账面成本 86 400 元，预计使用年限为 6 年，已使用 3 年，累计已计摊销 43 200 元，已提减值准备 13 200 元，重新估计尚可使用 2 年。确定该项著作权从下月起每月应计的摊销额，并进行其账务处理。

[要求] 根据上述经济业务，编制必要的会计分录。

（三）练习无形资产的核算

[资料] 大源公司发生有关无形资产的业务如下：

1. 2×19 年 1 月购入一项特许经营权，以银行存款支付增值税专用发票所列的价款 85 万元，增值税 5.1 万元。此外，以银行存款支付增值税普通发票所列的相关费用 5 万元。该无形资产的有效使用年限为 8 年，公司确定的预计使用寿命为 6 年。该项无形资产于购买当月交付使用。

2. 该无形资产合同约定的有效使用年限为 8 年，公司确定的预计使用寿命为 6 年，按月进行该项无形资产的摊销。

3. 2×19 年 12 月 31 日，由于与该无形资产相关的经济因素发生不利变化，致使其发生减值，公司估计可收回金额为 72 万元，计提此项无形资产的减值准备。

4. 计提减值后，该无形资产的预计使用寿命不变，2×20 年 1 月起按月进行此项无形资产的摊销。

5. 2×20 年 12 月 31 日，由于与该无形资产相关的经济因素发生继续不利变化，致使其继续发生减值，公司估计的可收回金额为 54 万元。

6. 2×20 年 12 月计提减值后，该无形资产公司估计的预计使用寿命为 5 年，即还可使用 3 年。2×21 年 1 月起按月进行此项无形资产的摊销。

7. 2×22 年 12 月 31 日公司将此项无形资产出售，取得收入 14 万元，增值税税率 6%（不考虑其他税费），价税款共计 14.84 万元收存银行，资产交付购买单位。

［**要求**］根据上述经济业务，编制必要的会计分录。

模块二　长期待摊费用的核算

填空题

1. 长期待摊费用是指企业________________，应由________________负担的，摊销期在一年以上的________________。

2. 企业租入使用权资产改良支出的摊销期限是________________________。车间租入使用权资产改良支出的摊销应计入__________________。

单项选择题

1. 下列应列为长期待摊费用的是（　　）。

A. 公司开办费　　B. 租入使用权资产的改良支出

C. 数额较大的固定资产修理费用　　D. 长期借款的应付利息

2. 企业预付租入低价值资产 1 年以上部分的租赁费应列为（　　）。

A. 主营业务成本　　B. 长期待摊费用

C. 固定资产或无形资产　　D. 制造费用或管理费用

3. 关于长期待摊费用的核算，下列说法不正确的是（　　）。

A. 长期待摊费用的摊销期一定在 1 年以上

B. 企业开办费、固定资产大修理支出应列为长期待摊费用

C. 长期待摊费用核算的正确与否，影响企业资产，但也会影响企业利润

D. “长期待摊费用”账户可按费用项目进行明细核算

多项选择题

1. 下列各项中，属于企业（非小企业）长期待摊费用的有（　　）。
   A. 预付租入低价值资产两年的租金
   B. 租入使用权资产改良支出
   C. 固定资产大修理费用
   D. 分期摊销法下，领用使用期为24个月的生产工具
2. 关于长期待摊费用，下列说法正确的有（　　）。
   A. 长期待摊费用的确认与摊销是权责发生制核算基础的具体体现
   B. 小企业长期待摊费用的内容与执行具体准则的企业是不同的
   C. 长期待摊费用的摊销按照费用项目，在其受益期平均摊销
   D. 企业租入使用权资产改良支出的摊销期限是租赁期限

判断题

1. 企业已经发生，应由以后各期负担的、摊销期在1年以上的各项费用，均应列为长期待摊费用。（　）
2. 企业租入使用权资产的改良支出应在租赁期限内平均摊销。（　）
3. 无形资产摊销和长期待摊费用摊销都应计入管理费用。（　）
4. 企业发生修理间隔期在1年以上的大修理费用，领用使用期限在1年以上的低值易耗品的成本，应列为长期待摊费用。（　）

业务核算题

[资料] 某公司发生有关长期待摊费用的经济业务如下：

1. 公司专设销售机构租入一批办公设备（属于低价值资产租赁），合同约定租赁期为5年，租赁开始日以存款一次支付前3年的租赁费216 000元（取得增值税普通发票），办公设备已交付使用。分别进行预付租赁费和3年租赁期内摊销租赁费的账务处理。

2. 生产车间租入一项使用权资产（生产设备），租赁期为5年，预计尚可使用年限为10年，公司对该设备进行改良。改良工程购入工程物资一批直接交工程使用，以银行存款支付增值税专用发票所列的买价15万元，增值税19 500元；应付职工薪酬36 000元。工程完工交付生产使用。分别进行发生工程支出、完工结转和分月摊销改良工程支出的账务处理。

[要求] 根据上述经济业务，编制必要的会计分录。

项目八 *Project 8*

流动负债的核算

模块一 流动负债认知

填空题

1. 企业负债，是企业在__________下已承担的义务；负债是企业承担的能够以____________的义务；企业现行的负债代表着企业__________________的流出。

2. 企业负债按其流动性可分为____________和____________两大类。流动负债是指企业将在__________内或者__________________内偿还的各种债务。

名词解释

1. 负债

2. 流动负债

单项选择题

1. 下列各项中，不属于流动负债的是（　　）。

A. 应交税费　　B. 应付职工薪酬

C. 应付及预收款　　D. 预计负债

2. 流动负债通常是按（　　）计价入账的。

A. 未来应付金额　　B. 未来现金流量

C. 未来应付金额的现值　　D. 负债本金加应付利息

3. 企业负债的形成原因是（　　）。

A. 现在的交易或者事项

B. 未来的交易或者事项

C. 过去的交易或者事项

D. 一年或超过一年的一个营业周期的交易或者事项

4. 负债的实质是（　　）。

A. 企业承担的未来义务　　B. 企业承担的现时义务

C. 企业承担和未承担的债务　　D. 企业缺乏货币资金

5. 关于负债确认，正确的说法是（　　）。

A. 确认负债应同时满足下列两个条件：①与该义务有关的经济利益很可能流出企业；②未来流出利益的金额能够可靠地计量

B. 确认负债应符合定义，并是企业承担的现时义务

C. 符合负债定义并同时满足下列两个条件的，应确认为负债：①与该义务有关的经济利益很可能流出企业；②未来流出利益的金额能够可靠地计量

D. 确认负债应同时满足下列两个条件：①符合负债定义；②与该义务有关的经济利益很可能流出企业

多项选择题

1. 下列属于负债的有（　　）。

A. 预收账款　　B. 预付账款

C. 递延所得税负债　　D. 盈余公积

2. 下列应列为流动负债的有（　　）。

A. 应付股利　　B. 应付债券

C. 应交税费　　D. 一年内到期的长期借款

3. 关于负债，下列说法正确的有（　　）。

A. 负债是能够用货币计量的

B. 负债是企业承担的现时义务

C. 企业承担的不能用货币计量的义务，也应确认为负债

D. 负债也是企业一项资金来源

4. 流动负债的特点包括（　　）。

A. 偿还期限短

B. 举借目的是满足生产经营资金周转的需要

C. 是一年内必须偿还的债务

D. 需要用资产、提供劳务或者举借新的负债来偿还

判断题

1. 流动负债是指过去的交易、事项形成的现时义务，发生该义务预期会导致经济利益流出企业。（ ）

2. “预计负债”是预先计提的负债，其实质是一项费用，而不是真正的负债。（ ）

3. 负债是企业承担的现时义务，企业现时未承担（或不能承担）的义务不能确认为负债。（ ）

4. 企业承担的不能用货币计量的义务（或承诺）不能确认为负债，但可以列为预计负债。（ ）

5. 流动负债是指企业将在一年内偿还的各种债务。企业超过一年未能偿还的应付账款应转为非流动负债。（ ）

模块二　短期借款和应付款项的核算

填空题

1. 短期借款是企业向银行或其他金融机构借入的、期限在________的各种借款；短期借款的利息支出，应作为______________，计入当期损益。

2. 短期借款利息是按季支付的，或者是在借款到期时连同本金一起支付，数额较大的，应通过“__________”按月预提计入______________。

3. 应付账款的入账时间为____________________________________；应付账款的入账金额为____________________________；“应付账款”账户可按_________________进行明细核算。

4. “预收账款”账户，期末贷方余额反映__________；期末借方余额反映__________。

5. 应付票据到期，如果企业无力支付票款，属于商业承兑汇票的，应转为____________；属于银行承兑汇票的，应转为______________。

名词解释

1. 应付账款

2. 合同负债

单项选择题

1. “应付账款”账户属于双重性质账户，其期末借方余额反映（　　）。

A. 预付的款项（应收款项）　　B. 预收的款项

C. 应付未付的款项　　D. 多付的应付账款

2. 企业应付票据到期，属于银行承兑汇票的，票款由承兑银行垫付，企业应将其票面金额转为（　　）。

A. 应付账款　　B. 其他应付款

C. 短期借款　　D. 合同负债

3. 企业购入物资过程中，因供应单位责任造成的途中短缺，经确认应由供应单位赔偿的款项，应列入（　　）账户。

A. “应收账款”　　B. “应付账款”

C. “其他应收款”　　D. “其他应付款”

4. 企业支付短期借款利息，应借记的账户是（　　）。

A. “应付利息”账户　　B. “财务费用”账户

C. “短期借款”或“财务费用”账户　　D. “财务费用”或“应付利息”账户

5. 企业在向客户转让商品之前，如果客户已经支付了合同对价或企业已经取得无条件收取合同对价的权利，应确认为（　　）。

A. 预收账款　　B. 合同负债

C. 应付账款　　D. 预计负债

6. “预收账款”账户所属有关明细账户的期末借方余额，编制“资产负债表”时，应列入的项目是（　　）。

A. “应收账款”项目　　B. “预付账款”项目

C. “预收账款”项目的抵减（或红字）　　D. “应付账款”项目

7. 下列各项中，不通过“应付账款”账户核算的是（　　）。

A. 购进材料、商品应付的价款

B. 购进材料、商品支付的增值税进项税额

C. 购进材料、商品已验收入库，但至月末仍未收到单证的暂估价款

D. 低价值租入资产应付的租金

8. 企业不属于转让商品预收的款项，如经营性出租资产预收的租金，应列为（　　）。

A. 应付账款　　B. 合同负债

C. 预收账款　　D. 其他应付款

9. 企业签发并承兑的商业承兑汇票到期无法偿付的票款，企业应当进行的处理是（　　）。

A. 转作应付账款　　B. 转作短期借款

C. 不进行账务处理　　D. 转作其他应付款

10. 预收账款业务不多的企业，发生不属于合同负债的预收款可以通过（　　）账户进行核算。

A. “应收账款”　　B. “应付账款”

C. “预付账款”　　D. “其他应收款”

11. 为正确核算成本费用，企业按照供应单位票据支付外购电力、燃气费用时，一般应借记的账户是（　　）。

A. “制造费用”“管理费用”等账户

B. “应付账款”账户

C. “合同负责”账户

D. “预付账款”账户

12. 企业支付银行承兑汇票的承兑手续费应列为（　　）。

A. 营业外支出　　B. 财务费用

C. 管理费用　　D. 应付票据

13. 下列各项中，不应列为财务费用的是（　　）。

A. 支付银行承兑汇票的承兑手续费　　B. 带息应付票据产生的票据利息

C. 短期借款的利息支出　　D. 专设销售机构人员的工资

多项选择题

1. 下列各项中，应列入“应付账款”账户核算的有（　　　）。

A. 不设“预付账款”账户企业，预付的款项

B. 不设“预收账款”账户企业，预收的款项

C. 接受劳务供应应付的款项

D. 货物验收入库，至月终仍未收到发票账单的暂估应付款

2. 下列各账户中，属于双重性质账户的有（　　　）账户。

A. “预收账款”　　B. “应付账款”

C. “合同负债”　　D. “应付利息”

3. 下列说法中，正确的有（　　　）。

A. 企业支付电费、水费及其可以抵扣的增值税应借记的账户，应该是“应付账款”“应交税费——应交增值税（进项税额）”账户

B. 企业购入材料，货物验收入库，发票账单尚未收到的，应按合同价暂估入账

C. “应付账款”账户，可按债权人（对方单位）进行明细核算

D. 应付租金、存入保证金、代扣款应列为其他应付款

4. 下列各项中，应列为财务费用的有（　　　）。

A. 客户已支付的合同对价　　B. 支付银行承兑汇票承兑手续费

C. 短期借款利息支出　　D. 支付职工社会保险费

5. 下列各项中，应通过“其他应付款”账户核算的有（　　）。

A. 应付未付的包装物租金

B. 应付未付的借款利息

C. 存入保证金

D. 租入使用权资产发生的改良支出

判断题

1. 短期借款的利息应在支付时计入财务费用，并且不通过“短期借款”账户核算。（　　）

2. 企业在销售商品、提供服务之前，向客户预先收取的款项，应列为预收账款。（　　）

3. 企业接受外部供电、供水、供气、供热等劳务或产品，应在期末根据权责发生制核算基础的要求，结算应付数，并计列在“应付账款”账户的贷方。（　　）

4. “应付票据”“应付账款”和“预收账款”账户均属于负债类账户，总分类账和各有关明细账户的期末余额必定是在贷方的。（　　）

5. 预收账款于款项收到时确认，不强调合同的成立；合同负债是转让商品、提供服务已收或应收客户的对价，应在客户付款或付款到期时确认，并以合同的确立为依据。（　　）

6. 不带息应付票据和带息应付票据，均应按票面金额计价入账，记入“应付票据”账户。（　　）

7. 存入保证金是一项其他应收款，存出保证金是一项其他应付款。（　　）

8. 预收账款是企业的一项负债，所以，“预收账款”账户的期末余额，一定反映企业负债。（　　）

9. 企业采购货物，货物已验收入库，但发票账单至月终仍未收到，应在月终按暂估价值借记“原材料”等账户，贷记“应付账款”账户。（　　）

10. 企业在签发并承兑的商业承兑票据到期无力支付票款时，应当将应付票据转为应付账款。（　　）

11. “应付账款”“应交税费”是负债类账户，所以，它们是不会出现期末借方余额的。（　　）

12. 企业持未到期的商业汇票向银行贴现，无论银行是否附有追索权，均应贷记“短期借款”账户。（　　）

业务核算题

（一）练习短期借款的核算

［资料］新江公司 2×22 年发生有关短期借款的经济业务如下：

1. 3月1日，因生产经营需要，从中国交通银行西湖支行取得一项为期3个月的临时借款25万元，年利率为4.8%；借款利息因数额不大，于6月1日借款到期时，一并以银行存款还本付息。

2. 7月1日，公司因生产经营需要，从广发银行四海支行取得一项为期半年的生产周转借款150万元，年利率5.76%，借款利息按月计提，按季支付，到期还本。

（1）7月1日，取得借款。

（2）7月末、8月末计提利息。

（3）9月末，支付此借款本季应付利息。

（4）10月末、11月末计提借款利息。

（5）12月末，归还借款本金、支付本季借款利息。

［要求］ 根据上述经济业务，编制必要的会计分录。

（二）练习应付账款和合同负债的核算

［资料］ 新江公司（一般纳税人，下同）2×23年发生有关应付账款和预收账款的经济业务如下：

1. 7月1日，企业从D公司购入原材料一批，增值税专用发票所列货款8万元，增值税税率13%。材料已验收入库，价税款尚未支付。公司原材料按实际成本计价核算。

2. 7月2日，公司与三星公司签订一项销售合同，约定合同签订日三星公司预先支付价款6万元，款项收存银行。

3. 7月10日，公司以银行存款支付上月从C公司购入原材料应付未付的款项35 100元。

4. 7月15日，公司按合同向三星公司发售产品，不含税货款7万元，增值税9 100元。余款尚未收到。

5. 7月18日，以银行存款向D公司支付购入原材料的价税款90 400元。

6. 7月20日，收到三星公司补付的购货款19 100元。

7. 7月25日，公司经核准将一项确实无法支付的数年前应付科达公司的购货款12 000元予以转销。

8. 7月26日，公司从五丰公司购入原材料一批，材料已验收入库，合同所列货款4万元，增值税5 200元。因发票账单尚未收到而暂时无法支付上述款项。

9. 7月31日，月末结计本月应付电费（城北电力公司）59 000元，其中，生产车间产品生产动力用电4万元，车间照明用电5 000元，厂部照明用电8 000元，开发无形资产项目用电6 000元。

10. 7月31日，7月26日从五丰公司购入并验收入库的原材料，至月终仍未收到发票账单，按合同价款 4 万元暂估入账。

11. 8 月 1 日，将从五丰公司购入原材料上月末的暂估应付款予以冲销。

12. 8 月 5 日，接银行通知本期电费 6 万元，增值税 7 800 元，上述费用已从存款账户划付。

13. 8 月 7 日，7 月 26 日从五丰公司购入的原材料，发票账单收到，货款 41 000 元，增值税专用发票所列增值税 5 330 元，价税款先以存款支付 3 万元，其余暂欠。

［要求］

1. 根据上述经济业务，编制必要的会计分录。

2. 设置并登记“预收账款——三星公司”的丁字型账户。

（三）练习合同负债和预收账款的核算

［资料］新江公司 2×23 年发生有关合同负债和预收账款的经济业务如下：

1. 公司于 2 月 20 日接受客户四海公司的商品预订，当日预收订金 10 万元存入银行，合同尚未正式签订。

2. 3 月 10 日，商品可办理销售手续，当日完成与四海公司商品销售合同的签订及备案，按合同约定应预收货款 30 万元，将扣除已收订金 20 万元后的款项收存银行。此项业务还未达到收入确认条件，暂不考虑增值税等其他因素。

3. 5 月 20 日，公司按合同约定向四海公司发售商品，发售商品符合收入确认条件，开具增值税专用发票，商品价款共计 70 万元，增值税 91 000 元。价税余款待收。

4. 6 月 25 日，公司与五丰公司签订一项经营租赁设备的合同，合同约定租赁开始日为 7 月 1 日，租赁期 3 年，年租金 15 万元（不含增值税），采用先付款后使用方式，合同签订月份预收租金 30 万元，公司按月确认租金收入，增值税税率为 13%。

（1）签订租赁合同，预收首期租赁费 30 万元，款项存入银行。

（2）2×23 年 7 月起，按月确认租金收入，并开具增值税专用发票。

［要求］根据上述资料，编制必要的会计分录。

（四）练习应付票据和其他应付款的核算

［资料］新江公司 2×22 年发生有关应付票据和其他应付款的经济业务如下：

1. 1 月 15 日，公司从 C 公司购入 A 材料一批，增值税专用发票所列货款 4 万元，增值税 5 200 元。材料已验收入库（按实际成本计价核算），企业签发一张为期 3 个月、不带息商业承兑汇票支付价税款。

2. 1 月 31 日，公司从 D 公司购入 B 材料一批，增值税专用发票所列货款 5 万元，增值税 6 500 元，材料已验收入库（按实际成本计价核算）。价税款以公司签发并经开户银行承兑的一张为期 2 个月的带息银行承兑汇票支付，票面利率 5.4%。银行承兑手续费 1 000 元（取得增值税普通发票）以银行存款支付。

3. 2 月 5 日，向新星公司出租包装物一批，收取押金 7 020 元存入银行。

4. 2 月 13 日，公司上月从 A 公司购入材料的应付账款为 27 000 元，经协商公司签发为期 1 个月的不带息商业承兑汇票抵付。

5. 3 月 31 日，结转公司专设销售机构向达美公司短期租赁营业用房的第一季度应付租金 2 万元（不含增值税）。

6. 3 月 31 日，公司因从 D 公司购入 B 材料而签发并经银行承兑的银行承兑汇票到期，面值 56 500 元，应计利息 508.50 元（58 000×5.4%÷12×2），共计 57 008.50 元，以银行存款予以支付。

7. 4 月 15 日，公司因从 C 公司购入 A 材料而签发并承兑的期限为 3 个月、面值为 45 200元的不带息商业承兑汇票到期，公司无力支付票款。

8. 5 月 31 日，向新星公司出租的包装物逾期不能收回，没收其押金 7 020 元，应计增值税 807.61 元，其余（不考虑其他税费）转为其他业务收入。

9. 以前月份签发并经开户银行承兑的不带息商业汇票（收款人为 G 公司），到期公司无力兑付，票据面值为 17 000 元，票款由承兑银行工行高新支行支付。

10. 6 月 1 日，公司从中大集团（非金融企业）借款 20 万元，约定借款期限为 3 个月，月利率 0.50%。款项转入存款账户。

11. 12 月 31 日，达美公司开具增值税专用发票收取公司专设销售机构向达美公司短期租赁营业用房的租金 6 万元（3 个季度），增值税 5 400 元。价税款以银行存款支付。

［要求］根据上述经济业务，编制必要的会计分录。

模块三　应付职工薪酬的核算

填空题

1. 按现行规定：月制度工作日为______天；月制度计薪天数为________天。

2. 职工薪酬包括____________、____________、____________、____________。

3. 职工薪酬核算的原始记录主要有____________、____________、____________。

4. 社会保险费中属于短期职工薪酬的有____________、____________、____________；属于设定提存计划的有____________、____________。

名词解释

1. 职工薪酬

2. 短期职工薪酬

3. 离职后福利

4. 扣缺勤法

单项选择题

1. 下列各项中，不属于职工薪酬的是（　　）。
   A. 出差途中伙食补助　　B. 长期带薪缺勤
   C. 设定提存计划　　D. 非货币性职工福利

2. 下列各项中，不属于短期薪酬的是（　　）。
   A. 职工福利费　　B. 住房公积金
   C. 工会经费和职工教育经费　　D. 因提前解除与职工劳动关系给予的补偿

3. 下列各项中，不组成职工工资总额的是（　　）。
   A. 计件工资　　B. 津贴和补贴
   C. 工作服、工作手套费用　　D. 奖金

4. 下列各项中，属于职工福利费的是（　　）。

A. 辞退福利　　B. 住房公积金

C. 短期带薪缺勤　　D. 职工生活困难补助费

5. 计算计件工资的产品数量应是（　　）。

A. 合格品数量　　B. 合格品数量 + 不合格品数量

C. 合格品数量 + 工废品数量　　D. 合格品数量 + 料废品数量

6. 下列各项中，应列为“其他应付款”的是（　　）。

A. 代扣职工个人应交的社会保险费　　B. 代扣代缴的个人所得税

C. 扣回代垫款　　D. 确认累积带薪缺勤

7. 企业期末结转支付给提前终止劳动合同职工的辞退福利，应计列的账户是（　　）。

A. “管理费用”账户　　B. “生产成本”账户

C. “营业外支出”账户　　D. “制造费用”账户

8. 下列各项中，不属于向职工发放（支付）职工薪酬的是（　　）。

A. 以银行存款打卡发放职工工资、奖金

B. 发放工资，结转收回代垫款项

C. 发放工资，结转各项代扣款项

D. 企业向工会拨交工会经费

9. 企业职工休婚假、产假、探亲假、丧假、病假期间的工资，通常属于非累计带薪缺勤，其处理方式一般是（　　）。

A. 不必作专门的账务处理　　B. 列为职工福利费

C. 列为社会保险费　　D. 列为营业外支出

10. 下列属于职工福利费的是（　　）。

A. 住房公积金　　B. 职工异地安家费

C. 退休金　　D. 津贴与补贴

11. 单独从事无形资产研究和开发人员的工资应记入（　　）账户。

A. “管理费用”　　B. “生产成本”

C. “无形资产”　　D. “研发支出”

12. 某企业本期支付给职工的计时工资 50 000 元，计件工资 150 000 元，综合奖 70 000 元，技术性津贴 20 000 元，生活困难补助费 8 000 元，退休金 12 000 元。不考虑其他因素，该企业本期的工资总额为（　　）。

A. 310 000 元　　B. 298 000 元

C. 302 000 元　　D. 290 000 元

13. 下列表述正确的是（　　）。

A. 计时工资制下，日工资应按 30 天计算的，双休日和法定节假日，不付工资

B. 计时工资制下，日工资应按 21.75 天计算的，双休日和法定节假日，照付工资

C. 计时工资制下，日工资应按 20.83 天计算的，缺勤期间的节假日，不计扣工资

D. 计时工资制下，日工资应按 21.75 天计算的，缺勤期间的双休日，不计扣工资

14. 下列各项中，不应列入“应付职工薪酬”账户的是（　　）。

A. 结转厂部管理人员的累计带薪缺勤

B. 向工会支付计提的工会经费

C. 支付住房公积金个人缴纳部分

D. 支付职工生活困难补助

15. 企业将自产商品用于职工生活福利，其应交增值税应作为（　　）。

A. 销项税额　　B. 进项税额

C. 进项税额转出　　D. 减免税额

16. “应付职工薪酬”账户的期末贷方余额反映（　　）。

A. 应付未付的职工薪酬　　B. 本期实际已支付的职工薪酬

C. 多付的职工薪酬　　D. 本期应付的职工薪酬

多项选择题

1. 职工薪酬是广义的，下列属于职工薪酬的有（　　）。

A. 职工在职期间的薪酬　　B. 职工离职后的福利

C. 企业提供给职工配偶、子女的福利　　D. 职工退休后领取的退休金

2. 职工薪酬的“职工”是企业全体职工，应包括（　　）。

A. 与企业订立劳动合同的全职职工

B. 与企业订立劳动合同的临时职工

C. 由企业正式任命的人员

D. 通过企业与劳务中介签订合同而向企业提供服务的人员

3. 下列各项中，属于短期职工薪酬的有（　　）。

A. 住房公积金　　B. 工会经费和职工教育经费

C. 基本养老保险、失业保险　　D. 基本医疗保险、工伤保险

4. 下列各项中，属于社会保险费的有（　　）。

A. 生育保险费　　B. 短期带薪缺勤

C. 基本医疗保险费　　D. 基本养老保险费

5. 下列各项社会保险费，由企业和职工个人共同缴纳的有（　　）。

A. 工伤保险费　　B. 失业保险费

C. 基本养老保险费　　D. 基本医疗保险费

6. 下列各项中，应列为辞退福利的有（　　）。

A. 职工劳动合同未到期，企业决定解除与职工的劳动关系而给予的补偿

B. 职工劳动合同未到期，为鼓励职工自愿接受裁减而给予的补偿

C. 职工劳动合同到期，企业不再聘用而领取的失业保险金

D. 企业职工满退休年龄，从社保机构领取的基本养老保险金

7. 下列各项中，属于职工福利费的有（　　）。

A. 企业集体福利部门的职工薪酬、维持经费

B. 职工外出参加专业技能培训的培训费用

C. 生活困难补助、抚恤费

D. 年休假、产假、探亲假、病假期间的工资或提供的补偿

8. 企业发放职工工资的形式不是唯一的，下列属于发放工资形式的有（　　）。

A. 以货币资金发放工资　　B. 结转代扣代缴的个人所得税

C. 计提职工福利费　　D. 结转代扣、代垫款项

9. 下列各项中，不属于职工福利费的有（　　）。

A. 支付职工就医路费（不能列“医保”）　　B. 设定受益计划（离职后福利）

C. 支付提前辞退员工的辞退福利　　D. 支付职工培训学习费用

10. 期末分配结转职工薪酬时，可能借记的账户有（　　）。

A. “生产成本”账户　　B. “制造费用”账户

C. “管理费用”账户　　D. “财务费用”账户

11. 下列各项中，属于职工工资的有（　　）。

A. 加班工资　　B. 住房公积金

C. 计件工资　　D. 高温有毒作业的营养费

12. 下列各项中，属于离职后福利的有（　　）。

A. 基本养老保险费　　B. 基本医疗保险费

C. 失业保险费　　D. 辞退福利

不定项选择题

［资料］新湖公司为增值税一般纳税人，适用的增值税税率为13%，2×23 年 8 月份发生的有关职工薪酬的经济业务如下：

（1）根据“工资结算汇总表”，本月应付职工工资总额为 300 万元，扣回代垫的职工家属医药费 6 万元，应代扣代缴职工个人所得税 15 万元，以银行存款支付工资 279 万元。

（2）当月应付职工工资总额为 300 万元，“工资费用分配汇总表”中列示的产品生产工人工资为 215 万元，车间管理人员工资为 20 万元，公司行政管理人员工资为 50 万元，专设销售机构人员工资为 15 万元。

（3）根据国家规定的计提基础和计提标准，当月应计提的基本养老保险费为 36 万元，基本医疗保险费为 24 万元，其他保险费为 12 万元，住房公积金为 15 万元。

（4）当月，公司以自产的电风扇作为福利发放给直接参加产品生产的职工，发放电风扇的市场销售价格为 20 万元，生产成本为 15 万元。

［要求］根据上述资料，不考虑其他因素，分析回答下列各小题。

1. 根据资料（1），下列各项中，关于发放职工工资的会计处理，正确的是（　　）。

A. 代扣代缴个人所得税时，应编制如下会计分录：

借：应付职工酬薪——工资　　150 000

　　贷：其他应付款——代扣代缴个人所得税　　150 000

B. 扣回代垫的家属医疗费时，应编制如下会计分录：

借：应付职工酬薪　　60 000

　　贷：其他应收款——代垫家属医疗费　　60 000

C. 以银行存款发放工资时，应编制如下会计分录：

借：应付职工薪酬——工资　　2 790 000

　　贷：银行存款　　2 790 000

D. 代扣代缴个人所得税时，应编制如下会计分录：

借：应付职工酬薪　　150 000

　　贷：应交税费——应交个人所得税　　150 000

2. 根据资料（2），下列各项中，关于分配工资费用的会计处理，正确的是（　　）。

A. “制造费用”账户借方增加 20 万元

B. “生产成本”账户借方增加 215 万元

C. “销售费用”账户借方增加 15 万元

D. “管理费用”账户借方增加 50 万元

3. 根据资料（3），下列关于公司计提基本养老保险的会计处理，表述正确的是（　　）。

A. 企业计提的基本养老保险费属于短期薪酬

B. 企业计提的基本养老保险费属于离职后福利

C. 应贷记“应付职工薪酬——社会保险（基本养老保险）”账户 36 万元

D. 应贷记“应付职工薪酬——设定提存计划（基本养老保险）”账户 36 万元

4. 根据资料（4），下列各项中，关于此项业务的会计处理结果，正确的是（　　）。

A. 主营业务收入增加 20 万元　　B. 主营业务成本增加 15 万元

C. 生产成本增加 20 万元　　D. 应付职工薪酬增加 22.6 万元

5. 根据资料（1）至（4），“应付职工薪酬”账户的贷方发生额是（　　）万元。

A. 409.6　　B. 387

C. 366　　D. 322.6

判断题

1. 职工薪酬包括企业给予职工在职期间的薪酬和离职后的福利，还包括企业提供给职工配偶、子女、受赡养人以及其他受益人等的福利。（　　）

2. 短期薪酬是指企业在职工提供相关服务的年度报告期间需要全部予以支付的职工薪酬。（　　）

3. 职工福利是企业对职工劳动补偿的辅助形式，主要是企业提供职工本人的福利，不包括提供给职工配偶、子女或其他被赡养人的福利。（　　）

4. 职工离职后福利，如基本养老保险、失业保险等，是在职工离开企业后才能享受的，所以，它是一种设定受益计划，应列为长期职工薪酬。（　　）

5. 企业因终止劳动合同、辞退职工而支付的补偿款应列为辞退福利。企业发生辞退福利应分期列为管理费用。（　　）

6. 企业将拥有（或租赁）的房屋无偿提供给职工使用也属于非货币性福利。（　　）

7. 其他长期职工福利是指除短期薪酬、离职后福利、辞退福利之外所有的职工薪酬，

包括长期带薪缺勤、长期残疾福利、长期利润分享计划等。（ ）

8. 企业支付给职工的工作服、工作手套、高温有毒作业的营养费等劳动保护方面的支出，以及向职工支付安家费、无偿向职工提供住房等均属于职工薪酬。（ ）

9. 企业职工福利费是按照工资总额的14%计提后专项控制使用的，超过部分，在企业所得税后列支。（ ）

10. 企业对职工支付的各种奖金、津贴和补贴、福利补助、退休金均组成职工工资总额，都应通过“应付职工薪酬”账户核算。（ ）

11. 企业日工资是按月制度计薪天数21.75天计算的，各月内的双休日、法定节假日是不计工资的，因而，缺勤期间的双休日、节假日也不应扣工资。（ ）

12. 计件工资是根据完成产品数量和规定的计件单价计算工资的。这里的产品数量应为实际完成的合格品数量。（ ）

13. 企业当月实际发放工资，就是其“工资结算汇总表”中的“以现金发放工资”项目的数额。（ ）

14. 企业代扣代缴的个人所得税属于代缴性质的款项，应作为其他应付款处理，不应通过“应交税费”账户核算。（ ）

15. 企业向订立正式劳动合同的职工支付的报酬属于职工薪酬，而向未与企业订立正式劳动合同的人员支付的报酬，则不应列为职工薪酬。（ ）

16. 目前，企业职工的社会保险费包括基本养老保险费、基本医疗保险费、失业保险费、工伤保险费和生育保险费五种。（ ）

业务核算题

（一）练习应付职工工资的计算

［**资料**］新江公司2×23年7月发生有关应付工资计算的经济业务如下：

1. 职工李和7月份实际工作199小时，月制度工作日为20.83天，每天工作时间为8小时。公司对加班时间实行按月统算。

2. 职工张丰月基本工资3 306元，本月请事假4天（其中2天为休息日）；病假2天，工龄5年，病假扣发工资比例为20%；本月休息日加班2天（无法安排调休），法定节假日加班1天；本月应计津贴、补贴150元，奖金300元。

3. 职工何洪本月加工甲零件950件，计件单价为3.60元，经验收发现甲零件料废20件，工废10件，合格品920件；加工乙零件150件，计件单价为2.80元，经验收均为合格品。

4. 某生产班组由4名成员共同完成A产品的加工任务，本月全组共加工完成A产品8 500件，经验收发现料废30件，工废60件，合格品8 410件，计件单价2.50元，各人月基本工资和实际工作时间如表8－1所示。

表 8-1　　计件工资计算表

姓名	月基本工资（元）	小时工资（元/小时）	实际工时（小时）	计时工资（元）	分配率	应得计件工资（元）
成新	4 350		186			
何向	3 828		180			
施健	3 480		195			
张军	4 002		190			
合计	—	—				

注：小时工资 = 月基本工资 ÷（21.75 × 8）。

[要求]

1. 根据资料 1，按“月制度工作日”计算李和 7 月份的加班天数。
2. 根据资料 2，按“月制度计薪天数”计算张丰日工资及应付的计时工资。
3. 根据资料 3、4，分别计算个人计件工资和集体计件工资。

（二）练习职工工资结算与分配的核算

[资料] 新江公司 2×22 年 10 月份工资结算资料见表 8-2。公司根据“工资结算汇总表”进行工资结算。该公司本月实发工资与应付工资相差不大，为简化核算，月末工资分配以当月实际发放工资为依据。

1. 签发支票，通过开户银行以打卡方式发放本月工资。
2. 结转代垫款和代扣款项。
3. 以银行存款上交本月代扣代缴的个人所得税。
4. 月末，根据“工资结算汇总表”进行本月工资费用的分配。

表 8-2　　新江公司工资结算汇总表

2×22 年 10 月　　单位：元

车间及部门		计时工资	计件工资	奖金		加班加点工资	各种津贴		缺勤扣款		应付工资	代垫款	代扣款					以现金发放工资
				综合类	单项类		夜班津贴	岗位津贴	事假	病假		水电费	住房公积金 5%	医疗险	养老险	失业险	个人所得税	
生产车间	生产工人	370 000	150 000	70 000	12 000	4 500	3 000	6 000	2 300	200	613 000	2 500	30 650	12 260	49 040	3 605	960	514 525
	管理人员	78 000		15 480	3 000	700	420	900	500		98 000	300	4 900	1 960	7 840	490	70	82 440
厂部		165 000		26 000	4 000	1 200	700	1 000	600	300	197 000	500	9 580	3 940	15 760	985	200	165 765
在建工程人员		15 000		4 500	900	400	200	100	80		21 000	100	1 050	420	1 680	105	30	17 615

续表

车间及部门	计时工资	计件工资	奖金		加班加点工资	各种津贴		缺勤扣款		应付工资	代垫款	代扣款					以现金发放工资
			综合类	单项类		夜班津贴	岗位津贴	事假	病假		水电费	住房公积金5%	医疗险	养老险	失业险	个人所得税	
专设销售机构人员	9 000		2 800	700		400	200	100	20	13 000	200	650	260	1 040	65		10 785
无形资产研发人员	11 000		3 800	800	600	300	90	70	20	16 500	100	825	330	1 320	82.50	100	13 742.50
合　计	648 000	150 000	122 580	214 000	7 400	5 020	8 290	3 650	540	958 500	3 700	47 925	19 170	76 680	4 792.50	1 360	804 872.50

[要求] 根据上述资料，编制工资结算与工资分配的有关会计分录。

（三）练习职工福利费等其他职工薪酬的核算

[资料] 2×22 年 10 月，新江公司发生有关职工福利费等其他职工薪酬的经济业务如下：

1. 公司以库存现金支付职工李平等人的生活困难补助共计 9 000 元。

2. 公司托儿所（生活福利部门）领用库存原材料 5 000 元，应负担的增值税 650 元。

3. 以库存现金支付提前解除劳动合同职工王军等人按规定应付的辞退补贴 3 000 元。

4. 组织单位职工进行专业技术培训，以银行存款支付增值税专用发票所列的培训费 8 000元，增值税 480 元。

5. 新江公司在册职工人数 186 人，本月应计职工福利费每人 430 元。编制职工福利费计算表见表 8－3 并据以进行账务处理。

表 8－3　　**职工福利费计算表**

2×22 年 10 月

部门及人员类别		职工人数（人）	计算标准（元/人）	计提数额（元）
生产车间	生产工人	123	430	52 890
	管理人员	18	430	7 740
厂部管理人员		35	430	15 050
在建工程人员		4	430	1 720
专设销售机构人员		3	430	1 290
无形资产研发人员		3	430	1 290
合计		186	—	79 980

6. 根据本月工资总额 958 500 元，按规定比例 2% 计提工会经费。

7. 以银行存款向公司工会拨交本月工会经费。

8. 本月按规定比例计提职工基本医疗保险、生育保险、工伤保险等各项社会保险费的数额汇总如表 8－4 所示，按规定予以计提结转。

表 8－4 新江公司社会保险费计提汇总表

2×22 年 10 月 单位：元

部门	基数	短期薪酬						设定提存计划（离职后福利）						住房公积金	
		基本医疗保险费		工伤保险费	生育保险费	小 计		基本养老保险		失业保险		小 计			
		企业缴纳 11.5%	个人缴纳 2%	企业缴纳 0.5%	企业缴纳 1%	企业缴纳 13%	个人缴纳 2%	企业缴纳 14%	个人缴纳 8%	企业缴纳 1%	个人缴纳 0.5%	企业缴纳 15%	个人缴纳 8.5%	企业缴纳 5%	个人缴纳 5%
车间生产工人	613 000	70 495	12 260	3 065	6 130	79 690	12 260	85 820	49 040	6 130	3 065	91 950	52 105	30 650	30 650
车间管理人员	98 000	11 270	1 960	490	980	12 740	1 960	13 720	7 840	980	490	14 700	8 330	4 900	4 900
厂部人员	197 000	22 655	3 940	985	1 970	25 610	3 940	27 580	15 760	1 970	985	29 550	16 745	9 850	9 850
在建工程人员	21 000	2 415	420	105	210	2 730	420	2 940	1 680	210	105	3 150	1 785	1 050	1 050
专设销售机构人员	13 000	1 495	260	65	130	1 690	260	1 820	1 040	130	65	1 950	1 105	650	650
无形资产研发人员	16 500	1 897.50	330	82.50	165	2 145	330	2 310	1 320	165	82.50	2 475	1 402.50	825	825
合 计	958 500	110 227.50	19 170	4 792.50	9 585	124 605	19 170	134 190	76 680	9 585	4 792.50	143 775	81 472.50	47 925	47 925

9. 根据表 8－4，本月按规定比例计提职工设定提存计划（基本养老保险、失业保险）。

10. 根据表 8－4，本月按规定比例计提职工住房公积金。

11. 根据表 8－4，以银行存款缴纳单位和个人应缴纳的社会保险费。

12. 根据表 8－4，以银行存款缴纳单位和个人应缴纳的设定提存计划（基本养老保险、失业保险）。

13. 根据表 8－4，以银行存款缴纳单位和个人应缴纳的住房公积金。

14. 根据职工工资总额 958 500 元，按公司确定的预计比例 5%，预提结转职工教育经费。

15. 根据［资料］3，将本月支付的辞退福利 3 000 元予以结转。

［要求］根据上述资料，计提职工福利费、工会经费、职工教育经费、社会保险费、设定提存计划等，并编制必要的会计分录。

（四）练习其他有关职工薪酬的核算

［资料］ 新江公司 2×22 年发生有关职工薪酬的业务如下：

1. 新江公司现有职工 186 人，公司实行累计带薪缺勤制度，职工每年可享受 5 个工作日的带薪年休假，未使用的年休假可以转下一年度，超过一年未使用的带薪年休假作废。2×21 年度职工当年平均未使用带薪年休假天数为 2 天，预计 2×22 年将有 160 人享受不超过 5 天的带薪年休假，其余 26 人每人将平均享受 7 天的带薪年休假，这 26 人为车间生产工人 17 人，车间管理人员 2 人，厂部管理人员 5 人，无形资产研发人员 2 人，职工平均日工资为 230 元。

2. 2×22 年上述 26 人中，有 20 人享受了 7 天带薪年休假（以银行存款支付），其余 6 人（均为车间生产工人）只享受了 5 天带薪年休假，其未使用的带薪年休假将按规定予以作废。年末进行相关账务处理。

3. 公司租入房屋，用于无偿提供给外来职工居住，本年度应付此项房屋的租金 9 万元，其中车间生产工人占 80%，厂部管理人员占 20%。

4. 2×22 年 10 月，公司的自产商品作为福利发放给职工，各部的职工人数及商品金额见表 8－5（增值税税率 13%）。

表 8－5　　新江公司自产商品发放汇总表

2×22 年 10 月

金额单位：元

部门	职工人数（人）	商品数量（件）	商品价格	商品生产成本
车间生产工人	123	246	24 600	17 220
车间管理人员	18	36	3 600	2 520
厂部管理人员	35	70	7 000	4 900
在建工程人员	3	6	600	420
专设销售机构人员	4	8	800	560
无形资产研发人员	3	6	600	420
合　计	186	372	37 200	26 040

注：列为非货币性福利的金额为售价＋增值税。

5. 2×22 年 12 月 31 日，以银行存款支付本年度租入无偿提供职工使用房屋的租金 9 万元。

［要求］ 根据上述资料，编制必要的会计分录。

模块四　应交税费的核算

填空题

1. 增值税的纳税人按照____________及________________，分为一般纳税人和小规模纳税人两类。

2. 一般纳税人企业应交增值税的基本计算公式为：应交增值税额 = ______________；小规模纳税人企业应交增值税的基本计算公式为：应交增值税额 = ____________________。

3. 一般纳税人企业“应交税费——应交增值税”账户，一般应设置______________、____________、______________、______________、______________、销项税额抵减、减免税款、出口退税、转出多交增值税等专栏。

4. 关于增值税的处理，生活福利部门领用库存外购材料增值税为________________；对外捐赠的库存商品，是以销售价格计算增值税的销项税额，即___________；自产库存商品用于职工生活福利、对外投资，应按售价（或公允价值）计列“主营业务收入”，同时，将成本转为“主营业务成本”，即______________。

5. 企业销售商品（产品）应交增值税应列入“________________________”账户；企业销售商品（产品）应交消费税应列入“__________________”账户；处置报废固定资产（不动产）应交城市维护建设税应列入“__________________”账户；购置车辆应交车辆购置税应列入“________________”账户。

名词解释

1. 应交税费

2. 进项税额

3. 进项税额转出

单项选择题

1. 下列各项应交税费，不必通过“应交税费”账户核算的是（　　）。

A. 土地增值税　　B. 小规模纳税人企业应交增值税

C. 教育费附加　　D. 车辆购置税

2. “应交税费”账户期末借方余额，反映的是（　　）。

A. 尚未缴纳的税费　　B. 多缴的税费

C. 尚未抵扣的税金　　D. 多缴的税费或尚未抵扣的税金

3. 增值税的“出口退税”，退回的税金是指（　　）。

A. 出口产品应缴纳的增值税

B. 出口产品企业实际已缴纳的税金

C. 企业出口产品、采购货物、接受劳务或服务等已支付的增值税进项税额

D. 出口产品企业应缴未缴的税费

4. 下列各项中，应计列一般纳税人企业增值税“进项税额转出”的是（　　）。

A. 固定资产建设工程领用库存原材料

B. 无形资产研发领用库存原材料

C. 库存原材料对外销售

D. 库存原材料、商品因管理不善发生非正常损失

5. 一般纳税人企业购进免税农产品，根据买价和规定扣除率计算确定的增值税额，应列为（　　）。

A. “销项税额”　　B. “进项税额”

C. “销项税额转出”　　D. “待抵扣进项税额”

6. 企业委托加工应税消费品，加工收回物资用于连续生产的，其支付的由受委托方代收代缴的消费税，应列入（　　）账户。

A. “应交税费——应交消费税”　　B. “委托加工物资”

C. “税金及附加”　　D. “生产成本”

7. 企业出售未列为持有待售固定资产应交的土地增值税、城建税、教育费附加，应列入的账户是（　　）账户。

A. “税金及附加”　　B. “固定资产清理”

C. 资产处置损益　　D. 取得收入时直接抵减

8. 一般纳税人企业购进货物支付的下列税费中，不构成取得资产价值的是（　　）。

A. 车辆购置税　　B. 进口环节的消费税

C. 进口环节的关税　　D. 取得增值税专用发票的增值税进项税额

9. 一般纳税人企业期末应交未交的增值税，结转时应进行的账务处理是（　　）。

A. 借：应交税费——应交增值税（未交增值税）

　　贷：应交税费——应交增值税（转出未交增值税）

B. 借：应交税费——应交增值税（转出未交增值税）

贷：应交税费——未交增值税

C. 借：应交税费——未交增值税

贷：应交税费——应交增值税（转出未交增值税）

D. 借：应交税费——应交增值税（销项税额）

贷：应交税费——未交增值税

10. 关于应交税费的会计处理，下列说法正确的是（　　）。

A. 小规模纳税人企业购进货物、接受劳务或服务支付的增值税是不必进行抵扣的

B. 一般纳税人企业购进货物取得增值税专用发票的增值税进项税额一定是可以进行抵扣的

C. 企业出租固定资产、无形资产应缴纳的增值税、城建税、教育费附加应列入“税金及附加”账户

D. 企业购进材料收到的增值税专用发票所列的增值税是列为“进项税额”的，所以材料出售应缴纳的增值税应列为“进项税额转出”

11. 下列各项中，不属于一般纳税人企业“应交税费——应交增值税”明细账应设置的项目的是（　　）。

A. “预交增值税”　　B. “进项税额转出”

C. “转出多交增值税”　　D. “减免税款”

12. 企业在建工程领用生产用库存原材料，其应负担的增值税列为（　　）。

A. “销项税额”　　B. “已交税金”

C. “进项税额转出”　　D. 不必进行“进项税额转出”处理

13. 某企业收购农产品，实际支付的价款为 2 万元，增值税扣除率为 9%，此项购进存货的成本是（　　）。

A. 20 000 元　　B. 18 200 元

C. 21 800 元　　D. 17 400 元

14. 委托加工应税消费品收回后，直接用于销售的，由受托方代收代缴的消费税，应记入的账户是（　　）。

A. “生产成本”账户　　B. “应交税费”账户

C. “委托加工物资”账户　　D. “主营业务成本”账户

15. 下列属于应交增值税“进项税额转出”明细账户核算内容的是（　　）。

A. 库存商品对外捐赠应计列的增值税额

B. 对外投资转出库存商品应计列的增值税额

C. 医务福利部门领用库存材料应计列的增值税额

D. 购进免税农产品应计列的增值税额

16. 下列税金，应记入“税金及附加”账户的是（　　）。

A. 主营业务、其他业务应缴纳的增值税

B. 主营业务应缴纳的城建税、教育费附加

C. 应缴纳的车辆购置税

D. 出售无形资产应缴纳的增值税、城建税

17. 企业将自产商品用于职工生活福利，其应交增值税应列为（　　）。

A. “销售税额”　　B. “进项税额”

C. “进项税额转出”　　D. “减免税额”

18. 根据现行规定，对月销售额10万元（按季为30万元）以下的小规模纳税人企业免征增值税，其免征的增值税应计入（　　）。

A. 本年利润　　B. 营业外收入

C. 其他收益　　D. 资本公积

多项选择题

1. 下列各项中，属于增值税一般纳税人企业“应交税费”账户应设置的明细账的有（　　）。

A. “待抵扣进项税额”　　B. “未交增值税”

C. “简易计税”　　D. “销项税额抵扣”

2. 下列各项中，属于增值税一般纳税人企业“应交税费——应交增值税”明细账内应设置的专栏（项目）的有（　　）。

A. 进项税额　　B. 销项税额

C. 出口退税　　D. 转出未交增值税

3. 企业应交城市维护建设税和教育费附加可能列支的账户有（　　）。

A. “税金及附加”账户　　B. “固定资产清理”账户

C. “营业外支出”账户　　D. “管理费用”账户

4. 一般纳税人企业发生的下列交易或事项，属于增值税“销项税额”核算内容的有（　　）。

A. 生活福利部门领用库存原材料　　B. 在建工程项目领用库存商品

C. 自产库存商品用于职工福利　　D. 自产库存商品用于对外投资

5. 一般纳税人企业发生的下列交易或事项，属于增值税“进项税额转出”核算内容的有（　　）。

A. 在建工程项目领用库存原材料

B. 库存商品、原材料因管理原因造成非正常损失

C. 出口产品退税额低于购进时取得增值税专用发票所列进项税额的差额

D. 库存原材料用于集体福利

6. 企业应交消费税可能列支的账户有（　　）。

A. “税金及附加”账户　　B. “在建工程”账户

C. “生产成本”账户　　D. “营业外支出”账户

7. 下列各项税费，不必通过“应交税费”账户核算的有（　　）。

A. 车辆购置税　　B. 印花税

C. 购进货物应交的消费税、关税　　D. 代扣代缴的个人所得税

8. 非房地产开发企业应交土地增值税可能列支的账户（或方法）有（　　）。

A. “固定资产清理”账户

B. “税金及附加” 账户

C. 直接抵减

D. “营业外支出” 或 “营业外收入” 账户

9. 下列各项中，应列入“税金及附加” 账户的有（　　）。

A. 应交的房产税、城镇土地使用税

B. 自产自用产品应缴纳的资源税

C. 房地产开发企业应缴纳的土地增值税

D. 提供劳务、服务业务应缴纳的城建税、教育费附加

10. 下列各项中，一般纳税人企业购入货物时，就能认定其支付的增值税（取得增值税专用发票）不能抵扣的有（　　）。

A. 购进工程物资、固定资产　　B. 购入的货物直接用于免税项目

C. 购入的货物用于无形资产研发　　D. 购入的货物直接用于非应税项目

11. 企业应缴的下列税金，可能要记入“税金及附加” 账户的有（　　）。

A. 消费税　　B. 增值税

C. 城市维护建设税　　D. 车船税、房产税

12. 下列企业应缴的税费，不通过“应交税费” 账户核算的有（　　）。

A. 印花税　　B. 土地使用税

C. 教育费附加　　D. 车辆购置税

13. 下列支付的税金当中，应计入所购货物成本的有（　　）。

A. 小规模纳税人购入生产用原材料所支付的增值税

B. 一般纳税人购入生产设备时，增值税专用发票上注明的增值税

C. 购入货物时所支付的价款中包含的消费税

D. 一般纳税人购入材料所支付的价税款（未取得增值税专用发票）

判断题

1. 小规模纳税人企业应交增值税直接根据不含增值税的销售额乘以征收率进行计算，不必考虑增值税的进项税额。（　）

2. 企业“应交税费” 账户的期末贷方余额反映尚未缴纳的税费；期末借方余额则反映多缴的税费。（　）

3. 增值税是一种价外税，其因购进货物、接受劳务供应而取得的增值税专用发票上所列的进项税额是可以抵扣的；消费税是一种价内税，其税额是不能进行抵扣的。（　）

4. 应按照经营规模，将增值税纳税人划分为一般纳税人和小规模纳税人。（　）

5. 全面实行“营改增” 后，一般纳税人企业购进原材料、固定资产、无形资产取得增值税专用发票的所列明的增值税进项税额均可以在当期进行抵扣。（　）

6. 一般纳税人企业固定资产建设工程、大修理领用库存原材料是不必进行“进项税额转出” 的。（　）

7. 企业“应交税费” 账户是负债类账户，所以期末是不会出现借方余额的。（　）

8. 企业“应交税费”账户应按照应交税金、费用的种类设置明细账户，进行明细分类核算。（　）

9. 一般纳税人企业以自制库存商品对外捐赠，属于视同销售计税；而库存商品用于职工生活福利、对外投资则属于视同销售。两者的账务处理是不同的。（　）

10. 企业应交消费税、资源税应记入“税金及附加”账户，并通过“应交税费”账户核算。（　）

11. 小规模纳税人购进货物的增值税不必（或不能）抵扣；一般纳税人购进货物取得增值税专用发票上注明的进项税额一定可以抵扣。（　）

12. 一般纳税人企业购进货物、接受劳务或服务取得增值税专用发票上注明的进项税额一般是可以进行抵扣的；而消费税是一种价内税，一定不存在抵扣的问题。（　）

13. 企业应交的房产税、土地使用税、车船税、印花税是列入“税金及附加”账户的；企业应交的城建税、教育费附加应分情况列入“税金及附加”“固定资产清理”账户，或者在取得收入时直接抵减。（　）

14. 应交税费是指企业按国家税法规定应缴纳的各种税金和费用，企业应缴纳的各种税金和费用，均应通过“应交税费”账户核算。（　）

15. 一般纳税人企业购进货物、接受劳务支付或负担的增值税额，均可列为进项税额，从销项税额中抵扣。（　）

16. 企业在建工程领用库存材料和领用本企业商品产品，其应缴纳或应负担的增值税，都属于“进项税额转出”。（　）

17. 增值税的出口退税，是指国家税务机关退还企业出口产品已缴纳的增值税，如果出口产品未缴纳过增值税，则不存在出口退税问题。（　）

18. 企业应交增值税是列入“应交税费——应交增值税”账户的；应交消费税、资源税、城建税是列入“税金及附加”账户的。（　）

业务核算题

（一）练习一般纳税人应交增值税的核算

[资料] A公司为增值税一般纳税人企业，增值税税率为13%，存货按实际成本计价核算，本月发生有关增值税（本题不考虑应交的其他税费）的经济业务如下：

1. 购进生产用材料一批，取得的增值税专用发票注明买价50万元，增值税65 000元；增值税专用发票所列的运输费25 000元，增值税2 250元。材料已验收入库，价税款及运输费以银行汇票结算支付。

2. 收购免税农产品一批，用于产品生产（深加工计抵税率为10%），收购价12万元，产品已验收入库，收购款以银行存款支付。

3. 购进流水生产线建设工程用设备一项，增值税专用发票注明其货款为20万元，增值税26 000元；增值税专用发票所列的运输费1万元，增值税900元。物资验收入库，价税款及运输费签发并承兑为期3个月的商业承兑汇票付给。

4. 公司以产成品一批，对外进行投资（长期股权投资），按同类商品公允价值确认的收入为 10 万元，产品生产成本为 8 万元，增值税税率 13%。

5. 公司领用自制库存产品一批用于对外捐赠，成本 5 万元，市场销售价格 7 万元。

6. 销售产品一批，计销售收入 400 万元，增值税 52 万元，价税款收存银行。

7. 公司流水生产线建设工程领用生产用原材料一批，成本 7 万元。

8. 委托加工材料应付加工费 2 万元，增值税 2 600 元，取得增值税专用发票，款项尚未支付。

9. 库存原材料一批，因管理不善被毁损，成本 15 000 元，应负担的增值税 1 950 元。事项在报批准过程中，等待处理。

10. 出售材料一批，取得收入 8 万元，增值税 10 400 元，价税款收存银行。

11. 职工集体福利领用库存原材料一批，成本 6 万元，应负担的增值税 7 800 元。

12. 以银行存款支付增值税专用发票所列的业务咨询费 2 万元，增值税 1 200 元。

13. 公司出租商标权取得收入 3 万元，增值税 1 800 元。

14. 公司购入一项自用写字楼（不动产），以银行存款支付增值税专用发票所列的价款 400 万元，增值税 36 万元（增值税未选择简易计税，当期可全部抵扣，且建筑物与土地使用权无法分别计价）。

15. 以银行存款 6 万元缴纳本月增值税。

16. 假定公司“应交税费——应交增值税”账户月初余额为零，结计本月增值税的“销项税额”“进项税额”“进项税额转出”等项目，确定公司本月应交增值税、未交增值税。

销项税额 =

进项税额 =

进项税额转出 =

本月应交增值税 =

未交增值税 =

17. 期末结转应交未交的增值税。

［要求］

1. 根据上述经济业务，编制必要的会计分录。

2. 设置“应交税费——应交增值税”账户，根据经济业务登记本月发生额，并结出账户余额。

（二）练习小规模纳税人应交增值税的核算

［资料］G 公司为增值税小规模纳税人，增值税征收率为 3%，存货按实际成本计价核算，本月发生有关增值税（不考虑应交其他税费）的经济业务如下：

1. 购入原材料一批，增值税专用发票注明货款 7 万元，增值税 9 100 元；增值税普通发票所列的运输费 2 000 元。价税款及运输费以银行汇票支付，材料已验收入库（按实际成本计价）。

2. 购入一项不需要安装的固定资产，增值税专用发票注明货款 10 万元，增值税 13 000 元；增值税专用发票所列的运输费 5 000 元，增值税 450 元。设备交付使用，价税款及运输费以银行存款支付。

3. 以银行存款支付委托加工材料的加工费 4 680 元（含增值税），取得增值税普通发票。

4. 销售产品一批，计销售收入 99 910 元（含增值税），开出增值税普通发票，其中 5 万元价款收存银行，其余尚未收到。

5. 取得一项提供劳务（非主营业务）收入 15 450 元（含增值税），开出增值税普通发票，款项收存银行。

6. 以银行存款缴纳本月应交增值税。

［要求］ 根据上述资料，计算 G 公司本月应交增值税，并编制必要的会计分录。

（三）练习应交消费税的核算

［资料］ 新江公司 2×23 年 1 月份发生有关消费税的经济业务如下：

1. 委托外单位加工材料一批（系应税消费品），发出原材料实际成本 71 000 元；加工费 10 000 元，增值税 1 300 元（取得增值税专用发票），受托方代扣代缴消费税 9 000 元，共计 20 300 元均以银行存款支付；收回的加工材料 60% 拟用于继续生产产品，40% 直接用于出售。

（1）2×23 年 1 月 1 日，发出原材料委托加工；

（2）2×23 年 1 月 25 日，以存款支付加工费和代扣代缴消费税；

（3）2×23 年 1 月 25 日，收回委托加工物资（收回物资为包装物）。

2. 2×23 年 1 月 5 日，销售产品（应税消费品）一批，取得销售收入 80 万元，增值税税率 13%，价税款收存银行 50%，其余 50% 尚未收到。

3. 2×23 年 1 月 8 日，公司因固定资产建设工程领用自产产品（应税消费品）一批，该批产品市场价格为 10 万元，增值税税率 13%，消费税税率 10%，生产成本为 7 万元。

4. 本月无其他销售业务，根据产品销售收入 80 万元，按 10% 的消费税税率计算结转本月应交消费税。

5. 根据本月销售产品、自产自用、委托加工等业务，计算确定本月应交的消费税，并以银行存款缴纳。

［要求］ 根据上述资料，计算新江公司本月应交消费税，并编制必要的会计分录。

（四）练习应交税费的核算

[资料] 新江公司发生有关应交税费的经济业务如下：

1. 公司购入自用汽车一辆，以银行存款支付增值税专用发票所列价款 25 万元，增值税 32 500 元；并以银行存款缴纳税率为 10% 的车辆购置税，汽车交付使用。

2. 公司以银行存款购买印花税票 1 200 元。

3. 公司出售旧房一间，取得价款 200 万元（含税）存入银行，购置原价为 105.5 万元（“营改增”前），增值税按简易征收 5% 的征收率计税（此项业务不考虑应交土地增值税，应交城建税、教育费附加在业务 7 一并计算）。

4. 公司出售一项商标权，取得价款 371 000 元存入银行，其中价款 35 万元，增值税 21 000 元。该商标权账面金额 50 万元，已计摊销 20 万元，未计提过减值准备。城建税税率 7%，教育费附加征收率 5%（含地方教育费附加 2%）。出售的商标权已办妥相关手续。

5. 公司本年度应交房产税的余值为 50 万元，按房产税税率 1.2% 计算应缴纳的房产税为 6 000 元；本年应交车船税 5 000 元。结转公司本期应交的房产税和车船税。

6. 以银行存款 11 000 元缴纳上述应缴的房产税和车船税。

7. 公司本月主营业务应交增值税 20 万元、消费税 10 万元；租赁业务、非工业性劳务等应交增值税 2 万元；出售不动产应交增值税 45 000 元。城市维护建设税税率 7%，教育费附加征收率 5%（含地方教育费附加 2%）。计算结转公司本月的城市维护建设税和应交教育费附加。

8. 公司以银行存款缴纳上述应交城市维护建设税、应交教育费附加。

[要求] 根据上述资料，编制必要的会计分录。

项目九 *Project 9*

非流动负债的核算

模块一 非流动负债认知

填空题

1. 非流动负债主要包括__________、__________、__________、________等内容。

2. 企业为购建固定资产而借入的专门借款所发生的借款费用，在所购建的固定资产达到__________所发生的，应当予以资本化，计入__________；在所购建的固定资产达到预定可使用状态以后所发生的，应于发生当期直接计入__________。

3. 企业因借入资金而发生的借款费用有__________和__________两种处理方法。

名词解释

1. 非流动负债

2. 借款费用

单项选择题

1. 属于专项用于无形资产研究开发的长期借款发生的符合资本化条件的借款费用，应列为（　　）。

A. 管理费用　　B. 研发支出

C. 财务费用　　D. 无形资产

2. 公司开办期间发生不符合资本化条件的借款费用，应计入（　　）。

A. 营业外支出　　B. 管理费用

C. 清算损益　　D. 财务费用

3. 下列各项中，属于借款费用开始资本化条件之一的是（　　）。

A. 借款已经取得　　B. 购建或生产经营活动已经结束

C. 资产支出已全部发生　　D. 借款费用已经发生

4. 下列各项中，不应暂停借款费用资本化的情况是（　　）。

A. 由于劳务纠纷而造成连续超过 3 个月的固定资产的建造中断

B. 由于资金周转困难而造成连续超过 3 个月的固定资产的建造中断

C. 由于发生安全事故而造成连续超过 3 个月的固定资产的建造中断

D. 由于可预测的气候影响而造成连续超过 3 个月的固定资产的建造中断

5. 企业发生的借款费用，可直接归属于符合资本化条件的资产购建或生产的，应当予以资本化。这里所述符合资本化条件的资产，不包括（　　）。

A. 固定资产　　B. 投资性房地产

C. 存货　　D. 债权投资

多项选择题

1. 下列各项中，属于非流动负债的有（　　　）。

A. 应付债券　　B. 一年内到期的长期借款

C. 期限超过一年的应付账款　　D. 预计负债

2. 下列各项中，构成借款费用的有（　　　）。

A. 外币借款产生的汇兑差额　　B. 发行债券所产生的溢价或折价的摊销

C. 借款利息　　D. 超过偿还借款期限的罚款支出

3. 企业借款费用可能列支的账户有（　　　）。

A. “财务费用”账户

B. “制造费用”账户

C. “在建工程”或“固定资产”账户

D. “研发支出”账户

4. 下列各项费用，应直接计入当期财务费用的有（　　　）。

A. 取得非专项用于固定资产建设的借款而发生的辅助费用

B. 为固定资产购建而借入的专门借款，在购建活动开始前的应付利息

C. 为购建固定资产而借入的外币专门借款（建设期间）的汇兑差额

D. 为购建固定资产而借入的专门借款，在固定资产达到预定可使用状态后的应付利息

5. 借款费用开始资本化应满足的三个条件是（　　　）。

A. 资本支出已经发生
B. 建设工程已完工
C. 借款费用已发生
D. 为使资产达到预定可使用状况所必要的购建活动已经开始

判断题

1. 非流动负债是指偿还期限在一年或超过一年的一个营业周期以上的债务，所以超过一年未偿还的应付账款、短期借款等也应列为非流动负债。（　）

2. 企业为购建固定资产而取得专门借款所发生的非流动负债费用（借款费用），应予以资本化，列入固定资产购建成本。（　）

3. 符合资本化条件的某项固定资产的购建活动发生非正常中断，并且其中断时间连续超过一年的，应当暂停借款费用的资本化，其中断期间所发生的借款费用，直接计入当期财务费用。（　）

4. 企业筹建期间发生的借款利息应全部作为开办费处理，并在规定的期限内平均摊销。（　）

5. 借款费用是指企业因借款而发生的利息及其他相关成本，包括借款利息、发行债券的折价或溢价、辅助费用以及债务重组损失等。（　）

模块二　长期借款的核算

填空题

1. 长期借款是指企业向____________借入的、期限在_______________的各种借款。

2. 长期借款应付未付的利息，应通过“__________”或“__________”账户进行核算。“长期借款”账户，应按贷款单位和贷款种类设置明细账户，并分_________、_________等进行明细分类核算。

3. 长期借款按借款的条件划分，可分为____________、____________和__________。

单项选择题

1. 计提分期付息、到期还本长期借款的应付未付利息，应贷记的账户是（　）。

A. “应付账款”账户　　B. “应付利息”账户
C. “长期借款”账户　　D. “其他应付款”账户

2. 下列有关长期借款的说法，正确的是（　　）。

A. 长期借款应付未付的利息，应通过“应付利息”或“长期借款——应计利息”账户进行核算

B. 筹建期间的长期借款利息计入长期待摊费用

C. 到期一次还本付息长期借款，计提的应付利息可通过“长期借款——利息调整”账户核算

D. 长期借款应按摊余成本和合同利率计算确定其利息费用

3. 长期借款用于需要经过相当长时间的生产经营才能达到可销售状态的存货，符合资本化条件的利息费用，应记入（　　）。

A. “财务费用”账户　　B. “长期待摊费用”账户

C. “制造费用”账户　　D. “生产成本”账户

4. 计提确认长期借款的利息费用，借方不可能涉及的账户是（　　）。

A. “应付利息”账户　　B. “研发支出”账户

C. “财务费用”账户　　D. “在建工程”账户

5. 某公司本年 1 月 1 日从银行借入 1 000 万元，借款年利率为 6%，借款期限为 3 年，每年年末偿还借款利息。该项借款专项用于建造厂房，工程款 900 万元（不含借款利息和可以抵扣的增值税），本年 1 月 1 日支付工程款 500 万元；本年 7 月 1 日支付工程款 400 万元。厂房于本年 12 月 31 日完工，不考虑其他因素，该厂房的入账成本为（　　）万元。

A. 942　　B. 954

C. 1 042　　D. 960

多项选择题

1. “长期借款”账户，应按贷款单位和贷款的种类设置明细分类账户，并分别（　　）进行明细核算。

A. 本金　　B. 利息调整

C. 面值　　D. 应付利息

2. 对于长期借款利息费用的会计处理，正确的表述有（　　）。

A. 筹建期间的借款利息计入管理费用

B. 筹建期间的借款利息计入长期待摊费用

C. 日常生产经营活动的借款利息计入财务费用

D. 符合资本化条件的借款利息计入相关资产成本

3. A 公司于 2×22 年 1 月 1 日从银行借入两年期借款 80 万元，当即用于生产厂房的建设，年利率为 6%，利息按月计提，按年支付。工程于 2×23 年 6 月底达到预定可使用状态。下列说法中，正确的有（　　）。

A. 2×22 年 1 月末，“应付利息”账户贷方余额为 4 000 元

B. 2×22 年 1 月末，计提利息时借记“在建工程”账户

C. 2×23 年 7 月末，计提利息时借记“财务费用”账户

D. 到期还本付息时共需支付 848 000 元

判断题

1. 长期借款是指企业借入的、期限在一年以上（含一年）的各种借款。 （ ）

2. 企业长期借款所发生的利息支出，应在实际支付时计入在建工程或当期损益。 （ ）

3. 长期借款专项用于购建固定资产的，在固定资产尚未达到预定可使用状态前所发生的符合资本化条件的利息支出，应计入所购建固定资产的成本。 （ ）

4. 资产负债表日，企业应按本金和实际利率计算确定长期借款的利息费用，按本金和合同利率计算确定的应付未付利息，其差额列入“长期借款——利息调整”账户。 （ ）

5. 长期借款应付未付的利息，计入“应付利息”账户，所以，“长期借款”账户期末贷方余额，反映尚未偿还的长期借款的本金。 （ ）

业务核算题

（一）练习长期借款业务的核算

［资料］博远公司 2×22 年 1 月 1 日为开发无形资产，从中国建设银行文欣支行借款 100 万元，借款期 2 年，年利率为 5%，借款期内实际利率与合同利率差异很小，每半年计息一次，按年于年末支付利息，到期还本，无形资产研究开发工作于第一年末达到预定可使用状态。

（1）2×22 年 1 月 1 日，取得借款存入银行。

（2）2×22 年 6 月 30 日，计提上半年计息（不考虑研究、开发阶段支出的资本化条件）。

（3）2×22 年 12 月 31 日，计提下半年利息，并以银行存款支付第一年利息。

（4）2×23 年 6 月 30 日、12 月 31 日分别计提利息。

（5）2×23 年 12 月 31 日，以银行存款支付第二年利息，并归还借款本金。

［要求］根据上述资料，编制长期借款取得、使用、计息及归还的会计分录。

（二）练习长期借款业务的核算

［资料］某公司（增值税一般纳税人）为更新生产设备，从开发银行高新支行取得为期 2 年，年利率为 6% 的借款 200 万元，借款期合同利率与实际利率差异很小。建设工程为期 1

年，2×22 年 1 月 1 日以取得借款 200 万元存入银行，同日以此项借款购入设备，设备直接交付安装，设备价款 140 万元，增值税专用发票所列增值税为 18.2 万元；2×22 年 7 月 1 日以取得借款 60 万元支付工程安装费，增值税专用发票所列增值税为 5.4 万元；2×23 年 1 月 1 日工程如期达到预定可使用状态，交付生产使用；借款利息每年计提一次，借款期满一次还本付息，计提利息通过“长期借款——应计利息”账户核算。

（1）2×22 年 1 月 1 日，取得借款存入银行。

（2）2×22 年 1 月 1 日，购入设备直接交付安装，以银行存款支付价税款 158.2 万元。

（3）2×22 年 7 月 1 日，以银行存款支付工程安装费及其增值税 65.4 万元。

（4）2×22 年末，计提本年借款利息。

（5）2×23 年 1 月 1 日，工程完工并交付生产使用。

（6）2×23 年 12 月 31 日，计提本年借款利息。

（7）2×23 年 12 月 31 日，借款到期，以银行存款一次还本付息。

［要求］根据上述资料，编制长期借款取得、使用、计息及归还的会计分录。

模块三　应付债券的核算

填空题

1. “应付债券”账户可设置__________、__________、__________等进行明细分类核算。

2. 债券的发行方法有三种：__________、__________、__________。

3. 应付债券的利息有__________和__________两种支付方式。

名词解释

1. 应付债券

2. 债券溢价

单项选择题

1. 影响债券发行价格的因素主要有：债券面值、票面利率、债券期限、利息支付方式及市场利率等。在其他因素不变的情况下，对债券发行价格起决定作用的因素是（　　）。

A. 市场利率　　B. 票面利率

C. 债券期限　　D. 利息支付方式

2. 通常，溢价发行债券是由于债券的票面利率（　　）市场利率。

A. 低于　　B. 高于

C. 等于　　D. 与票面利率无关

3. 分期计提债券利息和债券溢价的摊销时，应按（　　）借记“财务费用”或“在建工程”等账户。

A. 应计利息　　B. 折价摊销额

C. 应计利息与溢价摊销额的差额　　D. 应计利息与溢价摊销额之和

4. 企业发行一年期或一年期以下的债券，应设置（　　）账户进行核算。

A. “交易性金融负债”　　B. “应付债券——短期债券”

C. “专项应付款”　　D. “短期借款”

5. 2×22 年 7 月 1 日，甲企业按面值发行 3 年期到期一次还本付息的债券，债券年利率 6%（不计复利），面值总额为 5 000 万元。该债券票面利率与实际利率相差很小。不考虑其他因素，2×23 年 12 月 31 日“应付债券”账户的账面余额为（　　）万元。

A. 5 150　　B. 5 600

C. 5 000　　D. 5 450

多项选择题

1. 下列各项中，影响债券发行价格的因素有（　　　）。

A. 债券面值　　B. 票面利率

C. 债券期限　　D. 市场利率

2. 下列关于企业发行债券的账务处理中，正确的有（　　　）。

A. 按债券面值记入“应付债券——面值”账户

B. 按面值与实际收到款项的差额记入“应付债券——利息调整”账户

C. 按实际利率计算的利息费用记入“应付债券——应计利息”账户

D. 按实际利率计算的利息费用计入相关资产的成本或财务费用

3. 应付债券计提利息时，其利息费用可能记入的账户有（　　　）。

A. “应付债券——利息调整”账户　　B. “在建工程”账户

C. “制造费用”账户　　D. “财务费用”账户

4. 下列各项中，属于“应付债券”账户贷方核算内容的有（　　　）。

A. 应付债券的面值　　B. 应付债券的溢价

C. 应付债券的折价摊销　　D. 应付债券的溢价摊销

判断题

1. 当债券票面利率高于发行时的市场利率，会溢价发行债券；反之，则折价发行债券。（　　）

2. 公司发行债券的溢价或折价，是整个债券存续期间对举债公司利息费用的一项调整。（　　）

3. 应付债券的利息费用是按摊余成本和实际利率计算确定的，并分期于计提时记入“应付债券——应计利息”账户。（　　）

4. 债券溢价在利息调整时会增加利息费用，债券折价在利息调整时会减少利息费用。（　　）

5. 企业发行债券时支付给债券发行商的佣金和手续费，如果发行债券用于固定资产购建的，则应计入在建工程成本。（　　）

业务核算题

（一）练习按面值发行债券的会计处理

[**资料**] 某公司为更新设备，按面值发行债券100万元，债券款收存银行；债券票面利率为6%，期限为两年，债券存续期内名义利率与实际利率差异很小；取得的发行债券款一次专项用于固定资产建设（工程支出业务略，下同），工程建设期一年，期满工程达到预定可使用状态；每年年末计息一次，到期一次还本付息。

1. 2×21年1月1日，收到债券款存入银行。
2. 2×21年末，计提债券利息。
3. 2×22年末，计提债券利息。
4. 2×22年末，债券到期并以银行存款还本付息。

[**要求**] 根据上述资料，编制按面值发行债券的有关会计分录。

（二）练习溢价发行债券的会计处理

[**资料**] 某公司为筹集新厂房建设资金，于2×20年1月1日发行三年期债券一批，债券面值为800万元，实收债券款830万元并存入银行；债券票面利率7%，每年年末计息一

次并分摊债券溢价，到期一次还本付息，债券存续期间名义利率与实际利率差异很小；工程建设期为一年（发行债券款一次全部用于工程建设），期满工程达到预定可使用状态；债券期满一次以银行存款还本付息。

1. 2×20 年 1 月 1 日，发行债券收到债券款并存入银行。

2. 2×20 年末，计息及分摊溢价。

3. 2×21 年末、2×22 年末，计息及分摊溢价。

4. 2×22 年末，债券到期以银行存款还本付息。

[要求] 根据上述资料，编制溢价发行债券有关的会计分录。

（三）练习折价发行债券的会计处理

[资料] 某公司为补充生产经营资金，于 2×21 年 1 月 1 日发行两年期债券一批，债券面值 200 万元，实收债券款 194 万元存入银行；债券票面利率 5%，每年年末计息一次并分摊债券折价，按年支付债券利息，到期还本；债券存续期内名义利率与实际利率相差很小。

1. 2×21 年 1 月 1 日，发行债券收到债券款存入银行。

2. 2×21 年末、2×22 年末，计息及分摊折价。

3. 2×21 年末、2×22 年末，以银行存款支付债券利息。

4. 2×22 年末，债券到期以银行存款支付本金。

[要求] 根据上述资料，编制折价发行债券有关的会计分录。

模块四　租赁负债和长期应付款的核算

单项选择题

1. 下列各项中，关于租赁负债的初始计量，正确的是（　　）。

A. 租赁付款额　　B. 租赁付款额的现值

C. 租赁付款额的现值 + 利息费用　　D. 租赁付款额 + 初始直接费用

2. 承租人尚未支付的租赁付款额与其现值的差额，确认为（　　）。

A. 未确认融资费用　　B. 初始直接费用

C. 财务费用　　D. 租赁负债利息

3. 下列各项中，承租人在计算租赁付款额现值时，应当采用的折现率是（　　）。

A. 增量借款利率　　B. 银行存款利率

C. 租赁内含利率　　D. 银行贷款平均利率

4. 企业以分期付款方式购入固定资产，借记“固定资产”账户的金额应当是（　　）。

A. 应支付的购买价款

B. 购买资产的公允价值

C. 应支付的购买价款 + 未确认融资费用

D. 购买价款的现值

5. 长期应付款不符合资本化条件的利息支出和相关费用，应计入（　　）。

A. 相关资产的成本　　B. 财务费用

C. 未确认融资费用　　D. 营业外支出

多项选择题

1. 根据《企业会计准则第 21 号——租赁》的规定，在租赁开始日，承租人应当对租赁业务确认的内容有（　　）。

A. 租赁资产　　B. 使用权资产

C. 租赁负债　　D. 长期应付款

2. 租赁付款额是指承租人向出租人支付的与在租赁期内使用租赁资产相关的款项。下列各项中，属于租赁付款额包含内容的有（　　）。

A. 可变租赁付款额

B. 租赁激励相关金额

C. 行使终止租赁选择权需支付的款项

D. 承租人提供的担保余值预计应支付的款项

3. 下列各项中，关于租赁负债进行后续计量的表述，正确的有（　　）。

A. 确认租赁负债利息时，增加租赁负债的账面金额

B. 支付租赁付款额时，减少租赁负债的账面金额

C. 因租赁变更等原因导致租赁付款额发生变动时，重新计算租赁负债的账面价值

D. 企业应按照各期的利率计算确认租赁负债在租赁期内各期间的利息费用

4. 下列各项中，属于长期应付款的有（　　）。

A. 租赁负债

B. 应付债券

C. 应付补偿贸易款

D. 以分期付款方式外购固定资产发生的应付款项

判断题

1. 使用权资产和租赁负债应当按照租赁开始日尚未支付的租赁付款额的现值进行初始计量。 ( )

2. 承租人租赁取得使用权资产，租赁付款额与其现值的差额确认为未确认融资费用。 ( )

3. “租赁负债”账户期末贷方余额，反映承租人尚未支付的租赁付款额；“租赁负债”账户可分别设置“租赁付款额”“未确认融资费用”等进行明细核算。 ( )

4. 租赁负债在租赁期内各期间确认的利息费用，计入当期损益或者相关资产的成本。 ( )

5. 应付债券、租赁负债和长期应付款都属于非流动负债，均应于发生时按照应付款额计价入账。 ( )

业务核算题

（一）练习租赁负债的核算

［资料］2×19 年 12 月，大华公司（承租人）与科发公司签订一项设备租赁合同：租赁开始日为 2×20 年 1 月 1 日，租赁期 3 年；租赁付款总额为 450 万元，于每年年末各支付租赁费 150 万元；大华公司无法确定租赁内含利率，其增量借款利率为 6%；为取得该项租赁，大华公司需向前租客户支付补偿金 5 万元，并需支付中介机构费用 3 万元（取得增值税普通发票）。合同还约定：承租人可以选择在租赁结束时以 200 万元购买该设备，经评估，大华公司不能合理确定将在租赁结束时购买该设备；2×20 年和 2×21 年，大华公司应按该设备每年实现业务收入的 1% 向科发公司支付经营分享金。大华公司和科发公司均为增值税一般纳税人，适用增值税税率为 13%。大华公司有关经济业务如下：

（1）2×20 年 1 月 1 日，收到租赁设备，确认租赁负债。

（2）2×20 年 1 月 1 日，以存款支付补偿金 5 万元和中介机构费用 3 万元。

（3）2×20 年 12 月 31 日，确认本年利息费用。

（4）2×20 年 12 月 31 日，以银行存款支付增值税专用发票所列的租赁费 150 万元，增值税 19.5 万元。

（5）2×21 年 12 月 31 日，确认本年利息费用。

（6）2×21 年 12 月 31 日，以存款支付增值税专用发票所列的租赁费 150 万元，增值税 19.5 万元。

（7）2×22 年 12 月 31 日，确认本年利息费用。

（8）2×22 年 12 月 31 日，以银行存款支付增值税专用发票所列的租赁费 150 万元，增值税 19.5 万元。

［要求］

1. 根据上述资料，计算确定此项租赁下租赁负债的初始计量金额、使用权资产的初始计量金额、未确认融资费用和租赁负债后续计量金额，将租赁付款额及租赁负债的后续计量金额填入表9－1中。

表9－1　租赁付款额及租赁负债的后续计量　金额单位：万元

年度	租赁负债年初金额 ①	各期利息 ②＝①×6%	租赁付款额 ③	租赁负债年末金额 ④＝①＋②－③
2×20年				
2×21年				
2×22年				
合计				

2. 根据上述资料，编制必要的会计分录。

（二）练习长期应付款的核算

［资料］大华公司与新安公司签订一项以分期付款方式购入设备的合同，合同确定的应付总价款为600万元（不含税），分5年平均付款，每年年末支付款项，销货方开具增值税专用发票，增值税税率为13%。设备购买总价款（不含税）的现值是520万元，未确认融资费用在付款期内平均摊销。2×22年1月1日，大华公司收到设备，验收后交付车间安装，当月设备达到预定可使用状态。大华公司有关经济业务如下：

（1）2×22年1月1日，购入设备，设备交付车间安装。

（2）2×22年1月31日，结算因安装设备而发生的应付职工薪酬30万元；设备达到预定可使用状态，交付车间使用。

（3）约定付款期内，每年年末收到增值税专用发票，以银行存款支付价款120万元，增值税15.6万元。

（4）约定付款期内，每年年末摊销未确认融资费用。

［要求］根据上述资料，编制必要的会计分录。

项目十 *Project 10*

所有者权益的核算

模块一 所有者权益认知

填空题

1. 所有者权益来源包括____________、__________和_________等。
2. 公司的所有者权益又称为__________；所有者权益的收回是_________。
3. 所有者权益与负债的区别主要表现在________________、________________、________________和________________。

名词解释

1. 利得

2. 留存收益

单项选择题

1. 企业所有者权益金额取决于（　　）。

A. 资产的计量　　B. 负债的计量

C. 资产和负债的计量　　D. 资产总额的多少

2. 下列会计事项，会引起所有者权益总额发生变化的是（　　）。

A. 从净利润中提取盈余公积　　B. 用盈余公积补亏

C. 用盈余公积转增资本　　D. 向投资者分配现金股利

3. 下列表述中，正确的是（　　）。

A. 债权人对企业的资产享有优先要求权

B. 所有者权益包括实收资本（或股本）、资本公积、盈余公积和净利润四个部分

C. 所有者权益的投资人享有分配利润的权利，但不具有参与企业经营管理的权利

D. 投资者投入资本的收益是具有确定性的

4. 下列各项中，不属于所有者权益的是（　　）。

A. 资本公积　　B. 盈余公积

C. 未分配利润　　D. 递延收益

5. 所有者权益是指企业所有者对企业（　　）的所有权。

A. 全部资产　　B. 全部负债

C. 全部权益　　D. 净资产

6. 下列各项中，不属于所有者权益的是（　　）。

A. 未分配利润　　B. 其他综合收益

C. 其他收益　　D. 资本溢价

多项选择题

1. 下列各项中，不会引起企业所有者权益发生增减变动的有（　　）。

A. 用资本公积转增资本　　B. 用盈余公积弥补亏损

C. 提取盈余公积　　D. 用法定盈余公积分配现金股利

2. 负债与所有者权益的主要区别包括（　　）。

A. 产生的效益不同　　B. 偿还期限不同

C. 享受的权利不同　　D. 对资产要求权的顺序不同

3. 所有者权益的特征包括（　　）。

A. 所有者凭借所有者权益能够参与企业的利润分配

B. 企业清算时，只有在清偿所有负债后，所有者权益才会返还给所有者

C. 除非发生减资、清算或分配现金股利，企业不需要偿还所有者权益

D. 所有者权益对资产的要求权不具有优先性

4. 下列关于所有者权益的表述，正确的有（　　）。

A. 它是企业投资者对企业净资产的所有权

B. 它等于企业资产总额减去负债总额后的余额

C. 它等于企业净资产的公允价值

D. 它无确定的偿还期限，但一定是能够偿还的

5. 下列所有者权益账户中，与企业生产经营无关的有（　　）。

A. “利润分配——未分配利润”账户　　B. “盈余公积——任意盈余公积”账户

C. “资本公积——资本溢价”账户　　D. “实收资本”账户

6. 下列各项中，属于所有者权益的有（　　）。

A. 盈余公积　　B. 资本公积

C. 其他综合收益　　D. 公允价值变动损益

判断题

1. 所有者权益包括投入者投入的资本、利得和损失以及盈余公积和未分配利润。（　　）

2. 由于所有者权益和负债都是对企业资产的要求权，因此它们的性质和享有的权利是相同的。（　　）

3. 投资者向企业投入的资本，在一般情况下不需偿还，并可以长期周转使用。（　　）

4. 投资者投入的资本是不得随意抽资或撤回的，所以，企业的实收资本（股本）是不会发生减少的。（　　）

5. 所有者权益是企业对投资人负担的经济责任，所以，企业投资人（所有者）对企业的全部资产享有优先要求权。（　　）

6. 直接计入所有者权益的利得和损失，列为资本公积；不直接计入所有者权益的利得和损失，列为盈余公积。（　　）

模块二　投入资本的核算

单项选择题

1. 某企业接受投入厂房一幢，原账面原值70万元，已提折旧20万元，投资合同各方确认的资产价值为80万元，确认的资本额为50万元。企业接受此项投资支付相关税费1万元（不含可以抵扣的增值税）。不考虑其他因素，“实收资本”的入账价值为（　　）元。

A. 500 000　　B. 800 000

C. 510 000　　D. 810 000

2. 股份有限公司的股东投入企业的资本，应通过（　　）账户核算。

A. “实收资本”　　B. “资本公积”

C. “盈余公积”　　D. “股本”

3. 在企业重组或有新投资者加入时，新加入投资者的出资额应（　　）其在注册资本中占有的份额。

A. 小于　　B. 大于

C. 等于　　D. 大于或等于

4. 下列各项中，不会引起实收资本增加的是（　　）。

A. 接受现金资产投资　　B. 对被投资单位追加现金投资

C. 资本公积转增资本　　D. 盈余公积转增资本

5. A公司收到甲企业作价投入的原材料一批，投资各方约定资本额按照资产价值确定，约定该批原材料的成本为100万元，增值税税额为13万元。不考虑其他因素，A公司应记入“实收资本”账户的金额为（　　）。

A. 13万元　　B. 100万元

C. 113万元　　D. 87万元

6. 企业接受投资者投入的原材料、固定资产、无形资产等非现金资产，记入“实收资本”账户的金额应是（　　）。

A. 投资合同或协议约定的资产价值

B. 投入资产的公允价值

C. 投资合同或协议约定的资产价值，加上增值税专用发票所列的增值税税额

D. 投资合同或协议约定的投资者在企业注册资本中所占的份额

7. 下列各项中，企业因严重亏损进行减资补亏时应贷记（　　）。

A. “利润分配——未分配利润”账户　　B. “本年利润”账户

C. “盈余公积”账户　　D. “利润分配——应付股利”账户

多项选择题

1. 企业实收资本增加的途径主要有（　　）。

A. 投资者的投入　　B. 盈余公积转增资本

C. 资本公积转增资本　　D. 银行借入

2. 下列各项中，能引起企业实收资本（股本）发生增减变动的有（　　）。

A. 企业原股东将其所持本企业的股权转让给其他投资者

B. 企业增资扩股

C. 上市公司回购本公司股票

D. 通过利润分配派发股票股利

3. 企业可以吸收投资者的（　　）作为投入资本。

A. 货币资产　　B. 固定资产

C. 租赁资产　　D. 无形资产

4. 关于投入资本的核算，下列说法中，错误的有（　　）。

A. 接受一台设备投资，其原始价值为200万元，已提折旧15万元，资产和资本均应以账面原值入账

B. 吸收新投资者加入时，其资本份额按其投入金额入账

C. 投资者以外币投入的资本，不得以外币入账

D. 企业发生连续、重大亏损，短期内无力用盈余公积、利润弥补的，可按程序和要求进行减资补亏

5. A公司由甲、乙分别出资30万元、60万元组建，经营两年后，丙投资者协议出资80

万元对 A 公司进行投资；投资各方约定公司注册资本调整为 150 万元，其中丙投资者享有 40% 的投资比例。下列选项中，正确的有（　　　　）。

A. 丙投资后，甲持有 A 公司的投资比例为 20%

B. A 公司接受丙投资，应贷记“实收资本”600 000 元

C. A 公司接受丙投资，应贷记“实收资本”800 000 元

D. A 公司接受丙投资，应贷记“资本公积”200 000 元

判断题

1. 接受投入的非现金资产，应按原资产账面价值作为“实收资本”入账。（　　）

2. 对于一个企业来说，投资者投入的资金，并不一定全部构成实收资本。（　　）

3. 投资者向企业投入的资本，在一般情况下不需偿还，并可供长期周转使用。（　　）

4. 投资者投入的资本是不得随意抽资或撤回的，所以企业的实收资本是不会发生减少的。（　　）

5. 我国实行应缴登记制，所以，企业注册资本和实收资本在数额上一定是相等的。（　　）

6. 企业接受投资者作价投入的原材料，应按投资合同或协议约定的价值作为原材料的入账价值，按投资合同或协议约定的价值与增值税的进项税额之和作为实收资本或股本入账。（　　）

7. 投资者的出资额超出其在注册资本中所占份额的部分应列为资本公积，而直接计入所有者权益的利得和损失应列为其他综合收益。（　　）

业务核算题

［资料］英姿公司为一般纳税人企业，发生有关投入资本的经济业务如下：

1. A、B 两投资者共同投资设立本公司，注册资本为 100 万元，A、B 分别按 60% 和 40% 出资。投资者一次缴足款项并存入银行。

2. 接受 H 公司投入厂房一幢，投出单位账面原值 120 万元，已提折旧 60 万元，确认价值为 80 万元，已办妥产权转移手续，并投入生产使用。投资各方约定资本额按照资产价值确定（取得增值税普通发票）。

3. 接受 D 公司投入不需要安装设备一台，出资各方确认的资产价值和资本额均为 65 万元。公司以银行存款支付增值税专用发票所列的运输费 2 000 元，增值税 180 元。设备投入生产使用（取得增值税普通发票）。

4. 收到投资者投入的原材料一批，投资各方确认的不含税价值为 30 万元，增值税专用发票列明的增值税为 39 000 元。投资各方约定资本额按照资产价值确定。

5. 1 月 1 日，英资公司委托某证券公司承销发行普通股股票 1 000 万股，每股面值 1 元，发行价格 6 元。协议规定，证券公司按发行收入的 2% 收取承销费用，承销费用直接从发行收入中扣除。1 月 25 日，收到证券公司转交的股票发行收入并存入开户银行。

［要求］根据上述资料，编制必要的会计分录。

模块三　资本公积的核算

填空题

1. “资本公积”账户应设置____________和____________明细账户，进行明细分类核算；资本公积的用途是______________________。

2. “资本公积”的内容一般包括____________________和____________________。

名词解释

1. 资本公积

2. 资本溢价

单项选择题

1. 股份有限公司发行股票的净溢价收入应计入（　　）。

A. 资本公积　　B. 实收资本

C. 营业外收入　　D. 盈余公积

2. 下列各项中，不属于资本公积核算内容的是（　　）。

A. 资本净溢价

B. 股东对企业的捐赠

C. 长期股权投资权益法下，被投资单位其他股东的资本性投入

D. 自用固定资产转为投资性房地产账面价值与公允价值的差额

3. 资本溢价是指（　　）。

A. 投资人出资额大于其所占资本的差额　　B. 企业财产清查发现的设备盘盈

C. 投资人所占资本大于其出资额的差额　　D. 企业接受的非现金资产投资

4. 企业发行普通股 20 000 股，每股面值 1 元，每股发行价格为 7.2 元，发行股票的交易费用共计 1 080 元。不考虑其他因素，则发行股票时企业应确认的资本公积为（　　）元。

A. 1 080　　B. 124 000

C. 144 000　　D. 122 920

5. 企业由 A、B、C 三位股东投资设立，设立时的实收资本为 1 000 万元，A、B、C 三位股东所占的比例为 5∶3∶2。经过三年的经营，企业所有者权益总额为 1 500 万元，这时又有 D 投资者愿意加入该企业，并表示愿意出资 600 万元，享有 20% 的股份，A、B、C 三位股东表示同意，D 投资者的出资额已转入企业银行存款账户。

（1）该企业设立时，B 股东的出资额为（　　）万元。

A. 1 000　　B. 500

C. 300　　D. 200

（2）该企业接受 D 投资者投入后，B 股东所占的出资比例为（　　）。

A. 40%　　B. 20%

C. 24%　　D. 16%

（3）该企业接受 D 投资者投入后，应记入“资本公积”账户的金额为（　　）万元。

A. 600　　B. 300

C. 350　　D. 250

（4）该企业接受 D 投资者投入后，“实收资本——D 股东”明细账余额为（　　）万元。

A. 300　　B. 250

C. 350　　D. 200

6. 公司对被投资单位的长期股权投资采用权益法核算，在持股比例不变的情况下，对被投资单位除净损益、其他综合收益和利润分配以外的所有者权益的其他变动，应列为（　　）。

A. 资本公积——其他资本公积　　B. 营业外收入

C. 投资收益　　D. 盈余公积

多项选择题

1. 企业的资本公积根据其形成的来源不同可以分为（　　）。

A. 资本溢价　　B. 其他资本公积

C. 接受捐赠资产　　D. 拨款转入

2. 企业的“资本公积”总分类账户下应设置的明细账户有（　　）。

A. “资本公积——其他资本公积”　　B. “资本公积——非现金资产投入”

C. “资本公积——股权投资准备”　　D. “资本公积——资本溢价”

3. 下列关于资本公积的理解及其表述，正确的有（　　）。

A. 资本公积应当区别不同的来源，分别进行账务处理

B. 资本公积具有资本的性质，与企业的净利润无关

C. 资本公积具有特定来源，只是由于法律的规定而无法直接以资本的名义出现

D. 资本公积与盈余公积一样都有特定来源，与企业净利润无关

4. 下列各项中，不增加企业资本公积的有（　　）。

A. 确实无法支付的应付账款　　B. 接受捐赠的无形资产

C. 溢价发行股票　　D. 盘盈的固定资产

5. 某公司由甲、乙投资者各出资 200 万元设立，为扩大经营规模，该公司注册资本由 400 万元增加到 500 万元，丙企业以货币资金出资 200 万元享有公司 20% 的注册资本。不考虑其他因素，该公司接受丙企业出资相关的会计处理，正确的有（　　）。

A. 贷记“实收资本”账户 200 万元　　B. 贷记“资本公积”账户 100 万元

C. 贷记“盈余公积”账户 100 万元　　D. 贷记“实收资本”账户 100 万元

6. 下列各项中，应通过“资本公积”账户核算的有（　　）。

A. 投资者出资额超出其在注册资本中所占份额的部分

B. 提取任意盈余公积

C. 股份有限公司发行股票产生的股本溢价

D. 新增投资者投入的资本

判断题

1. 资本公积的实质属于投入资本范畴，因此所有资本公积均可直接用于转增资本和向投资者分配现金股利或利润。（　）

2. 资本公积的形成与企业净利润无直接联系；资本公积由全体股东共同享有。（　）

3. 资本公积是所有者权益的构成内容之一。企业的资本公积可以转增资本，也可以弥补亏损。（　）

4. 资本公积包括资本溢价、股本溢价以及直接计入当期损益的利得和损失。（　）

5. 当企业用资本公积转增资本时，会引起“实收资本”的增加和“资本公积”的减少，但所有者权益的总额是不发生变动的。（　）

6. 资本公积是由全体投资者享有的一项所有者权益，可以用于转增资本，也可以用于向投资者分配利润。（　）

业务核算题

［资料］下列公司均为一般纳税人企业，发生有关投入资本和资本公积的经济业务如下：

1. 大华公司原由 A、B、C 三位股东各投资 300 万元人民币设立，设立时的注册资本为 900 万元，经过几年的经营，公司留存收益已达 400 万元。现投资者 D 要加入公司，并表示愿

出资 500 万元，投资各方约定其享有的资本额为 225 万元。D 投资者投入的 500 万元收存银行。

2. 某公司持有太极公司 30% 的股份，能够对太极公司施加重大影响。太极公司为上市公司，当期太极公司的母公司给予其捐赠款 50 万元，该捐赠实质上属于资本性投入（不考虑其他因素）。

3. 某公司收到甲公司作为资本投入的生产设备一台，投出单位设备原值 50 万元，已提折旧 20 万元，投资各方约定的资产价值为 40 万元，甲公司因该项投入享有的资本额为 25 万元，此项设备投资未取得增值税专用发票。以银行存款支付增值税专用发票所列的运输费 5 000 元，增值税 450 元。生产设备收到后直接交付安装。

4. 某公司收到大臣公司投入的原材料（A 材料）一批，投资各方确认的材料不含税价值为 10 万元，增值税专用发票所列的增值税 1.3 万元。投资各方约定大臣公司因该项投入享有的资本额为 8 万元。

5. 大华公司经核准将资本公积 20 万元用于转增资本，公司已按规定程序办理完增资手续。按 A、B、C、D 四个投资者各自的出资比例（均为 25%）转增资本。

[要求] 根据上述资料，编制必要的会计分录。

模块四　留存收益的核算

填空题

1. 留存收益来源于企业的生产经营活动所实现的____________，包括企业的________和____________两个部分。

2. 计提的法定盈余公积累计达注册资本的________时，可以不再提取；任意盈余公积的提取比例为____________。

名词解释

1. 盈余公积

2. 未分配利润

单项选择题

1. 按现行规定，法定盈余公积可以依法定的程序转增资本，但转增资本后，(　　)。

A. 企业法定盈余公积金部分不受限制

B. 企业法定盈余公积金不得高于注册资本的25%

C. 企业法定盈余公积金不得低于注册资本的25%

D. 企业任意盈余公积金必须为零

2. 某企业本年年初未分配利润为50万元，盈余公积为30万元。本年净利润为200万元，按10%计提法定盈余公积，按20%计提任意盈余公积，宣告发放现金股利25万元。不考虑其他因素，该企业本年年末留存收益为(　　)万元。

A. 115　　B. 195

C. 255　　D. 175

3. 企业本年度提取盈余公积30万元，用资本公积10万元、盈余公积8万元转增资本，投资者追加投资50万元。不考虑其他因素，所有者权益净增加额应该是(　　)万元。

A. 98　　B. 80

C. 50　　D. 18

4. 企业发放股票股利的结果是(　　)。

A. 资产减少，所有者权益减少　　B. 资产减少，所有者权益增加

C. 所有者权益总额不变　　D. 以上三者都不正确

5. 企业所发生的下列事项，不会引起留存收益总额发生变化的是(　　)。

A. 将盈余公积转增资本　　B. 分配现金股利

C. 分配股票股利　　D. 以盈余公积弥补亏损

6. 某股份有限公司年初未分配利润为10万元，本年实现净利润300万元，本年提取法定盈余公积30万元，本年宣告以可供分配利润发放现金股利120万元，假定不考虑其他因素。该公司年终结转后，“利润分配——未分配利润”账户的期末余额是(　　)。

A. 借方160万元　　B. 贷方160万元

C. 借方140万元　　D. 贷方140万元

7. 某公司年初“利润分配——未分配利润”账户的借方余额为30万元，本年实现净利润500万元，本年提取法定盈余公积50万元。假定不考虑其他因素，该公司当年可供分配的利润是(　　)。

A. 530万元　　B. 480万元

C. 470万元　　D. 450万元

多项选择题

1. 企业盈余公积可以用于（　　）。

A. 转增资本　　B. 弥补亏损

C. 对外捐赠　　D. 扩大企业生产经营

2. 企业弥补亏损的渠道主要有（　　）。

A. 减少资本（股本）弥补亏损　　B. 用盈余公积弥补亏损

C. 以后年度实现的利润弥补亏损　　D. 用资本公积弥补亏损

3. 下列项目中，属于企业留存收益的有（　　）。

A. 法定盈余公积　　B. 任意盈余公积

C. 资本公积　　D. 未分配利润

4. 下列事项中，会引起企业留存收益总额发生变化的业务有（　　）。

A. 将盈余公积转增资本　　B. 以税后利润分配现金股利

C. 以盈余公积弥补亏损　　D. 以税后利润分配股票股利

5. 下列各项中，可以直接用于转增资本的有（　　）。

A. 资本公积　　B. 未分配利润

C. 盈余公积　　D. 其他综合收益

不定项选择题

甲公司于两年前由 A 和 B 两股东出资成立，实收资本为 500 万元，2×22 年度发生有关经济业务如下：

（1）1 月 5 日，大力公司出资 200 万元加入甲公司，投资合同约定，大力公司的出资额按 150 万元计列为实收资本。

（2）甲公司年初未分配利润为 100 万元。年终结算，2×22 年度甲公司实现净利润 300 万元。

（3）甲公司决定，按照规定比例 10% 计提 2×22 年度的法定盈余公积；股东会决议按照 20% 的比例计提 2×22 年度的任意盈余公积。

（4）股东会批准 2×22 年度甲公司的利润分配方案，方案确定向投资者分配现金股利 230 万元，其中动用可供投资者分配的利润 200 万元、盈余公积 30 万元。

要求：根据上述资料，不考虑其他因素，分析回答下列各小题。

1. 根据资料（1），下列各项中，大力公司出资额与计入“实收资本”账户金额之间的差额 50 万元，应计列的账户是（　）。

A. “盈余公积”账户　　B. “投资收益”账户

C. “资本公积”账户　　D. “其他综合收益”账户

2. 根据资料（2），下列各项中，关于甲公司年终结转本年实现净利润的账务处理，正确的是（　　）。

A. 借：本年利润　　3 000 000
　　贷：利润分配——未分配利润　　3 000 000

B. 借：利润分配——未分配利润　　3 000 000
　　贷：本年利润　　3 000 000

C. 借：本年利润　　3 000 000
　　贷：盈余公积　　3 000 000

D. 借：利润分配——未分配利润　　4 000 000
　　贷：本年利润　　4 000 000

3. 根据资料（3）和（4），下列各项业务的账务处理中，应借记“利润分配”账户的是（　　）。

A. 提取法定盈余公积

B. 提取任意盈余公积

C. 动用可供投资者分配的利润向投资者分配现金股利 200 万元

D. 动用盈余公积向投资者分配现金股利 30 万元

4. 根据资料（2）至（4），下列各项中，关于年终结转后有关账户期末余额的表述，正确的是（　　）。

A. “本年利润”账户应无余额

B. “利润分配——提取法定盈余公积”账户应无余额

C. “利润分配——未分配利润”账户余额在借方，表示累积未分配的利润

D. “利润分配——未分配利润”账户余额在贷方，表示累积未弥补的亏损

5. 甲公司本年度年终结转后，“利润分配——未分配利润”账户的期末余额是（　　）。

A. 借方 110 万元　　B. 贷方 110 万元

C. 贷方 80 万元　　D. 贷方 160 万元

判断题

1. 企业提取的法定盈余公积和任意盈余公积，可以用于企业发展生产、弥补亏损和职工生活福利的改善。（　　）

2. 企业法定盈余公积金是按利润总额的 10% 计提的；任意盈余公积的计提比例企业可以自行确定。（　　）

3. 年终结转后，“本年利润”账户的贷方余额，反映企业实现的净利润；“利润分配——未分配利润”账户的贷方余额，反映历年积存的未分配利润。（　　）

4. 未分配利润就是本年实现净利润尚未分配，留待以后年度处理的利润。（　　）

5. 企业用盈余公积转增资本时，不会引起所有者权益总额的增减变化。（　　）

6. 企业计提盈余公积的基数是不包括年初未分配利润的；如果以前年度有亏损的，应先弥补以前年度亏损再计提盈余公积。（　　）

7. 企业提取的盈余公积和历年结存的未分配利润都属于留存收益，均可以用于弥补亏损、转增资本、偿还债务和发放现金股利。 （ ）

业务核算题

［资料］

1. 科兴公司 2×22 年度实现利润 320 万元（利润总额），无纳税调整事项，所得税税率 25%，本期有关留存收益的业务如下：

（1）按规定程序核准，以本年实现净利润的 10% 计提法定盈余公积，并按 12% 提取任意盈余公积。

（2）按程序核准，以法定盈余公积 20 万元转增资本，已办妥转增手续。

（3）经股东大会批准，用任意盈余公积 50 万元向投资者分派现金股利。

（4）用提取的盈余公积弥补以前年度亏损 5 万元。

2. 达美公司于 2×21 年 1 月 1 日由甲、乙两公司各占股 50% 投资设立，原注册资本 100 万元。2×21 年 12 月 31 日，丙公司加入，投入货币资金 40 万元，占该企业调整后注册资本 125 万元的 20%。2×22 年初“利润分配——未分配利润”账户贷方余额 79 万元，经结算企业 2×22 年度现净利润 90 万元，按规定比例 10% 提取法定盈余公积，按可供投资者分配利润的 50% 向投资者分配利润，并将资本公积 30 万元按持股比例转增资本。

（1）2×21 年 12 月 31 日，公司接受丙公司投资 40 万元，款项存入银行。

（2）按规定比例 10% 提取 2×22 年度的法定盈余公积。

（3）按持股比例向投资者分配 2×22 年度的利润。

（4）2×22 年 12 月 31 日，将资本公积 30 万元按持股比例转增资本。

（5）计算确定 2×22 年度的未分配利润。

［要求］根据上述资料，编制必要的会计分录。

项目十一 *Project 11*

收入、费用及利润的核算

模块一　收入的核算

填空题

1. 收入按性质不同，可以分为__________、_________和____________。

2. 企业应当在履行了合同中的________，即在客户取得相关________时确认收入。

3. 收入确认和计量大致可分为五步，第一步、第二步和第五步主要与收入的______有关，第三步和第四步主要与收入的________有关。

4. 企业与客户建立合同关系过程中发生的成本主要有__________和_________。

名词解释

1. 收入

2. 投入法

3. 合同取得成本

单项选择题

1. 收入是在“企业日常活动”中形成的，下列各项中，属于企业日常活动的是（　　）。

A. 处置固定资产和无形资产　　B. 非货币性资产交换

C. 出售交易性金融资产　　D. 出售原材料、出租无形资产

2. 一般企业出租包装物和无形资产的租金收入，应列为（　　）。

A. 其他收益　　B. 提供劳务（服务）收入

C. 其他业务收入　　D. 营业外收入

3. 下列各项中，属于收入确认时点的是（　　）。

A. 收到购货方的货款时　　B. 客户取得相关商品控制权时

C. 发出商品时　　D. 签订合同并发出商品时

4. 根据新的收入准则，企业按照合同向客户预收转让商品的货款，应确认为（　　）。

A. 合同负债　　B. 合同资产

C. 预收账款　　D. 商品销售收入

5. 下列各项中，属于工业企业其他业务收入的是（　　）。

A. 存款利息收入　　B. 出售固定资产、无形资产收入

C. 原材料、周转材料销售收入　　D. 出售工程物资收入

6. 企业采用委托代销方式销售商品，企业收到受托方商品销售代销清单时，应按（　　）确认收入。

A. 商品售价　　B. 商品售价与手续费之差

C. 商品售价与手续费之和　　D. 商品售价和增值税之和

7. 下列各项中，属于企业已发出但客户没有取得商品控制权（未满足收入确认条件）商品的成本，应记入（　　）。

A. “合同履约成本”账户　　B. “合同取得成本”账户

C. “发出商品”账户　　D. “库存商品”账户

8. 企业支付给受托方的委托代销商品手续费，应计入（　　）。

A. 财务费用　　B. 其他业务成本

C. 主营业务成本　　D. 销售费用

9. 下列各项中，关于企业销售商品约定现金折扣会计处理的表述，正确的是（　　）。

A. 在实际发生时冲减当期商品销售收入

B. 在确认收入时按照最可能发生金额计入销售商品收入

C. 在实际发生时列为当期的财务费用

D. 在实际发生时列为当期的销售费用

10. 下列各项中，关于企业确认收入后发生销售折让的会计处理，正确的是（　　）。

A. 冲减当期营业收入　　B. 列为当期销售费用

C. 计入当期主营业务成本　　D. 列为会计差错处理

11. 企业取得合同发生的、预计能够收回的增量成本，应列为（　　）。

A. 合同资产　　B. 合同取得成本

C. 合同履约成本　　D. 其他业务成本

12. 企业销售业务中发生的下列各项情形，应计入销售费用的是（　　）。

A. 商业折扣　　B. 摊销合同取得成本

C. 销售折让　　D. 销售退回

13. 某公司于2×22年12月1日与山水公司签订一项为期3个月的安装工程合同，合同总价为400万元，增值税36万元。至年底已预收工程款150万元，实际发生工程成本90万元，估计还将发生工程成本210万元。该安装业务构成单项履约义务，且该履约义务满足在某一时段内履行的条件，公司按照实际发生成本占预计总成本的比例确定履约进度。2×22年12月31日，公司应确认的收入为（　　）万元。

A. 150　　B. 120

C. 250　　D. 280

14. 下列各项中，用于核算企业已向客户转让商品、有权收取对价且该收取对价的权利取决于时间流逝之外的其他因素的账户的是（　　）。

A. "应收账款"账户　　B. "合同负债"账户

C. "合同履约成本"账户　　D. "合同资产"账户

15. 企业将商品控制权转移给客户，首先判断履约义务是否满足在某一时段内履行的条件，如不满足的，则属于（　　）。

A. 未满足收入确认条件的履约义务　　B. 未完全履行的履约义务

C. 综合履行的履约义务　　D. 在某一时点履行的履约义务

16. A公司与客户签订设备安装合同，合同约定安装工程6个月完工，交易价格为固定金额600万元；若提前1个月完工，客户将额外奖励20万元。A公司估计工程提前1个月完工的概率为95%，则此项交易价格的总价是（　　）万元。

A. 620　　B. 600

C. 580　　D. 619

17. 某公司3月份发生如下交易或事项：出售库存商品收入350万元，增值税45.5万元；出售库存材料收入20万元，增值税26 000元；出售固定资产取得含税价款56.5万元，其中增值税6.5万元；出租无形资产收入10万元，增值税6 000元；对外提供运输劳务取得收入7万元，增值税6 300元；没收逾期未退还出借包装物押金2.26万元，其中应计增值税0.26万元。不考虑其他因素，则公司该月营业收入总额为（　　）万元。

A. 450　　B. 389

C. 387　　D. 439

18. 下列各项中，不属于在某一时段履行的履约义务的是（　　）。

A. 客户在企业履约的同时即取得并消耗企业履约所带来的经济利益

B. 企业履约过程中所产生的商品具有不可替代用途，且该企业在整个合同期间内有权就累计至今已完成的履约部分收取款项

C. 客户已接受该商品

D. 客户能够控制企业履约过程中在建的商品

多项选择题

1. 下列各项中，属于收入按性质分类的类别有（　　）。

A. 商品销售收入　　B. 提供劳务收入

C. 让渡资产使用权收入　　D. 其他业务收入

2. 下列各项中，不应确认为收入的有（　　）。

A. 销售商品收取的增值税

B. 出售自制半成品、不合格品取得的收入

C. 销售商品收回代垫运输费

D. 代客户销售商品的委托代销商品款

3. 企业日常活动包括经常性活动和与经常性活动相关的活动。下列各项中，企业经常性活动取得的收入有（　　）。

A. 商品流通企业销售商品收入　　B. 安装公司提供安装服务收入

C. 租赁公司取得的租金收入　　D. 出售无形资产所取得的价款

4. 企业应当在履行了合同中的履约义务，即在客户取得相关商品控制权时确认收入。下列各项中，取得相关商品控制权应同时包括的三要素有（　　）。

A. 拥有现时权利　　B. 有能力主导该商品的使用

C. 能够获得几乎全部的经济利益　　D. 订立书面形式的合同

5. 收入确认的前提条件是要求企业与客户之间的合同同时满足五项条件。下列各项中，属于这五项条件的有（　　）。

A. 合同各方已批准该合同并承诺将履行各自义务

B. 该合同明确了合同各方与所转让商品相关的权利和义务

C. 该合同具有商业实质

D. 企业因向客户转让商品而有权取得的对价很可能收回

6. 下列各项中，属于收入特征的有（　　）。

A. 收入是从“企业日常活动”中产生的，而不是从“偶然的交易或事项”中产生的

B. 收入是与所有者投入资本无关的经济利益的总流入

C. 收入会导致企业所有者权益的增加

D. 收入只包括本企业的经济利益总流入，不包括为第三方或客户代收的款项

7. 对价是指交易双方以权利义务为基础所允诺认可的价格。下列各项中，关于对价的表述，正确的有（　　）。

A. 对价是在合同约定中产生的　　B. 对价是交易双方接受的价格

C. 合同中承诺的对价金额是固定的　　D. 对价一定是公允价值

8. 企业按合同约定向乙公司销售 A、B 两种商品，两种商品的合同价格为 400 万元，增值税 52 万元，商品成本为 300 万元。商品已发出，符合收入确认条件，收到客户开具的商业承兑汇票结清价税款。A 商品和 B 商品的单独售价分别为 200 万元和 300 万元。下列关于此项商品销售业务的会计处理，表述正确的有（　　）。

A. 确认 A 商品主营业务收入 160 万元　　B. 确认 B 商品主营业务收入 240 万元

C. 结转主营业务成本 300 万元　　D. 确认应收账款 452 万元

9. 下列各项中，可能影响企业销售商品收入金额的有（　　）。

A. 企业与购货方签订合同的交易价格　　B. 合同约定的激励措施、奖励积分

C. 企业与购货方协商的商业折扣　　D. 代垫购货方的运杂费

10. 下列各项中，属于工业企业其他业务收入的有（　　）。

A. 出租闲置生产设备的租金收入　　B. 随同产品出售单独计价的包装物收入

C. 对外提供运输服务取得收入　　D. 债权投资的利息收入

11. 对于在某一时点履行的履约义务，企业应当在客户取得相关商品控制权时点确认收入。在判断客户是否已取得商品控制权时，企业应当考虑的迹象有（　　）。

A. 客户已拥有该商品的法定所有权

B. 客户就该商品负有现时付款义务

C. 客户已取得该商品所有权上的主要风险和报酬

D. 客户能够控制企业履约过程中在建的商品

12. 下列各项中，产出法下企业确定履约进度时可采用的指标有（　　）。

A. 实际测量的完工进度　　B. 时间进度

C. 投入材料数量　　D. 发生的生产工时或机器工时

13. 收入的确认计量应采用“五步法”，即通过五个步骤对收入进行确认计量。下列各项中，“五步法”涉及的步骤有（　　）。

A. 识别与客户订立的合同　　B. 识别合同中的单项履约义务

C. 确定交易价格　　D. 将交易价格分摊至各单项履约义务

14. 2×22 年 11 月 30 日，甲公司与乙公司签订一项为期 3 个月的安装合同，合同总价为 80 万元。当日，甲公司预付合同款 30 万元，至当年 12 月 31 日，甲公司累计发生与合同相关的工程成本 27 万元，估计还将发生 33 万元。甲公司按照已经发生的成本占估计总成本的比例确认合同的履约进度，并作为某一时段内履行的履约义务确认收入。不考虑其他因素，下列各项中，关于甲公司 2×22 年 12 月 31 日的会计处理结果，正确的有（　　）。

A. 履约进度为 45%　　B. 确认收入 30 万元

C. 结转成本 27 万元　　D. 对营业利润的影响额为 9 万元

不定项选择题

［资料］甲公司为增值税一般纳税人，适用的增值税税率为 13%，确认收入的同时结转成本。2×22 年度甲公司发生有关经济业务如下：

（1）6 月 1 日，与乙公司签订合同，采用预收货款方式向乙公司销售商品一批，该批商品的实际成本为 80 000 元，销售价格总额为 100 000 元；6 月 2 日，收到乙公司预付款 70 000 元；6 月 20 日，向乙公司发出该批商品，增值税专用发票注明的价款为 100 000 元，增值税为 13 000 元，剩余款项已收妥，符合收入确认条件。

（2）8 月 6 日，甲公司承担一项销售产品安装任务，安装期 9 个月，该合同构成单项履约义

务，且属于在某一时段内履行的履约义务，安装劳务的履约进度按照已发生成本占预计总成本的比例确定。合同总收入为40 000元，当年实际发生成本12 000元，预计还将发生成本18 000元。

（3）12月15日，委托丁公司销售商品200件，每件商品的实际成本为600元，该商品已于当日发出，按照双方合同约定，丁公司按照每件800元对外销售商品，甲公司按照售价（不含税）的10%向丁公司支付手续费。12月31日，收到丁公司开出的代销清单，实际销售100件商品，同时收到丁公司开具的手续费增值税专用发票，发票所列价款8 000元，增值税480元，价税款尚未结算。

［**要求**］根据上述资料，不考虑其他因素，分析回答下列各小题。

1. 根据资料（1），下列各项中，关于甲公司采用预收货款方式销售商品相关账户的会计处理，正确的是（　　）。

A. 6月20日，贷记“主营业务收入”账户100 000元

B. 6月20日，借记“主营业务成本”账户80 000元

C. 6月20日，借记“合同负债”账户70 000元

D. 6月2日，贷记“主营业务收入”账户70 000元

2. 根据资料（2），2×22年度甲公司应确认的营业收入是（　　）元。

A. 12 000　　　　B. 30 000

C. 40 000　　　　D. 16 000

3. 根据资料（3），下列各项中，关于甲公司12月15日发出委托代销商品相关的会计处理，正确的是（　　）。

A. 借记“发出商品”账户120 000元

B. 贷记“主营业务成本”账户160 000元

C. 贷记“其他业务成本”账户160 000元

D. 借记“主营业务收入”账户120 000元

4. 根据资料（3），下列各项中，关于甲公司12月31日收到丁公司代销清单时相关账户的会计处理，正确的是（　　）。

A. 贷记“其他业务成本”账户8 000元

B. 借记“主营业务成本”账户120 000元

C. 借记“销售费用”账户8 000元

D. 贷记“主营业务收入”账户72 000元

5. 根据资料（1）至（3），下列各项中，关于甲公司2×22年度营业收入和营业成本的表述，正确的是（　　）。

A. 营业成本增加170 000元　　　　B. 营业收入增加196 000元

C. 营业收入增加220 000元　　　　D. 营业成本增加152 000元

判断题

1. 企业发生收入往往表现为货币资产的流入，但是并非所有货币资产的流入都是企业的收入。（　　）

2. 收入会导致企业所有者权益的增加，所以，导致企业所有者权益增加的都属于收入。（ ）

3. 企业的收入是企业经济利益的总流入，它包括主营业务收入、其他业务收入、营业外收入和投资收益。（ ）

4. 企业与客户之间的合同同时满足收入确认五项前提条件的，企业应当在客户取得商品控制权时确认收入。（ ）

5. 企业与客户签订合同，向其销售商品并提供安装服务，若该安装复杂且商品需要按客户定制要求修改，则合同中应将销售商品和安装服务分为两项履约义务。（ ）

6. 合同条款所确定的交易价格，可以是固定金额或可变金额，也可以是两者兼有。（ ）

7. 收入可能表现为企业资产的增加，也可能表现为企业负债的减少，或者两者兼而有之。（ ）

8. 企业已收或应收客户对价而负有向客户转让商品的义务，应确认为合同资产。（ ）

9. 企业取得合同发生的、预计能够收回的增量成本，应通过“合同履约成本”账户核算。（ ）

10. 企业在销售商品时，合同约定商业折扣、现金折扣的，应按扣除商业折扣、不扣除现金折扣后的净额确认商品销售收入。（ ）

11. “主营业务收入”账户的借方登记发生销售折让和销售退回而冲减的收入和期末结转至“本年利润”账户的收入，结转后该账户无余额。（ ）

12. 委托代销安排方式下，发出商品时，委托企业不应确认收入；受托企业售出商品，客户取得商品控制权，委托企业收到货款或取得收取货款的权利时，予以确认收入。（ ）

13. 现金折扣应按照可变对价管理要求进行处理；销售折让应在实际发生时冲减当期销售收入。（ ）

14. 其他经营业务应交的除增值税以外的消费税、城市维护建设税、教育费附加等税费，应记入“税金及附加”账户。（ ）

15. 企业在某一时段内履行的履约义务，企业应按照履约进度确认收入。企业应当考虑商品的性质，采用产出法或投入法确定恰当的履约进度。（ ）

16. 合同取得成本和合同履约成本都是与销售业务有关的，均应分摊计入当期损益，记入“销售费用”账户。（ ）

17. 交易价格是指企业因转让商品而预期有权收取的对价金额。签订合同的转让商品，合同标价就是交易价格。（ ）

18. 企业按合同预收客户的款项，应确认为“合同资产”，待未来向客户转让商品时，将其转为收入。（ ）

业务核算题

（一）练习商品销售业务的核算

［**资料**］某公司于2×23年8月7日向前进公司销售甲产品2 000件，单位售价50元（不含增值税），增值税税率为13%，单位成本为35元，公司为购货方提供的商业折扣为10%（不含增值税）；该项销售为单项履约义务并属于在某一时点履行的履约义务，前进公司已取得商品控制权；合同约定的现金折扣条件（货款部分）为5/10，3/20，n/30，增值税销项税额确定不考虑现金折扣；基于对前进公司的了解，预计其10天内付款的概率为10%，20天内付款的概率为85%，20天后付款的概率为5%。

1. 2×23年8月7日，公司销售产品，确认收入。
2. 公司于2×23年8月25日，收到前进公司汇付的价税款，款项转存银行。
3. 如果公司于2×23年8月15日，收到前进公司汇付的价税款，款项转存银行。
4. 如果公司于2×23年8月31日，收到前进公司汇付的价税款，款项转存银行。
5. 2×23年8月末结转该批已销售商品的成本。

［**要求**］根据资料，编制商品销售、收款和结转成本的会计分录。

（二）练习商品销售业务的核算

［**资料**］某公司2×23年7月8日向大华公司销售甲产品一批，售价20万元，增值税税率为13%，成本15万元；合同约定现金折扣条件（货款部分）为4/10，2/20，n/30，增值税销项税额确定不考虑现金折扣；基于对前进公司的了解，预计其20天内付款的概率为90%，20天后付款的概率为10%。大华公司于7月26日付款。该批产品于8月5日因质量问题其中一半被退回，按合同条款公司同意退货，款项以存款划付，退回产品验收入库。

1. 2×23年7月8日出售产品，大华公司取得商品控制权，确认收入。
2. 2×23年7月26日，收到价款存入银行。
3. 2×23年7月31日结转产品销售成本。
4. 2×23年8月5日，因质量问题该项销售发生一半的退货，商品验收入库。
5. 退货部分开具红字增值税专用发票，以存款退还价税款（不考虑现金折扣）。

［**要求**］根据资料，编制有关必要的会计分录。

（三）练习委托代销销售业务的核算

［资料］甲公司与运河商场均为一般纳税人，2×23 年 6 月 10 日，甲公司与运河商场签订委托代销合同。同日，按合同约定，运河商场发出 A 产品 2 万件，A 产品单位成本 50 元/件，增值税税率 13%。合同约定：运河商场按 90 元/件的不含税售价对外销售，甲公司按不含税售价的 8% 支付手续费（手续费增值税税率 6%）；运河商场对产品不承担包销责任，甲公司也有权收回未出售的商品，商品出售前运河商场没有义务支付货款。2×23 年 6 月 25 日，运河商场实际出售 A 产品 1 万件，甲公司收到代销商品清单列明的货款 90 万元，增值税 117 000 元，甲公司开具相同金额的增值税专用发票。2×23 年 6 月 30 日，甲公司收到运河商场汇付扣除手续费 72 000 元及其增值税 4 320 元后的价税款 940 680 元并存入银行。

［要求］根据上述资料，分别编制委托方（甲公司）和受托方（运河商场）必要的会计分录。

（四）练习各类收入业务及销售折让、销售退回的核算

［资料］某公司为一般纳税人，产品销售业务适用的增值税税率为 13%，2×23 年 8 月发生有关经济业务如下（假定该公司已销售产品成本逐笔进行结转）：

1. 2 日，向中财公司销售甲产品 30 件，货款 72 000 元，增值税 9 360 元。中财公司已验收提货，价税款以一张金额为 81 360 元的银行汇票支付。该批产品的成本为 54 000 元。

2. 5 日，公司向云栖公司销售甲产品 50 件，货款 12 万元，增值税为 15 600 元。公司按合同发货，以银行存款代垫运杂费 3 000 元（含增值税）。云栖公司收到甲产品验收无误，公司收到云栖公司签发经银行承兑的为 6 个月、金额为 135 600 元的银行承兑汇票一张，代垫运杂费 3 000 元尚未收到。该批产品的成本为 9 万元。

3. 6 日，采用托收承付结算方式向和丰公司销售乙产品 80 件，价款 16 万元，增值税 20 800 元，以银行存款代和丰公司垫付运杂费 1 000 元（含增值税）。产品发出，并已向银行办妥托收手续，和丰公司取得商品控制权。该批产品的成本为 12 万元。

4. 8 日，H 公司因产品质量问题退回上月销售的甲产品 10 件，价款 24 000 元，增值税 3 120 元，成本为 18 000 元；退回的 10 件甲产品验收入库，公司签发转账支票一张，退还价税款，并已按要求开具增值税专用发票（红字）。

5. 12 日，公司与中肯公司签订一项购销合同，约定合同签订日中肯公司预付货款 9 万元，款项收存银行。

6. 15 日，和丰公司收到 6 日所售发的乙产品 80 件，经验收发现外观有瑕疵，经协商，公司同意给予和丰公司 10% 的销售折让 18 080 元（含增值税专用发票注明的增值税 2 080 元）。

7. 18 日，接银行通知，收到和丰公司承付的扣减销售折让后的甲产品应收价税款 163 720元，款项转入银行存款账户。

8. 20 日，公司向中肯公司发出乙产品一批，计货款 13 万元，增值税 16 900 元；中肯

公司收到乙产品并验收无误，余款 56 900 元尚未收到（列为应收账款）。

9. 21 日，与远大公司签订委托代销合同，委托远大公司代销丙产品，约定售价为 1 500 元/件（不含增值税），该产品成本 1 000 元/件。根据合同发出丙产品 200 件。

10. 25 日，向光辉公司销售原材料一批，售价 5 万元，增值税 6 500 元，材料发出，符合收入确认条件，收到光辉公司开具的用于结算价税款的商业承兑汇票。该批材料的成本为 4 万元。

11. 28 日，收到远大公司的代销清单：销售丙产品 200 件，售价 30 万元，增值税 39 000 元。按合同约定，应支付增值税专用发票所列的手续费 18 000 元，增值税 1 080 元。

12. 30 日，接银行通知，远大公司转来的代销丙产品扣除手续费后的价税款 319 920 元已到账。

13. 30 日，收到南方公司转来的租用本公司设备的租金 2 万元（经营性出租），增值税 2 600 元，款项收存银行。该固定资产本月应计提折旧 5 000 元。

14. 根据本月销售业务计算确认本月应交消费税 35 000 元、应交城市维护建设税 10 500 元、教育费附加（含地方教育费附加）7 500 元。

[**要求**] 根据上述资料，编制必要的会计分录。

（五）练习在某一时段内履行履约义务的收入的核算

[**资料**]

1. 梦想公司为一般纳税人，2×22 年 12 月 1 日与泰安公司签订一项为期 3 个月的装修合同，合同总价为 300 万元，增值税 27 万元，工程款每月末按完工进度支付。截至 2×22 年 12 月 31 日，经专业人员测量确定，该项目的完工进度为 30%；泰安公司按完工进度支付工程价税款。至 2×22 年 12 月 31 日，梦想公司为完成该合同已发生劳务成本 80 万元。该装修业务构成单项履约义务，且该履约义务满足在某一时段内履行的条件。梦想公司按照实际测量的完工进度确定履约进度，该业务为梦想公司的其他业务。

（1）2×22 年 12 月，本月发生装修劳务成本 80 万元，其中，职工薪酬 60 万元，领用原材料 20 万元。

（2）2×22 年 12 月 31 日，确认本月装修劳务收入，价税款收存银行。

（3）2×22 年 12 月 31 日，结转本月装修劳务成本。

（4）2×23 年 1 月，本月发生装修劳务成本 70 万元，其中，职工薪酬 60 万元，领用原材料 10 万元。

（5）2×23 年 1 月 31 日，本月测定的完工进度为 55%，确认装修劳务收入，价税款尚未收到。

（6）2×23 年 1 月 31 日，结转装修劳务成本。

2. 2×22 年 11 月 1 日，科发设计公司与达美公司签订一项为期 3 个月的设计合同，合同总价为400万元，增值税24万元。当日预收价款160万元，截至2×22年11月30日实际发生劳务成本84万元，估计还将发生劳务成本156万元；至2×22年12月31日实际累计发生劳务成本180万元，估计还将发生劳务成本60万元。该设计合同构成单项履约义务，且该履约义务满足在某一时段内履行的条件，并按照实际发生成本占预计总成本的比例确定设计劳务的履约进度。

（1）2×22年11月1日，签订合同，预收设计价款160万元存入银行。

（2）2×22年11月，发生设计劳务成本84万元，其中，职工薪酬49万元，以存款支付增值税专用发票所列的技术费用35万元，增值税21 000元。

（3）2×22年11月30日，确定履约进度，确认设计收入。

（4）2×22年11月30日，结转设计成本。

（5）至2×22年12月31日，累计发生设计劳务成本180万元，12月份实际发生成本为96万元，其中职工薪酬80万元，领用原材料16万元。

（6）2×22年12月31日，确定履约进度，确认设计收入（款项未收）。

（7）2×22年12月31日，结转设计成本。

［要求］ 根据上述资料，编制必要的会计分录。

（六）练习合同取得成本和合同履约成本的核算

［资料］

1. 绿城物业公司为一般纳税人，通过竞标取得中源公司的一项服务期为3年的物业服务合同，该项目每年末取得服务收入210万元，增值税税率为6%。为取得该项合同，绿城物业公司发生下列费用：（1）取得增值税专用发票的中介机构尽职调查等费用4万元，增值税2 400元；（2）为投标发生差旅费3 000元；（3）取得增值税普通发票的标书印制费6 000元，投标费4 000元；（4）销售佣金54 000元。公司预计这些支出未来均能够收回，根据权责发生制确认服务收入及合同取得成本。

（1）以银行存款支付上述各项费用。销售佣金确认为合同取得成本，其余均不属于增量成本，列为期间费用。

（2）分36个月，按月确认服务收入（价税款尚未收到），分摊合同取得成本。

2. 前进公司为一般纳税人，与草地公司签订合同，合同约定：由前进公司利用已有管理平台为草地公司提供咨询服务，合同期限3年，服务费总价126万元，增值税税率6%；服务费分月计算，按年支付。为提供服务，前进公司于合同签订月份向专业机构支付增值税专用发票所列的方案设计及评价费25万元，增值税15 000元。此外，前进公司发生以下测试及维护费用：人员薪酬16万元，领用原材料58 000元。公司预计这些支出未来均能够收回，不考虑其他因素。该业务属于公司主营业务。其他相关资料如下：

（1）合同签订月份发生的各项交易或事项，以银行存款支付相关费用。

（2）每月确认服务收入（价税款尚未收到），分摊合同履约成本（分 36 个月摊销）。

［**要求**］根据上述资料，编制必要的会计分录。

模块二　费用的核算

填空题

1. 成本性费用包括________、________、__________等。

2. 企业销售商品成本结转过程可以概括为：产品生产过程形成__________；产品制造完工入库形成______________；商品销售后结转形成__________________。

3. 期间费用是指不能直接归属于______________的费用。期间费用包括____________、__________________、______________。

名词解释

1. 费用

2. 财务费用

单项选择题

1. 下列各项中，制造企业应计入其他业务成本的是（　　）。

A. 出借包装物的摊销　　　　B. 向中介机构支付的咨询费

C. 对外捐赠的商品成本　　D. 随同商品出售单独计价的包装物成本

2. 企业专设销售机构人员的职工薪酬应计入（　　）。

A. 管理费用　　B. 销售费用

C. 主营业务成本　　D. 其他业务成本

3. 完工产品验收入库，期末，结转产品制造成本应（　　）。

A. 借记“生产成本”账户　　B. 贷记“生产成本”账户

C. 借记“主营业务成本”账户　　D. 贷记“制造费用”账户

4. 月末，生产车间发生的制造费用分配后，一般应结转记入的账户是（　　）账户。

A. “库存商品”　　B. “本年利润”

C. “生产成本”　　D. “主营业务成本”

5. 委托代销商品情况下，委托方收到代销清单并确认收入后，月末结转已销售商品（产品）成本，账务处理是（　　）。

A. 借：主营业务成本
　　贷：库存商品

B. 借：主营业务成本
　　贷：委托代销商品

C. 借：主营业务成本
　　贷：生产成本

D. 借：主营业务成本
　　贷：发出商品

6. 企业采用经营租赁方式出租设备一台，该设备计提的折旧费应计入（　　）。

A. 生产成本　　B. 制造费用

C. 管理费用　　D. 其他业务成本

7. 下列各项中，应计入主营业务成本的是（　　）。

A. 发出委托代销商品的成本　　B. 商品流通企业销售外购商品的成本

C. 履行当前合同发生的相关成本　　D. 合同取得成本的摊销

8. 下列各项中，企业（销售方）应列为财务费用的是（　　）。

A. 合同履约成本摊销　　B. 购货方获得的商业折扣

C. 购货方获得的销售折让　　D. 存款利息收入

9. 下列各项中，应列为销售费用的是（　　）。

A. 销货产生的销售折让　　B. 预计产品质保损失

C. 企业筹建期间发生的开办费　　D. 业务招待费

10. 下列属于以产品为成本对象归集的费用是（　　）。

A. 生产成本　　B. 销售费用

C. 管理费用　　D. 财务费用

11. 下列各项中，应于发生当期全部从损益中扣除的是（　　）。

A. 直接材料　　B. 制造费用

C. 管理费用　　D. 长期待摊费用

12. 下列各项中，不能直接记入“生产成本”账户的是（　　）。

A. 生产产品耗用的原材料

B. 直接从事产品生产工人的职工薪酬

C. 按生产工人工资总额的一定比例预提结转职工福利费

D. 车间管理人员的职工薪酬

13. 下列各项中，应列为管理费用的是（　　）。

A. 处置固定资产净损失　　B. 季节性停工损失

C. 费用化的无形资产研发支出　　D. 出租无形资产的摊销

14. 企业（非小企业）发生的下列交易或事项中，不应列为财务费用的是（　　）。

A. 外币业务的汇兑损益　　B. 不符合资本化条件的借款利息

C. 支付业务招待费　　D. 支付给金融机构的手续费

15. 某工业企业（非小企业）3 月份发生的费用有：车间管理人员工资 80 万元，公司行政管理部门职工薪酬 60 万元，支付产品广告费 30 万元，计提短期借款应付利息 40 万元，厂部固定资产日常修理费 30 万元，对外投资发生损失 5 万元。不考虑其他因素，则该企业当期的期间费用总额为（　　）万元。

A. 100　　B. 140

C. 160　　D. 250

16. 关于企业产品制造发生的直接材料的会计处理，正确的是（　　）。

A. 借记“生产成本”账户　　B. 贷记“生产成本”账户

C. 借记“制造费用”账户　　D. 贷记“制造费用”账户

多项选择题

1. 按经济用途分类，费用包括（　　）。

A. 期间费用　　B. 成本性费用

C. 管理费用　　D. 制造费用

2. 期间费用包括（　　）。

A. 制造费用　　B. 管理费用

C. 财务费用　　D. 销售费用

3. 工业企业发生的下列交易或事项，应通过“其他业务成本”账户核算的有（　　）。

A. 存货盘亏净损失　　B. 销售材料的成本

C. 出租固定资产的折旧费　　D. 出租无形资产的摊销

4. 下列各项中，属于销售费用的有（　　）。

A. 销售商品代垫运杂费　　B. 随同商品出售不单独计价包装物的成本

C. 支付产品广告费　　D. 专设销售机构经费

5. 工业企业核算产品生产成本一般应设置的账户包括（　　）。

A. “生产成本”账户　　B. “主营业务成本”账户

C. “制造费用”账户　　D. “其他业务成本”账户

6. 下列各项中，应记入“税金及附加”账户的有（　　）。

A. 产品销售应交增值税

B. 产品销售应交消费税

C. 经营性出租固定资产应交城市维护建设税、教育费附加

D. 应交房产税、环境保护税、印花税

7. 产品成本项目一般包括（　　　）。

A. 直接材料　　B. 直接人工

C. 制造费用　　D. 管理费用

8. 工业企业（非小企业）发生的下列交易或事项中，属于制造费用的有（　　　）。

A. 生产车间管理人员的职工薪酬

B. 生产车间机器设备的折旧费

C. 企业支付的技术转让费

D. 生产车间机器设备的日常修理费

9. 下列各项费用，属于期间费用的有（　　　）。

A. 生产车间发生的办公费　　B. 公司行政部门的办公费、咨询费

C. 产品展览费　　D. 销货产生的销售折让

10. 下列各项中，应列为管理费用的有（　　　）。

A. 取得交易性金融资产的交易费用　　B. 生产经营使用无形资产的摊销

C. 投标而发生的差旅费　　D. 合同履约成本的摊销

11. 工业企业发生的下列交易或事项中，不应列入其他业务成本的有（　　　）。

A. 销售原材料的成本　　B. 出售固定资产的净损失

C. 出售债权投资的账面价值　　D. 销售原材料应缴的税金及附加

12. 确认费用应考虑的要求包括（　　　）。

A. 划分收益性支出和资本性支出　　B. 权责发生制

C. 配比要求　　D. 在发生当期确认，计入当期损益

13. 企业发生的下列各项支出，应计入财务费用的有（　　　）。

A. 应收票据贴现利息　　B. 短期借款的利息支出

C. 银行结算手续费　　D. 不符合资本化条件的汇兑损益

14. 关于期间费用，下列说法正确的有（　　　）。

A. 容易确认其所归属的产品　　B. 难以判别其所归属的产品

C. 一般与费用发生的当期有关　　D. 会影响当期及以后各期的利润

判断题

1. 企业发生的各项费用最终均会构成产品的生产成本。（　　）

2. 与同一项销售有关的收入，其成本不一定在同一会计期间予以确认。（　　）

3. 企业生产经营过程中发生的所有支出均构成企业的费用。（　　）

4. 产品成本是按一定的产品（或劳务）对象所归集的费用，是对象化了的产品（或劳务）的生产费用。（　　）

5. 费用是企业在日常活动中发生的经济利益的总流出，它包括应计入产品生产成本的费用，应列入当期损益的期间费用和应计入营业外支出的各项损失等。（　　）

6. 增值税是企业产品销售收入的抵减项目，所以，应当列入当期损益的“税金及附加”账户。（　　）

7. 企业发生的业务招待费、无形资产摊销、固定资产修理费等，无论发生在哪个部门，一律应记入“管理费用”账户。 ( )

8. 费用与收入应按因果关系加以确认，表现为以下两方面：一是经济性质上的因果关系，即有所得必有所费；二是时间上的一致性，即收入与费用相配比的过程。 ( )

9. 企业车间管理人员发生的费用和公司行政管理人员发生的费用，都应列为期间费用。 ( )

10. 企业一定期间的直接费用和间接费用，构成这一期间的产品生产成本总额，并且在数额上是相等的。 ( )

11. 费用是企业的经济利益的总流出，企业支付罚款、处置非流动资产、对外投资发生损失都可能产生经济利益的流出，所以，它们也属于费用。 ( )

12. “税金及附加”账户，反映企业日常经营活动应缴纳的消费税、资源税、城市维护建设税、房产税、车船税、企业所得税等税金及其教育费附加。 ( )

13. 主营业务收入和其他业务收入构成企业的营业收入；主营业务成本和其他业务成本构成企业的营业成本；主营业务和其他业务应缴纳的增值税以外的税费构成“税金及附加”。 ( )

14. “生产成本——基本生产成本”账户，应按照基本生产车间和成本计算对象进行明细核算。 ( )

15. 其他业务成本包括销售材料的成本、经营性出租固定资产的折旧费、出租无形资产的摊销、出租包装物的成本或摊销、提供非工业性劳务的成本等，但不包括其他业务应缴的税费。 ( )

16. 年终结转后，“主营业务成本”“税金及附加”“其他业务成本”“制造费用”“销售费用”“管理费用”“财务费用”等损益类账户应是无余额的。 ( )

17. 企业取得合同发生的、预期能够收回的增量成本，应分摊计入其他业务成本。 ( )

18. 资产负债表日企业持有交易性金融资产、债权投资等金融资产公允价值的变动，应列为财务费用。 ( )

业务核算题

（一）练习期间费用的核算

［**资料**］某公司为一般纳税人，2×22 年 12 月份发生有关期间费用支出的经济业务如下：

1. 4 日，以银行存款支付增值税专用发票所列的产品广告费 3 万元，增值税 1 800 元。

2. 8 日，以银行存款支付增值税普通发票所列诉讼费 6 000 元。

3. 20 日，以库存现金 900 元支付公司管理部门零星办公用品购置费，取得增值税普通发票。

4. 26 日，以银行存款支付增值税专用发票所列的聘请中介机构经费 8 000 元，增值税 480 元；产品展销费 5 000 元，增值税 300 元。

5. 30 日，接银行通知，本期银行存款利息收入 1 000 元，已转入存款账户（不考虑增值税）。

6. 30 日，预提本期短期周转借款利息 1 500 元。

［**要求**］根据上述资料，编制必要的会计分录。

（二）练习期间费用的核算

［**资料**］某公司为一般纳税人，本期发生有关期间费用的经济业务如下：

1. 以库存现金支付取得增值税专用发票的文印费 800 元（其中：公司管理部门 500 元，专设销售机构 200 元，基本生产车间 100 元），增值税 48 元。

2. 财会人员李红出差归来，报销差旅费 2 800 元，其中：取得增值税专用发票的住宿费 1 000 元，增值税 60 元，机票款 1 308 元（含增值税 108 元），其他费用 432 元。余款 200 元交回现金，结清前预借备用金 3 000 元。

3. 以银行存款支付业务招待费 1 800 元，取得增值税普通发票。

4. 公司管理部门从仓库领用甲材料 2 000 元，用于行政办公用房的维修。

5. 计提本月固定资产折旧 5 600 元，其中：管理部门 1 500 元，基本生产车间 3 000 元，专设销售机构 1 100 元。

6. 摊销本月应负担的低价值租赁资产的预付租金 12 000 元，其中：公司管理部门 8 000 元，专设销售机构 4 000 元，预付期为 2 年。

7. 计算结转本期应交房产税 19 200 元，应交车船税 11 800 元，应交土地使用税 29 000 元；同时，以银行存款购买印花税票 700 元。

8. 以银行存款支付增值税专用发票所列的商品销售运输费 5 000 元，增值税 450 元。

9. 支付本月银行结算手续费 3 000 元，取得增值税普通发票。

10. 预提上年末已达到预定可使用状态的三年期专项用于固定资产建设的借款利息 9 万元。已知该项借款系按年付息、到期还本借款。

11. 分配本月工资，其中：A 产品生产工人工资 20 000 元，B 产品生产工人工资 16 000 元，车间管理人员工资 5 000 元，行政管理人员工资 15 000 元，销售人员工资 8 000 元。

［**要求**］根据上述资料，编制必要的会计分录。

（三）练习收入、成本和费用的核算

［**资料**］某公司为一般纳税人，销售商品的增值税税率为 13%，5 月发生以下经济业务（该企业已销售产品成本月末汇总进行结转）：

1. 向本市某单位销售 A 产品一批，售价 40 万元，增值税 52 000 元，收到一张面额

452 000元的转账支票，办妥划款手续。提货单交付对方，客户取得商品控制权。该批产品成本为 32 万元。

2. 向外地甲企业销售 A 产品一批，售价 30 万元，增值税 39 000 元，该批产品成本 20 万元，发货时，以银行存款代垫运杂费 2 000 元。商品按合同发出，甲企业取得控制权，当日办妥委托银行收款的手续。

3. 接银行通知，上述向甲企业托收的款项 341 000 元已收到。

4. 按合同委托乙公司代销 B 产品一批（收取手续费方式），发出商品的总成本 70 万元，本月 5 日发出商品；本月 25 日收到乙公司代销清单，该 B 产品已销售 50%，应计货款 50 万元，增值税 65 000 元，价税款暂未收到；本月 30 日收到乙公司转来该批商品扣除货款 5% 的代销手续费（含税，增值税普通发票）后的价税款 54 万元，款项已转存银行。

5. 按合同向丙公司预收货款 10 万元，存入银行。

6. 按合同向丙公司发出 B 产品一批，售价 20 万元，增值税 26 000 元，产品成本 13 万元。丙公司取得商品控制权。

7. 收到丙单位补来价税款 126 000 元，存入银行。

8. 上月向甲企业销售的 C 产品 1 000 件，单价 35 元，已收款入账。现对方提出质量问题，经协商，每件降价 10 元，以存款退还款项 11 300 元（含增值税 1 300 元）。

9. 销售多余 E 材料一批，符合收入确认条件，售价 1 200 元（成本 1 000 元），增值税 156 元，价税款收存银行。

10. 销售 D 产品 2 000 千克，单位成本 20 元，单位售价 30 元，随货销售包装箱 40 个，每只包装箱成本 40 元，售价 50 元。客户取得商品控制权，价税款收到期限为三个月的商业汇票一张，面额 70 060 元。

11. 公司为取得与兴旺公司的一项为期 2 年、总金额为 72 万元的服务合同（属其他业务），以银行存款支付销售人员佣金 48 000 元，支付取得增值税普通发票的中介机构尽调费用2 万元，预计上述支出未来均能收回。编制支付费用、每月确认收入（款项未收，增值税税率 6%）和分摊合同取得成本的会计分录。

12. 公司与大华公司签订一项安装劳务合同（属其他业务），本期发生的业务有：（1）按合同预收工程款60 万元存入银行；（2）本期确认收入 20 万元，增值税 18 000 元；（3）本期安装劳务人员应付职工薪酬 12 万元；（4）结转本期安装劳务成本 12 万元。

13. 月末汇总结转已销售产品成本。本月已销售产品、材料的成本为：A 产品 52 万元，B 产品 48 万元（其中 35 万元为委托乙公司代销商品），D 产品 4 万元，出售材料成本 1 000 元，随同产品出售包装物成本 1 600 元。

14. 根据本月销售（主营业务和其他业务）业务计算确认本月相关税费金额分别为：应交消费税 25 000 元，应交城市维护建设税 12 600 元，应交教育费附加（含地方教育费附加）9 000 元，应交环境保护税 3 000 元。

［**要求**］根据上述资料，编制必要的会计分录。

模块三 利润和利润分配的核算

填空题

1. 利润是指企业在一定会计期间的__________。利润金额取决于____________、直接计入当期损益的____________金额的计量。

2. 所得税费用是指从企业____________中扣除的，应计入当期利润表的所得税费用。它的计算公式一般为：所得税费用 = __________ + __________________________。

3. 企业当期实现的净利润____________后，加上_______________________________和其他转入后的余额，为____________________。

名词解释

1. 营业外收入

2. 所得税费用

3. 利润分配

单项选择题

1. 下列各项中，不影响营业利润的项目是（　　）。
   A. 营业外收入　　B. 公允价值变动收益
   C. 投资收益　　D. 税金及附加
2. 下列各项中，属于企业经营成果的是（　　）。
   A. 营业利润　　B. 利润总额
   C. 净利润　　D. 可供分配的利润
3. 关于营业外收支，下列各项表述中，不正确的是（　　）。
   A. 营业外收支是与企业生产经营活动没有直接关系的经济利益流入或流出

B. 营业外收入与营业外支出所包括的收支项目互不关联，不存在配比关系

C. 营业外收入和营业外支出的发生不影响企业当期实现的营业利润

D. 企业可以将营业外收入和营业外支出合并核算，确认营业外收支净额对当期利润总额产生的影响

4. 企业用利润弥补以前年度亏损时，应（　　）。

A. 借记“本年利润”账户，贷记“利润分配——未分配利润”账户

B. 借记“利润分配——未分配利润”账户，贷记“本年利润”账户

C. 借记“利润分配——未分配利润”账户，贷记“盈余公积”账户

D. 无需专门做账务处理

5. 某公司 2×22 年度取得国库券投资的利息 3 万元，其他公司债券投资利息 2 万元。2×22 年度利润总额 363 万元，所得税税率为 25%。不考虑其他因素，该公司 2×22 年度的净利润为（　　）万元。

A. 273　　　　B. 273.5

C. 271.5　　　　D. 270

6. 某企业适用的所得税税率为 25%，2×22 年度利润总额为 500 万元，应纳税所得额为 520 万元，递延所得税负债期末、期初余额分别为 280 万元和 210 万元，递延所得税资产期末、期初余额分别为 170 万元和 120 万元。不考虑其他因素，该企业 2×22 年度应确认的所得税费用为（　　）万元。

A. 145　　　　B. 150

C. 105　　　　D. 110

7. 年终利润结转后，可能有余额的账户是（　　）账户。

A. “本年利润”　　　　B. “利润分配——未分配利润”

C. “利润分配——应付现金股利或利润”　　　　D. “利润分配——盈余公积补亏”

8. 企业取得与日常活动无关的政府补助，应计入（　　）。

A. 其他业务收入　　　　B. 其他综合收益

C. 其他收益　　　　D. 营业外收入

9. 企业确认的固定资产盘亏净损失，应计入（　　）。

A. 财务费用　　　　B. 其他业务成本

C. 营业外支出　　　　D. 销售费用

10. 某企业本期主营业务收入 560 万元，主营业务成本 300 万元，其他业务收入 200 万元，其他业务成本 100 万元，税金及附加 10 万元，管理费用 50 万元，销售费用 15 万元，资产减值损失为 45 万元，公允价值变动收益为 60 万元，营业外收入为 40 万元，营业外支出为 15 万元。不考虑其他因素，该企业本期营业利润为（　　）万元。

A. 300　　　　B. 325

C. 365　　　　D. 380

11. 某企业本年营业利润为 320 万元，投资收益为 30 万元，资产减值损失为 10 万元，营业外收入为 10 万元，营业外支出为 20 万元，所得税费用为 80 万元。不考虑其他因素，该企业本年净利润为（　　）万元。

A. 310　　　　B. 250

C. 240　　D. 230

12. 下列各项中，属于营业外收入的是（　　）。
A. 捐赠利得
B. 出售无形资产的收入
C. 库存存货因收发计量误差产生的盘盈利得
D. 因自然灾害受损的财产的保险赔偿款

13. 下列各项中，不属于营业外支出的是（　　）。
A. 固定资产毁损报废的净损失　　B. 支付的税收滞纳金
C. 长期股权投资处置净损失　　D. 公益性捐赠支出

14. 下列各项中，应列为营业外支出的是（　　）。
A. 固定资产盘亏损失　　B. 职工福利费
C. 支付业务招待费　　D. 出售固定资产、无形资产的净损失

15. 当期所得税，应根据（　　）计算确定当期应缴纳的所得税。
A. 利润总额×适用所得税税率
B. 应纳税所得额×适用所得税税率
C. 所得税费用+递延所得税费用
D. 所得税费用+（递延所得税资产−递延所得税负债）

16. 年终结转后，“利润分配——未分配利润”的借方余额，表示（　　）。
A. 本年实现的净利润　　B. 本年未分配的利润
C. 历年累计的未分配利润　　D. 历年累计的未弥补亏损

17. 下列不属于利润分配内容的是（　　）。
A. 应交企业所得税　　B. 提取法定盈余公积
C. 向投资者分配利润　　D. 以利润弥补以前年度亏损

18. 下列各项中，不属于营业利润构成内容的是（　　）。
A. 其他收益　　B. 其他综合收益
C. 信用减值损失　　D. 公允价值变动收益

多项选择题

1. 企业的利润总额等于营业利润（　　）。
A. 加投资收益　　B. 加政府补贴收入
C. 加营业外收入　　D. 减营业外支出

2. 下列各项中，应于期末将余额结转“本年利润”账户的有（　　）。
A. “所得税费用”账户　　B. “投资收益”账户
C. “营业外支出”账户　　D. “制造费用”账户

3. 下列各项中，构成并影响营业利润的项目有（　　）。
A. 主营业务成本　　B. 税金及附加
C. 营业外收入　　D. 管理费用和财务费用

4. 下列各项中，不影响营业利润的有（　　）。

A. 固定资产盘亏净损失　　B. 批准核销的无法查明原因的现金短缺

C. 管理不善导致的原材料盘亏净损失　　D. 台风造成产品毁损的净损失

5. 进行账务处理时，可能与“营业外支出”账户的借方发生对应关系的贷方账户有（　　）。

A. “待处理财产损溢”账户　　B. “固定资产清理”账户

C. “银行存款”账户　　D. “固定资产减值准备”账户

6. 下列各项中，属于营业外支出的有（　　）。

A. 固定资产盘亏净损失　　B. 应收账款的坏账损失

C. 非流动资产毁损报废损失　　D. 公益性捐赠支出

7. 下列各项中，构成并影响当期利润总额的有（　　）。

A. 营业利润　　B. 营业外支出

C. 营业外收入　　D. 所得税费用

8. 下列各项中，应计入营业外收入的有（　　）。

A. 非流动资产毁损报废利得　　B. 接受捐赠利得

C. 库存现金、存货盘盈利得　　D. 与企业日常活动相关的政府补助

9. 下列各项中，年终结转后应无余额的有（　　）。

A. “主营业务成本”账户　　B. “本年利润”账户

C. “利润分配”账户　　D. “资产减值损失”账户

10. 下列各项中，需调整增加企业应纳税所得额的项目有（　　）。

A. 已计入投资收益的国库券利息收入

B. 超过税法规定扣除标准，已计入当期费用的业务招待费

C. 超过税法规定扣除标准，但已计入当期营业外支出的对外捐赠支出

D. 支付并已计入当期营业外支出的各种税收滞纳金

11. 关于所得税费用核算，下列表述正确的有（　　）。

A. 递延所得税费用 = 递延所得税负债增加额 + 递延所得税资产减少额

B. 当期确认的所得税费用并不一定等于当期应交所得税

C. 计税基础分为资产计税基础和负债计税基础两类

D. 企业应交所得税是年终一次计算结转、缴纳的

12. 下列各项中，属于“利润分配——未分配利润”账户反映内容的有（　　）。

A. “本年利润”账户转入的本期实现的净利润

B. “本年利润”账户转入的本期发生的亏损额

C. 历年累计的未分配利润

D. 历年累计的未弥补亏损

判断题

1. 利润包括收入减去费用后的净额和直接计入当期利润的利得和损失等，其中收入减

去费用后的净额是利润的基本来源。（ ）

2. 与企业日常活动无关的政府补助收入是列为营业外收入的。财政拨款、财政贴息、税收返还、政府资本性投入等，均属于政府补助。（ ）

3. 企业利润金额取决于收入和费用、直接计入当期利润的利得和损失金额的计量。（ ）

4. 营业成本是指企业经营业务所发生的实际成本总额，包括主营业务成本、其他业务成本和期间费用。（ ）

5. 所得税费用是企业一项列入当期利润的费用，而非利润分配。（ ）

6. 库存现金、存货、固定资产盘盈产生的利得，计入营业外收入。（ ）

7. “所得税费用”账户的本期借方发生额，反映按本期实现利润计算的当期所得税；递延所得税费用是反映在“递延所得税资产”账户的，与其无直接联系。（ ）

8. 企业已计入营业外支出的税收滞纳金，应调整减少企业的应纳税所得额。（ ）

9. 税金及附加、对外投资损失、财务费用和销售费用都会影响企业的当期营业利润。（ ）

10. 营业外收入是指企业发生的与其日常活动无直接关系的各项利得，主要包括非流动资产处置利得、政府补助、盘盈利得、捐赠利得、罚没利得等。（ ）

11. 递延所得税费用是期末递延所得税资产与期末递延所得税负债的差额。（ ）

12. 年终结转后，“本年利润”账户应无余额；“利润分配——未分配利润”账户借方余额，表示历年积存的未弥补亏损。（ ）

13. 企业的利润就构成来看，除企业生产经营活动产生的利润外，还包括与企业生产经营活动没有直接联系的计入当期损益的各项利得和损失。（ ）

14. 企业提取盈余公积、以盈余公积弥补亏损都不会引起所有者权益总额发生变化。（ ）

15. 企业可供分配的利润减去提取的盈余公积、转增资本后的余额为可供投资者分配的利润。（ ）

16. “利润分配——未分配利润”账户期末贷方余额或借方余额，都会反映在资产负债表“未分配利润”项目中。（ ）

17. 企业取得的投资收益、资产处置收益、其他收益和其他综合收益，都构成企业营业利润。（ ）

18. 企业采用账结法结转本年利润的，需要每月月末编制记账凭证，将损益类账户的余额结转至“本年利润”账户。（ ）

业务核算题

（一）练习营业外收支业务的核算

[**资料**] 某公司11月份有关营业外收支的经济业务如下：

1. 以银行存款支付违约罚款4 000元。
2. 应付外单位款项3 000元，因该单位撤销而无法偿付，经批准予以转销。
3. 报废固定资产已完成清理工作，结转清理报废固定资产的净损失6 000元。
4. 通过慈善机构以银行存款向灾区捐款1万元。
5. 经批准，将库存现金清查中发生的无法查明原因的溢余1 500元予以结转。

6. 经批准，转销库存材料因自然灾害造成毁损的净损失 19 000 元。

7. 公司因受新冠疫情影响而停产，政府给予的补助 10 万元（与生产经营无关），款项收存银行。

［要求］ 根据上述资料，编制必要的会计分录。

（二）练习利润形成结转业务的核算

［资料］ 某公司 11 月末有关损益类账户的余额（结账前）如表 11－1 所示。

表 11－1　　损益类账户余额情况表

项　　目	余　　额	金额（元）
主营业务收入	贷方余额	4 800 000
其他业务收入	贷方余额	66 000
投资收益	贷方余额	350 000
营业外收入	贷方余额	12 000
主营业务成本	借方余额	2 880 000
税金及附加	借方余额	305 000
其他业务成本	借方余额	48 000
销售费用	借方余额	150 000
管理费用	借方余额	250 000
财务费用	借方余额	50 000
营业外支出	借方余额	42 000
信用减值损失	借方余额	15 000
资产减值损失	借方余额	20 000
资产处置损益	贷方余额	50 000
所得税费用	借方余额	498 000

［要求］

1. 根据上述有关账户的余额，采用“账结法”结转各损益账户，编制会计分录。

2. 计算确定该企业本期营业利润、利润总额和净利润。

（三）练习所得税费用的核算

［资料］ 某公司 2×22 年度有关企业所得税的资料如下：

（1）2×22 年度公司取得营业收入 9 000 万元，实现利润总额 850 万元。

（2）当年投资收益中含国债利息收入 17 万元；营业外支出中含税收滞纳金 3 万元；管理费用中实际列支的业务招待费为 60 万元。

（3）本年 1 月至 11 月已结转计列的所得税费用为 150 元，实际以存款交纳企业所得税 130 万元。企业所得税税率为 25%。业务招待费所得税税前列支标准为：按照实际发生额的 60%，但最高不得超过当年销售（营业）收入的 5‰。

［**要求**］根据上述资料，不考虑其他因素，列式计算确定下列各项并编制必要的会计分录。

1. 税前准予扣除的业务招待费。
2. 全年应税所得额 =
3. 全年应交所得税 =
4. 本年净利润 =
5. 年终应结转的所得税费用 =
6. 确定年终应补交的企业所得税，并以银行存款交纳。
7. 将本期末的所得税费用转入“本年利润”账户。
8. 结转本年净利润。

（四）练习所得税费用的核算

［**资料**］科兴公司 2×22 年度实现利润总额 368 万元。递延所得税资产年初数为 10 万元，年末数为 7 万元；递延所得税负债年初数 30 万元，年末数 35 万元。当年按税法核定的税前可列支的捐赠支出为 15 万元，实际在营业外支出中列支的捐赠支出为 22 万元；当年支付广告费中有 9 万元不能在税前列支（假定以后年度也不得转列为税前列支）；支付税收滞纳金 2 万元；投资收益中有国库券利息收入 6 万元。所得税税率为 25%，假定 2×22 年度公司未结算预缴过企业所得税。

［**要求**］根据上述资料，计算确定下列项目，并编制必要的会计分录。

1. 全年应纳税所得额 =
2. 当期（本年）应交所得税 =
3. 递延所得税费用 –
4. 全年所得税费用 =
5. 结转当年（2×22 年）应交所得税。
6. 结转递延所得税费用。
7. 将 2×22 年度的所得税费用转入“本年利润”账户。
8. 以银行存款缴纳当期（2×22 年）所得税。

（五）练习所得税费用的核算

[资料] 星火公司为小型微利企业，2 ×22 年度实现利润总额 89 万元。按税法核定开展技术研发当年可在税前加计扣除 15 万元，2 ×22 年度因公司违反环境保护法被处以罚款 12 万元（已支付）。假定 2 ×22 年度公司未结算预缴过企业所得税，公司不存在递延所得税费用。

注意：小型微利企业所得税是有优惠政策：所得额按 25% 计算，税率减按 20% 。

[要求] 根据资料，列式计算确定下列项目，并编制必要的会计分录。

1. 全年应纳税所得额 =

2. 本年应交所得税 =

3. 本年净利润 =

4. 结转 2 ×22 年应交所得税费用。

5. 以存款交纳当年所得税。

（六）练习所得税费用的核算

[资料] 新新公司企业所得税采用按季预缴方式，假设 2 ×22 年一至三季度预缴所得税时，不考虑纳税调整事项和递延所得税费用，公司利润形成结转采用表结法，所得税税率为 25% 。本年有关各季实现利润和企业所得税的计算资料如下：

1. 本年第一季度实现利润为 0。

2. 本年第二季度，公司实现利润总额 120 万元，按 25% 的税率计算确定预缴企业所得税，并以银行存款予以预缴。

3. 本年第三季度，公司累计实现利润总额 248 万元，按 25% 的税率计算确定预缴企业所得税，因公司货币资金不足，第二季度应预缴的所得税，企业无法按期缴纳（已申请延期纳税）。

4. 年终结算公司本年度实现利润总额 312 万元，当年因违反国家法规而支付的罚款为 5 万元，投资收益中有国库券利息收入 4 万元，经核查存在超过列支标准的捐赠支付 6 万元。公司年终：计算结转应交所得税；以银行存款缴纳全部应缴未缴的企业所得税；结转全年所得税费用（转入本年利润）；计算确定当年净利润。

[要求] 根据上述资料，不考虑其他因素，计算确定相关项目，并编制必要的会计分录。

（七）练习利润分配的核算

［资料］

1. 某公司本年初“利润分配——未分配利润”账户期末贷方余额为60万元，本年实现净利润320万元，年末有关利润分配的资料如下：

（1）按净利润的10%提取法定盈余公积32万元。

（2）根据股东大会决议，按净利润的5%提取任意盈余公积16万元。

（3）公司决定分配现金股利150万元，予以结转。

（4）年终将本年净利润320万元，转入“利润分配”账户。

（5）年终将“利润分配”有关明细账户的余额，转入“利润分配——未分配利润”账户。

（6）计算确定公司本年末的未分配利润。

2. 某公司本年初“利润分配——未分配利润”账户期末借方余额为150万元（未弥补亏损，为近四年内发生的），本年实现净利润为380万元。利润分配的有关资料为：

（1）按本年税前弥补亏损后的净利润的10%提取法定盈余公积。

（2）按本年税前弥补亏损后的净利润的20%提取任意盈余公积。

（3）公司决定向投资者分配利润98万元。

（4）将本年实现净利润380万元转入“利润分配——未分配利润”账户。

（5）结转已分配利润，将“利润分配”有关明细账户的余额，转入“利润分配——未分配利润”账户。

（6）计算确定公司本年末的未分配利润。

［要求］根据上述资料，不考虑其他因素，编制必要的会计分录。

项目十二 *Project 12*

财务会计报告的编制

模块一　财务会计报告认知

填空题

1. 企业财务会计报告包括____________________和____________________两大部分。

2. 财务报表按照反映的内容分类，可分___________、___________、___________、___________和___________；按照编制主体不同分类，可分为___________和___________。

名词解释

1. 财务会计报告

2. 财务报表

单项选择题

1. 下列各项会计报表，属于静态报表的是（　　）。

A. 资产负债表　　B. 利润表

C. 现金流量表　　D. 所有者权益变动表

2. 财务会计报告的核心是（　　）。

A. 财务报表附注

B. 财务报表

C. 财务情况说明书

D. 利润表

3. 企业（非小企业）下列各项财务报表，属于静态报表并需按月填报的是（　　）。

A. 现金流量表

B. 财务情况说明书

C. 资产负债表

D. 所有者权益变动表

4. 年度财务会计报告，对外报送的时间要求是（　　）。

A. 年度终了后 1 个月内

B. 年度终了后 2 个月内

C. 年度终了后 4 个月内

D. 年度终了后 3 个月内

5. 关于财务会计报告，下列说法不正确的是（　　）。

A. 如果外部使用者有信息需求，企业就应当在财务会计报告中予以披露相关信息

B. 企业应按照规定披露信息，不能自愿在财务报告中披露相关会计信息

C. 企业对外报送的财务会计报告，应当依次编定页码、加具封面、装订成册、加盖公章

D. 编制财务会计报告前企业要进行财产清查，并认真做好对账和结账工作

多项选择题

1. 财务会计报告的编制要求包括（　　）。

A. 内容完整

B. 数字真实

C. 计算准确

D. 编报及时

2. 企业对外报送的财务会计报告，应由（　　）签名并盖章。

A. 主管会计工作的负责人

B. 单位负责人

C. 总会计师

D. 会计机构负责人（或会计主管人员）

3. 下列属于动态报表的有（　　）。

A. 资产负债表

B. 利润表

C. 现金流量表

D. 所有者权益变动表

4. 按照财务报表的编报时间分类，中期财务报表包括（　　）。

A. 月度报表

B. 季度报表

C. 半年报表

D. 纳税申报表

判断题

1. 财务会计报告的核心是资产负债表，它以表格形式向企业及外部传递会计信息。（　　）

2. 企业单位的财务会计报告，应由单位负责人、主管会计工作的负责人、会计机构负责人（或会计主管人员）签名并盖章。设置总会计师的单位，还应由总会计师签名并盖章。（　　）

3. 会计机构负责人（或会计主管人员）对财务会计报告的真实性、完整性负法律责任。（　　）

4. 财务会计报告由资产负债表、利润表、现金流量表和所有者权益变动表组成。（　　）

5. 财务会计报告除了财务报表之外，还应当包括其他应当在财务报告中披露的相关信息和资料，具体可以根据有关法律法规的规定和外部使用者的信息需求而定。（　　）

模块二　资产负债表的编制

填空题

1. 资产负债表的结构，包括__________、__________两大部分；资产负债表各项目分别__________和__________两栏填列。

2. 资产负债表是反映企业在__________财务状况的财务报表；企业财务状况主要是指______________________________。

单项选择题

1. 资产负债表的理论基础和反映财务活动的方式是（　　）。

A. 资产 = 负债 + 所有者权益　动态报表

B. 利润 = 收入 − 费用　静态报表

C. 资产 = 负债 + 所有者权益 + （收入 − 费用）　静态报表

D. 资产 = 负债 + 所有者权益　静态报表

2. 资产负债表右方负债项目是按照（　　）排列的。

A. 流动性　　B. 偿还顺序

C. 永续性递减　　D. 数额大小

3. 资产负债表编制的基本依据是（　　）。

A. 各账户的期末余额　　B. 各账户的本期发生额

C. 各账户的期末借方余额　　D. 各账户的期末余额和本期发生额

4. 资产负债表的下列项目，可以直接根据其对应账户的期末余额直接填列的是（　　）项目。

A. "长期待摊费用"　　B. "无形资产"

C. "长期应付款"　　D. "应付账款"

5. 资产负债表右方所有者权益项目是按照（　　）排列的。

A. 流动性　　B. 偿还顺序

C. 永续性递减　　D. 数额大小

6. 某企业年初“应付债券”账户余额为112万元（本年发行期限为五年），其中面值为100万元，利息调整为8万元（借方），应计利息为20万元。年度利息调整摊销3万元，计提到期一次还本付息的应计利息5万元。不考虑其他因素，则年末资产负债表中“应付债券”项目期末余额为（　　）万元。

A. 120　　B. 114

C. 115　　D. 128

7. 某公司月末“应收账款”总分类账户为借方余额15 000元，其中A公司为借方余额20 000元，B公司为贷方余额5 000元；“预收账款”总分类账户贷方余额50 000元，其中甲公司为借方余额10 000元，B公司为贷方余额60 000元；“坏账准备——应收账款”总分类账户贷方余额2 000元。不考虑其他因素，该公司月末资产负债表“应收账款”项目应填列的金额为（　　）。

A. 28 000元　　B. 32 000元

C. 13 000元　　D. 30 000元

多项选择题

1. 下列各项中，属于资产负债表项目的有（　　）项目。

A. “其他综合收益”　　B. “合同负债”

C. “使用权资产”　　D. “工程物资”

2. 下列各账户期末余额，属于应列入资产负债表“存货”项目的有（　　）。

A. “生产成本”账户期末借方余额　　B. “发出商品”账户期末借方余额

C. “商品进销差价”账户期末贷方余额　　D. “工程物资”账户期末借方余额

3. 资产负债表下列项目，可根据总分类账户期末余额直接填列的有（　　）项目。

A. “长期待摊费用”　　B. “实收资本”

C. “长期借款”　　D. “短期借款”

4. 资产负债表下列项目，不能根据总分类账户期末余额直接填列的有（　　）项目。

A. “其他应收款”　　B. “使用权资产”

C. “长期应付款”　　D. “其他综合收益”

5. 下列各账户期末余额中将于一年内到期部分，应计算填列在资产负债表“一年内到期的非流动负债”项目的有（　　）项目。

A. “长期借款”　　B. “应付债券”

C. “长期应付款”　　D. “其他应付款”

判断题

1. 资产负债表是反映企业在一定时期财务状况的财务报表，又称静态报表。（　　）

2. 资产负债表是反映企业财务状况的，其左方反映资产，按资产的流动性排列；右方

反映负债和所有者权益，其中负债按偿还的顺序进行排列，所有者权益按照永续性递减顺序排列。 (　　)

3. 资产负债表的“长期借款”“应收票据”“短期借款”“在建工程”项目，是根据其相应账户的期末余额直接填列的。 (　　)

4. 如果上年度财务报表项目的名称和内容与本年度不相一致，应按照本年度规定对上年度财务报表名称及数字调整，并填入报告期“年初余额”栏内。 (　　)

5. 资产负债表“资产”总计项目，反映的是企业全部资产的净值（扣除折旧和减值准备后)，它与所有者权益的总额是相等的。 (　　)

6. 通过资产负债表可以分析计算流动比率、速动比率等指标，了解企业的变现能力、偿债能力和现金流量等情况，便于财务报表使用者作出正确的经营决策。 (　　)

7. 资产负债表的“其他债权投资”“长期待摊费用”“在建工程”“盈余公积”项目，应根据相应总分类账户期末余额直接填列。 (　　)

业务核算题

（一）练习资产负债表部分项目金额的计算

[资料] 某公司有关账户期末余额如表 12－1 所示。

表 12－1　　期末余额表　　金额单位：元

账户	借或贷	余额	账户	借或贷	余额
应收账款	借	480 000	坏账准备（应收账款）	贷	25 000
——M 公司	借	490 000	应付账款	贷	49 000
——W 公司	贷	20 000	——甲公司	贷	49 000
预付账款	借	250 000	预收账款	贷	80 000
——A 公司	借	287 000	——丙公司	贷	90 000
——B 公司	贷	37 000	——丁公司	借	10 000
利润分配	借	825 000	本年利润	贷	980 000
债权投资	借	91 000	长期借款	贷	870 000
（其中将于一年内到期的有 25 000 元）			（其中一年内到期的有 220 000 元）		

[要求] 根据上述资料，计算确定资产负债表下列项目的填列金额。

资产：

（1）应收账款__________元

（2）预付账款__________元

（3）债权投资__________元

负债及所有者权益：

（4）应付账款__________元

（5）预收账款__________元

（6）未分配利润__________元

（7）长期借款__________元

（二）练习资产负债表的编制方法

[资料]

1. 新安公司 2×22 年 12 月 31 日有关总分类账户期末余额如表 12－2 所示。

表 12-2　　**2×22 年 12 月 31 日总分类账户期末余额表**　　单位：元

账户名称	期末余额		账户名称	期末余额	
	借方	贷方		借方	贷方
现金	3 000		短期借款		200 000
银行存款	750 000		应付票据		120 000
其他货币资金	350 000		应付账款		350 000
交易性金融资产	64 000		预收账款		60 000
应收票据	85 000		合同负债		16 500
应收账款	700 000		其他应付款		2 000
坏账准备（应收账款）		3 500	应付职工薪酬		18 000
预付账款	100 000		应交税费（未交增值税）		102 000
其他应收款	5 000		应付股利		22 800
材料采购	450 000		长期借款		1 420 000
原材料	500 000		应付债券		500 000
周转材料	250 000		长期应付款		600 000
库存商品	280 000		实收资本		5 000 000
发出商品	29 000		资本公积		201 200
材料成本差异		15 000	盈余公积		510 000
生产成本	78 000		利润分配		286 000
存货跌价准备		75 000	其他综合收益		70 000
合同资产	7 500				
持有待售资产	70 000				
长期股权投资	340 000				
债权投资	160 000				
长期股权投资减值准备		100 000			
长期应收款	50 000				
固定资产	5 800 000				
累计折旧		1 160 000			
工程物资	80 000				
在建工程	360 000				
无形资产	350 000				
累计摊销		100 000			
长期待摊费用	75 000				
递延所得税负债		4 500			

2. 该公司 2×22 年 12 月 31 日有关总分类账户所属明细账户的期末余额如表 12-3 所示。

表 12－3　　往来类总分类账户所属明细账户的期末余额表　　单位：元

总分类账户	明细分类账户	期末余额	
		借方	贷方
应收账款	应收甲公司账款	875 000	
	应收乙公司账款		175 000
应付账款	应付 A 公司账款		400 000
	应付 B 公司账款	50 000	
预付账款	预付 M 公司账款	120 000	
	预付 N 公司账款		20 000
预收账款	预收 C 公司账款		40 000
	预收 D 公司账款		20 000

3. 其他资料："债权投资"账户期末借方余额 160 000 元中含一年内到期的债券投资 50 000 元；"长期借款"账户期末贷方余额 1 420 000 元中含一年内到期的借款 400 000 元；"应付债券"账户期末贷方余额 500 000 元中含一年到期的应付债券 200 000 元；"合同资产"与"合同负债"属同一合同下且合同于资产负债表日后一年内到期；交易性金融资产中不存在超过一年到期且持有超过一年的情况。

[**要求**] 根据上述资料，编制填列资产负债表（见表 12－4）。

表 12－4　　资产负债表　　会企 01 表

编制单位：　　年　月　日　　单位：元

资　产	期末余额	上年年末余额	负债及所有者权益	期末余额	上年年末余额
流动资产：		略	**流动负债：**		略
货币资金		略	短期借款		略
交易性金融资产		略	交易性金融负债		略
衍生金融资产		略	衍生金融负债		略
应收票据		略	应付票据		略
应收账款		略	应付账款		略
应收款项融资		略	预收款项		略
预付款项		略	合同负债		略
其他应收款		略	应付职工薪酬		略
存货		略	应交税费		略
合同资产		略	其他应付款		略
持有待售资产		略	持有待售负债		略
一年内到期的非流动资产		略	一年内到期的非流动负债		略
其他流动资产		略	其他流动负债		略
流动资产合计		略	**流动负债合计**		略
非流动资产：		**略**	**非流动负债：**		略
债权投资		略	长期借款		略

续表

资　产	期末余额	上年年末余额	负债及所有者权益	期末余额	上年年末余额
其他债权投资		略	应付债券		略
长期应收款		略	其中：优先股		略
长期股权投资		略	永续债		略
其他权益工具投资		略	租赁负债		略
其他非流动金融资产		略	长期应付款		略
投资性房地产		略	预计负债		略
固定资产		略	递延收益		略
在建工程		略	递延所得税负债		略
生产性生物资产		略	其他非流动负债		略
油气资产		略	**非流动负债合计**		略
使用权资产		略	**负债合计**		略
无形资产		略	**所有者权益（或股东权益）：**		略
开发支出		略	实收资本（或股本）		略
商誉		略	其他权益工具		略
长期待摊费用		略	其中：优先股		略
递延所得税资产		略	永续债		略
其他非流动资产		略	资本公积		略
非流动资产合计		略	减：库存股		略
			其他综合收益		略
			专项储备		略
			盈余公积		略
			未分配利润		略
			所有者权益合计		略
资产总计		略	**负债和所有者权益总计**		略

模块三　利润表的编制

填空题

1. 利润表反映企业在____________的财务报表。它是一张____________。

2. 我国目前利润表采用的格式是__________，按利润形成的主要环节列示一些中间性利润指标，如__________、__________、__________和__________，分步计算当期净损益。

单项选择题

1. 下列各项中，通过利润表可以分析和评价的财务指标是（　　）。

A. 变现能力　　B. 偿债能力

C. 资金周转状况　　D. 经营成果和获利能力

2. 从利润表的结构看，反映形成经营成果的各个项目和计算过程的是（　　）。

A. 表首　　B. 表体

C. 补充资料　　D. 附表

3. 下列各项中，影响利润表“利润总额”项目的是（　　）。

A. 向投资者分配的现金股利　　B. 收到投资者超过注册资本份额的出资额

C. 确认所得税费用　　D. 结转自然灾害造成的库存材料净损失

4. 编制利润表的基本依据是（　　）。

A. 各账户的期末余额　　B. 各损益类账户的期末余额

C. 各损益类账户的本期发生额　　D. 各账户的本期发生额

5. 某企业年初未分配利润贷方余额为400万元，本年实现净利润1 600万元，按净利润的10%提取法定盈余公积，提取任意盈余公积100万元，向投资者分配利润80万元。不考虑其他因素，该企业年末可供分配利润为（　　）万元。

A. 1 840　　B. 2 000

C. 1 740　　D. 1 680

多项选择题

1. 下列各项中，其数额的变动会引起营业利润发生增减变化的有（　　）。

A. 公允价值变动收益　　B. 资产减值损失

C. 投资收益　　D. 营业外支出

2. 下列各事项，不会影响利润表中“利润总额”项目金额的有（　　）。

A. 经批准转销确实无法支付的应付款项　　B. 应交企业所得税

C. 对外公益捐赠支出　　D. 以银行存款偿还应付债券

3. 下列各项中，关于利润表项目“本期金额”填列方法的表述，正确的有（　　）。

A.“营业收入”项目，应根据“主营业务收入”和“其他业务收入”账户的本期发生额分析填列

B.“管理费用”项目，应根据“管理费用”账户的本期发生额扣除其“研发费用”和“无形资产摊销”明细项目发生额后的金额填列

C.“营业利润”项目，应根据“本年利润”账户的本期发生额分析填列

D.“所得税费用”项目，应根据“应交税费——应交所得税”账户的本期发生额填列

判断题

1. 利润表是反映企业在一定会计期间内经营成果和财务状况的报表，它是一张动态报表。（ ）

2. 利润表“本期金额”栏目，反映各项目自年初起至报告期末止的累计实际发生数。（ ）

3. 企业资产负债表是静态报表，应根据各账户期末余额编制；利润表是动态报表，主要应根据损益类账户本期发生额来编制。（ ）

4. 企业列入利润表的所得税费用是当期应纳所得税加上递延所得税资产减去递延所得税负债之后的余额。（ ）

5. 企业未计入当期利润的利得和损失扣除所得税影响后的净额，应列入其利润表的“其他综合收益的税后净额”项目。（ ）

业务核算题

（一）练习利润表的编制方法

［资料］新安公司 20×22 年 12 月份有关损益类账户本月发生额如表 12－5 所示。

表 12－5　　2×22 年新安公司损益类账户 12 月份发生额汇总表　　单位：元

账户名称	借方发生额	贷方发生额
主营业务收入	120 000	5 120 000
主营业务成本	3 705 000	80 000
税金及附加	95 000	
其他业务收入		900 000
其他业务成本	400 000	
公允价值变动损益	115 000	237 000
销售费用	550 000	
管理费用	450 000	
财务费用	110 000	10 000
资产减值损失	260 000	150 000
投资收益	200 000	1 600 000
营业外收入		300 000
营业外支出	75 000	
所得税费用	764 610	

其中："管理费用"450 000元中含"研发费用"50 000元，自行开发无形资产的摊销额为40 000元；"利息费用"借方发生额110 000元系利息费用，其贷方发生额10 000元系利息收入。

[要求] 根据上述资料，编制如表12－6所示的利润表。

表12－6 **利　润　表（简表）** 会企02表

编制单位：　　　　　　年　　月　　　　　　单位：元

项　　目	本期金额	上期金额
一、营业收入		（略）
减：营业成本		（略）
税金及附加		（略）
销售费用		（略）
管理费用		（略）
研发费用		（略）
财务费用		（略）
其中：利息费用		（略）
利息收入		（略）
加：其他收益		（略）
投资收益（损失以"－"号填列）		（略）
公允价值变动收益（损失以"－"号填列）		（略）
信用减值损失（损失以"－"号填列）		（略）
资产减值损失（损失以"－"号填列）		（略）
资产处置收益（损失以"－"号填列）		（略）
二、营业利润（亏损以"－"号填列）		（略）
加：营业外收入		（略）
减：营业外支出		（略）
三、利润总额（亏损总额以"－"号填列）		（略）
减：所得税费用		（略）
四、净利润（净亏损以"－"号填列）		（略）
（一）持续经营净利润（净亏损以"－"号填列）		（略）
（二）终止经营净利润（净亏损以"－"号填列）		（略）
五、其他综合收益的税后利润		（略）
六、综合收益总额		（略）
七、每股收益		（略）
（一）基本每股收益	（略）	（略）
（二）稀释每股收益	（略）	（略）

模块四　现金流量表的编制

填空题

1. 现金流量表是以____________为基础编制的，这里的现金是指企业可以随时支付的____________和____________。具体内容包括____________、____________、____________及____________。

2. 现金流量可以分为三类：____________、____________、____________。

单项选择题

1. 现金流量表正表是按直接法编制的，其起算点是（　　）。
   A. 净利润　　B. 营业收入
   D. 货币资金　　D. 未分配利润
2. 下列各项中，属于经营活动产生的现金流量的是（　　）。
   A. 分得股利收到的现金　　B. 发行债券收到的现金
   C. 销售商品收到的现金　　D. 偿还债务所支付的现金
3. 根据企业会计记录直接填列现金流量表需要设置的账簿是（　　）。
   A. 多栏式现金流量账簿　　B. 多栏式总账簿
   C. 工作底稿账簿　　D. 多栏式日记账簿
4. 购建固定资产、无形资产所支付的现金，属于（　　）。
   A. 筹资活动产生的现金流量　　B. 经营活动产生的现金流量
   C. 投资活动产生的现金流量　　D. 投资活动或筹资活动产生的现金流量
5. 下列各项中，属于现金流量表所包含的现金等价物的有（　　）。
   A. 持有的可以上市交易的股票、债券
   B. 购买在 3 个月或更短时间内即到期或可转换为现金的投资
   C. 购买在 6 个月或更短时间内即到期或可转换为现金的投资
   D. 持有的交易性金融资产

多项选择题

1. 现金流量表是以现金为基础编制的，这里的现金包括（　　　）。
   A. 库存现金　　B. 银行存款

C. 其他货币资金　　D. 现金等价物

2. 下列各项中，现金流量表所指的“现金”包括（　　）。

A. 银行本票存款　　B. 债权投资

C. 存放在银行可以随时支付的存款　　D. 存出投资款

3. 下列各项中，经营活动产生的现金流量有（　　）。

A. 收到的出口退税款　　B. 收到长期股权投资的现金股利

C. 出售固定资产取得的收入　　D. 出租包装物取得的收入

判断题

1. 现金流量表是按年编报的会计报表，它是反映资金流量的静态报表。（　）

2. 目前我国现金流量表包括正表和补充资料两部分。正表是按间接法编制的；补充资料是按直接法编制的。（　）

3. 企业偿付利息支出的现金，不管利息费用列支渠道如何，均在现金流量表筹资活动产生的现金流量中反映。（　）

4. 企业会计核算以权责发生制为基础，现金流量表的编制基础是收付实现制，这就需要进行转换调整。（　）

5. 现金流量表的编制比较复杂，所以执行《小企业会计准则》的企业不必编制现金流量表。（　）

业务核算题

练习资产负债表、利润表、现金流量表等财务报表的编制。

[**资料**] A公司为增值税一般纳税人，适用的增值税税率为13%，所得税税率为25%。该公司有关资料如下：

1. 2×22年11月30日账户余额如表12－7所示。

表12－7　　**账户余额表**

2×22年11月30日　　金额单位：元

科目名称	借方金额	科目名称	贷方金额
库存现金	1 200	短期借款	80 000
银行存款	290 400	应付票据	32 000
其他货币资金	4 000	应付账款	20 000
交易性金融资产	104 000	预收账款	0
应收票据	200 000	其他应付款	2 400
应收账款	551 600	应付职工薪酬	0
坏账准备（应收账款）	－55 160	应交税费（未交增值税）	30 000

续表

科目名称	借方金额	科目名称	贷方金额
预付账款	47 736	应付利息	3 200
其他应收款	800	应付股利	0
在途物资	0	长期借款（其中一年内到期的为 72 000 元）	448 000
原材料	258 800	应付债券	0
周转材料	3 600	长期应付款	0
库存商品	374 400	递延所得税负债	0
长期股权投资	240 000	其他非流动负债	0
长期股权投资减值准备	-28 000	股本	2 800 000
固定资产	1 128 000	资本公积	26 000
累计折旧	-240 000	盈余公积	232 000
在建工程	72 000	未分配利润	84 566
无形资产	824 000		
累计摊销	-8 000		
长期待摊费用	40 000		
递延所得税资产	20 790		
合　计	3 830 166	合　计	3 830 166

假设：交易性金融资产成本等于其公允价值；坏账准备均为应收账款计提的坏账准备。

2. 12 月份发生的经济业务如下：

（1）销售商品一批，增值税专用发票上注明价款 170 000 元，增值税 22 100 元，款项尚未收到。该批商品已发出，客户取得商品控制权，其实际成本为 112 000 元。

（2）出售交易性金融资产，其账面金额为 54 000 元，出售所得款 62 000 元存入银行。

（3）购入原材料一批，增值税专用发票上注明价款 80 000 元，增值税 10 400 元，款项以银行存款支付，材料已验收入库。

（4）销售商品一批，增值税专用发票上注明价款 260 000 元，增值税 33 800 元，款项已收到并存入银行。该批商品已发出，客户取得商品控制权，其实际成本为 148 000 元。

（5）以银行存款支付到期的银行承兑汇票 32 000 元。

（6）收到原材料一批，增值税专用发票上注明价款 40 800 元，增值税 5 304 元，材料已验收入库，货款已于上月预付。

（7）购入不需要安装的设备一台，增值税专用发票上注明价款 20 000 元，增值税 2 600 元，款项以银行存款支付。

（8）购入设备安装工程用物资一批，增值税专用发票上注明价款 4 000 元，增值税 520 元，款项以银行存款支付。

（9）以银行存款归还到期的 3 年期借款 72 000 元。

（10）基本生产车间一台车床报废，其原价为 200 000 元，已提折旧 184 000 元。车床报废清理过程中发生清理费用 400 元（取得增值税普通发票），残值收入 723.20 元（含增值税，增值税税率 13%），均通过银行存款收支，已清理完毕。

（11）销售商品一批，增值税专用发票上注明价款 72 000 元，增值税 9 360 元，收到一张面值为 81 360 元的不带息商业承兑汇票。该批商品已发出，客户取得商品控制权，其实际成本为 52 960 元。

（12）从银行借入 3 年期用于购建固定资产的专门借款 80 000 元，借款已存入银行。

（13）公司持有的一张面值为 20 000 元的商业承兑汇票到期，款项已收存银行。

（14）以银行存款归还短期借款本金 80 000 元，支付已计提的利息 3 200 元。

（15）以银行存款支付职工薪酬 357 000 元。

（16）分配当期职工薪酬 393 000 元，其中，基本生产车间工人薪酬 264 000 元，基本生产车间管理人员薪酬 18 240 元，厂部管理人员薪酬 83 400 元，在建工程人员薪酬 27 360 元。

（17）预收货款 280 000 元存入银行（未签订合同）。

（18）提取应计入本期损益的借款利息 10 157 元，其中，短期借款利息 4 077 元，长期借款利息 6 080 元。

（19）计提固定资产折旧 64 000 元，其中，基本生产车间固定资产折旧 51 200 元，行政管理部门固定资产折旧 12 800 元。

（20）摊销无形资产价值 24 000 元，长期待摊费用摊销计入管理费用 3 600 元。

（21）基本生产车间领用原材料一批，实际成本 160 000 元，其中产品生产耗用 152 000 元，一般耗用 8 000 元。

（22）收到应收账款 128 800 元存入银行。

（23）以银行存款支付增值税普通发票所列的商品广告费 10 000 元和商品展销费 7 160 元。

（24）以银行存款缴纳当期增值税 30 000 元。

（25）期末，按应收账款余额的 10% 调整计提坏账准备。

（26）已投产的商品本期全部完工入库，结转制造费用和完工产品成本。

（27）以银行存款预付购货款 8 000 元。

（28）年末，交易性金融资产的公允价值为 186 677 元，确认公允价值变动损益。年末，长期股权投资可收回金额为 280 000 元。

（29）将损益类账户余额结转至“本年利润”账户。

（30）计算本期应交所得税和所得税费用（假定本期除资产减值损失和交易性金融资产的公允价值变动外，其他交易或者事项核算均符合税法规定），假定所得税税率为 25%，将所得税费用结转至“本年利润”账户。

（31）以银行存款缴纳所得税 4 800 元。

（32）分别按净利润的 10% 和 15% 提取法定盈余公积和任意盈余公积。

（33）将“本年利润”“利润分配”有关明细账户余额转入“利润分配——未分配利润”账户。

[要求]

1. 根据上述资料，不考虑其他因素，编制必要的会计分录。

2. 根据 2×22 年 11 月 30 日账户余额表及编制的会计分录，编制 2×22 年 12 月 31 日账户余额表。

3. 编制公司 2×22 年 12 月 31 日资产负债表。

4. 编制本年度利润表。

5. 编制本年度现金流量表。

模块五　所有者权益变动表的编制

单项选择题

1. 下列各项中，不属于所有者权益变动表列示项目的是（　　）。
   A. 利润分配　　B. 综合收益总额
   C. 所有者投入和减少资本　　D. 每股收益
2. 下列各项中，在所有者权益变动表中单独列示的项目是（　　）。
   A. 当年实现的净利润　　B. 会计估计变更的累计影响金额
   C. 会计政策变更的累计影响金额　　D. 其他收益
3. 下列各项中，不属于所有者权益内部结转内容的是（　　）。
   A. 所有者投入普通股　　B. 资本公积转增资本（或股本）
   C. 盈余公积弥补亏损　　D. 盈余公积转增资本（或股本）

多项选择题

1. 下列各项中，应当在所有者权益变动表中单独列示反映的项目有（　　　）。
   A. 未分配利润　　B. 资本公积
   C. 其他权益工具　　D. 提取盈余公积
2. 下列各项中，关于所有者权益（股东权益）变动表的表述，正确的有（　　　）。
   A. 所有者权益变动表是按年编制的动态报表
   B. 所有者权益变动表不反映前期差错更正的累计影响金额
   C. 所有者权益变动表反映其他综合收益结转留存收益的金额
   D. 所有者权益变动表反映实收资本、资本公积、其他综合收益、盈余公积、未分配利润的期初和期末余额及其调节情况

判断题

1. 所有者权益变动表，也称股东权益变动表，它属于按月编报的静态报表。 (　　)

2. 所有者权益变动表“未分配利润”项目的本年年末余额应当与本年资产负债表“未分配利润”项目的年末余额相等。 (　　)

3. 所有者权益变动表是反映构成所有者权益各组成部分当期增减变动情况的报表。 (　　)

模块六　财务报表附注的编制

单项选择题

1. 下列各项中，关于财务报表附注的表述，不正确的是（　　）。
   A. 财务报表附注是财务报表不可缺少的组成部分
   B. 企业对外提供财务会计报告中，财务报表附注是不可或缺的重要组成部分
   C. 执行小企业会计准则的企业，正常情况下可不必编制财务报表附注
   D. 财务报表附注披露要求是适用于所有类型企业的
2. 下列各项中，不属于财务报表附注应当披露的内容是（　　）。
   A. 财务报表的编制基础
   B. 财务报表项目的详细说明
   C. 重要会计政策和会计估计
   D. 有助于财务报表使用者评价企业管理资本的目标、政策及程序的信息
3. 下列各项中，关于财务报表附注的表述，不正确的是（　　）。
   A. 附注是对报表列示项目的补充或详细说明，它不能对报表未能列示项目进行说明
   B. 企业不重要的会计政策和会计估计可以不披露
   C. 企业会计政策和会计估计变更以及差错更正情况，不论是否重大均应披露
   D. 披露遵循企业会计准则的声明，是明确企业编制财务会计报表所依据的制度基础

多项选择题

1. 下列各项中，财务报表附注应当披露的内容有（　　　）。
   A. 遵循企业会计准则的声明
   B. 财务报表重要项目的说明

C. 会计政策和会计估计变更以及差错更正的说明

D. 企业基本情况

2. 下列各项中，关于财务报表附注的表述，正确的有（　　）。

A. 财务报表附注中包括或有和承诺事项、关联方关系及其交易等需要说明的事项

B. 对未能在财务报表中列示的项目可以在财务报表附注中说明

C. 财务报表附注应当按照财务报表及其项目列示的顺序，采用文字和数字描述相结合的方式对财务报表的重要项目进行披露

D. 如果没有需要披露的重大事项，企业可不必编制财务报表附注

判断题

1. 附注是财务报表不可或缺的组成部分，是对财务报表列示项目的文字描述或明细资料，以及对未能在财务报表中列示项目的说明。（　）

2. 财务报表附注要求企业披露会计政策和会计估计，所以，企业采用会计政策和会计估计无论是否重要都应当充分披露。（　）

3. 企业应当在附注中披露财务报表的编制基础。一般企业是在权责发生制基础上编制财务报表的，清算、破产企业则以应收应付制为基础编制财务报表。（　）

模拟试卷（一）
（项目一至项目六）

一、名词解释（每小题2.5分，共10分）

1. 汇兑损益

2. 先进先出法

3. 交易性金融资产

4. 固定资产折旧

二、填空题（每处空格0.5分，共5分）

1. 企业财务会计的目标是______________________。
2. 货币资金包括____________、____________和____________。
3. “材料采购”账户的借方余额表示______________________；企业期末存货应按________进行计价。
4. 权益法下“长期股权投资”账户应按被投资单位，分别设置“成本”“________________”“____________”“其他权益变动”进行明细核算。
5. 固定资产明细核算应设置的账簿是____________和____________。

三、单项选择题（每小题1分，共10分）

1. 下列各项中，不属于企业存货的是（　　）。

A. 在途物资 B. 委托代销商品

C. 工程物资 D. 在产品（生产成本）

2. 下列各项中，应列为管理费用的有（ ）。

A. 出售材料的实际成本

B. 出借包装物的成本摊销

C. 出租包装物的成本摊销

D. 库存存货属于计量收发差错和管理不善造成的净损失

3. 下列各项中，不应列入购建固定资产入账成本的是（ ）。

A. 改建、扩建固定资产达到预定可使用状态前发生的支出

B. 专项用于固定资产建设达到预定可使用状态前的借款利息

C. 专项用于固定资产建设达到预定可使用状态后的借款利息

D. 购进固定资产支付的关税、消费税

4. 企业应收款项计提的坏账准备，应列为（ ）。

A. 管理费用 B. 资产减值损失

C. 信用减值损失 D. 营业外支出

5. 下列各项中，企业应将其列入预付账款的是（ ）。

A. 预先支付低价值租入固定资产为期 2 年的租赁费

B. 预付在建工程款

C. 出差人员预借差旅费

D. 存入证券公司资金账户尚未进行投资的款项

6. 购入存货过程中因供应单位原因造成，应由供应单位赔偿的短缺，应记入（ ）账户。

A. “应付账款” B. “应收账款”

C. “其他应收账款” D. “材料采购成本”

7. 下列属于广义现金构成内容的是（ ）。

A. 交易性金融资产 B. 随时可以支付的其他货币资金

C. 债权投资 D. 收到的银行承兑汇票

8. 下列各项固定资产中，不应计提折旧的是（ ）。

A. 未使用固定资产 B. 经营性出租固定资产

C. 持有待售的固定资产 D. 已提足折旧，继续使用的固定资产

9. 下列各项中，应列投资收益的是（ ）。

A. 购入股票支付价款中所包含的已宣告但尚未支付的现金股利

B. 购入债券支付价款中所包括的已到付息期但尚未支付的利息

C. 取得交易性金融资产支付的交易费用

D. 计提长期股权投资的减值准备

10. 权益法下，“长期股权投资”账户的期末借方余额反映（ ）。

A. 投资企业享有被投资单位的权益份额

B. 投资企业占有被投资单位的注册资本额

C. 投资企业享有被投资单位可辨认净资产公允价值的份额

D. 长期股权投资的成本

四、多项选择题（每小题1.5分，共15分）

1. 下列各项中，应计入外购存货成本的有（　　）。
   A. 入库前的整理挑选费用
   B. 一般纳税人企业购入存货取得的增值税专用发票所列的增值税
   C. 购入材料支付运杂费
   D. 小规模纳税人企业购入存货需支付的增值税
2. 下列各项中，应通过“应收账款”账户核算的有（　　）。
   A. 销货时代购货单位垫付的运杂费
   B. 销售货物应收取的增值税
   C. 出租无形资产、包装物应收取的租金
   D. 销售货物收到的商业承兑汇票
3. 下列各项中，应列入资产负债表“存货”项目的有（　　）。
   A. “自制半成品”账户借方余额
   B. “发出商品”账户借方余额
   C. “商品进销差价”账户贷方余额
   D. “材料采购差异”账户借方余额
4. “材料成本差异”账户的贷方登记（　　）。
   A. 收入材料的超支差异
   B. 发出材料的超支差异
   C. 收入材料的节约差异
   D. 发出材料的节约差异
5. 下列各项中，应列为财务费用的有（　　）。
   A. 支付银行承兑汇票的承兑手续费
   B. 外币兑换产生的汇兑损失
   C. 带息票据的利息收入
   D. 商业汇票的贴现利息
6. 下列各项中，不属于其他业务成本核算内容的有（　　）。
   A. 出售交易性金融资产的净损失
   B. 经营性出租固定资产计提的折旧
   C. 出售固定资产的净损失
   D. 销售材料的成本
7. 下列各项中，属于周转材料的有（　　）。
   A. 随同产品出售不单独计价的包装物
   B. 随同产品出售单独计价的包装物
   C. 验收入库的自制半成品
   D. 库存生产工具
8. 下列各项中，属于固定资产折旧影响因素的有（　　）。
   A. 预计使用寿命
   B. 预计净残值
   C. 固定资产原值
   D. 预计清理费用
9. 下列各项固定资产中，应计提折旧的有（　　）。
   A. 季节性、大修理停用的固定资产
   B. 已全额计提减值准备的固定资产
   C. 本月减少的固定资产
   D. 本月增加的固定资产
10. 下列各项中，不应列入投资收益的有（　　）。
    A. 会计期末，其他债权投资公允价值与账面余额的差额
    B. 债权投资计提减值准备
    C. 权益法下被投资单位其他权益变动中应由投资企业享有的份额
    D. 交易性金融资产持有期间被投资单位宣告发放现金股利

五、判断题（每小题1分，共10分）

1. 企业应当按照交易或者事项的经济实质进行会计确认、计量和报告，不应仅以交易

或者事项的法律形式为依据。这一规定也称为实质重于形式的会计核算要求。（ ）

2. 企业对职工个人的支付，包括工资、资金、津贴、差旅费等均可以用现金支付，并且不受现金支付限额（1 000 元）的限制。（ ）

3. 材料收发库存的数量核算，由仓库保管人员负责，而金额核算则由企业财会人员负责。（ ）

4. 备用金应是出纳人员管理备用的库存现金，它的额度是由开户银行根据企业 3—5 天零星开支的需要核定的。（ ）

5. 库存商品采用售价金额核算的，“库存商品”账户期末借方余额加上“商品进销差价”账户期末贷方余额，应是期末库存商品的实际成本（不考虑发出商品因素）。（ ）

6. 企业计提的存货跌价准备，应记入“资产减值损失”账户。存货出售后，应将其计提的存货跌价准备转入“主营业务成本（或其他业务成本）”账户。（ ）

7. 固定资产折旧方法的年限平均法属于直线法，而工作量法、双倍余额递减法、年数总和法则属于快速折旧法；双倍余额递减法计提固定资产折旧是不考虑预计净残值的。（ ）

8. 企业租入固定资产，应确认使用权资产和租赁负债。企业租赁取得的使用权资产应视同固定资产计提折旧。（ ）

9. 其他债权投资在持有期间应当按照债券面值和票面利率计算确认利息收入，计入投资收益。（ ）

10. 企业购入准备近期出售的股票、债券，属于交易性金融资产；企业购入一年期以上的债券且准备长期持有的，属于债权投资；购入股票准备长期持有的，属于长期股权投资。（ ）

六、业务核算题（每组分录 2 分，共 40 分）

1. 厂部职工李丰出差回来，报销差旅费 1 200 元，交回现金 300 元，结清预借备用金 1 500 元。

2. 月末，银行存款美元户期末余额为外币 5 万美元，本位币 343 500 元，月末美元市场汇率（中间价）为 1∶6.90，期末调整该账户余额。

3. 本月 2 日，向财茂公司出售产品一批，货款 8 万元，增值税税率 13%，客户已取得产品控制权。合同约定付款期为 30 天，现金折扣（货款部分）条件为“5/10，2/20，N/30”。预计财茂公司 20 天内付款的概率为 85%，20 天后付款的概率为 15%。假定增值税销项税额确定不考虑现金折扣的影响。

（1）本月 2 日，产品出售，价税款待收：

（2）本月 20 日，公司收到价税款存入银行：

4. 公司采用“应收款项余额百分比法”计提坏账准备，坏账准备计提比例为 5%，年初应收账款余额为 20 万元，年初“坏账准备”账户贷方余额为 1 万元；经批准，5 月份核销坏账 12 000 元；7 月份收到已核销的坏账 9 000 元存入银行；年末应收账款余额 12 万元，调整计提坏账准备。

（1）5 月份核销坏账：

（2）7 月份收到已核销的坏账款并存入银行：

（3）年末调整计提坏账准备：

5. 2×23 年 4 月 9 日，公司将一张 2×23 年 3 月 8 日新远公司出票的、票面余额为 7 万元、为期 3 个月的不带息商业汇票向银行申请贴现（银行附追索权），贴现年利率为 6.12%。取得贴现得款转存开户银行。

6. 某公司原材料采用实际成本核算，向新明公司购入甲材料一批，增值税专用发票所列货款 3 万元，增值税 3 900 元；增值税专用发票所列运输费 1 000 元，增值税 90 元。价税款及运输费以银行汇票支付，支付款项和收料的时间不一致。

（1）2×23 年 5 月 5 日，支付价税款，材料尚未收到：

（2）2×23 年 5 月 12 日，上述购入的材料收到，并验收入库：

7. 某公司原材料（乙材料）采用计划成本核算，于上月从大华公司购入乙材料一批，材料价款 2 万元，增值税 2 600 元；增值税普通发票所列运输费 800 元。价税款以银行存款支付，材料收到并验收入库，计划成本为 22 000 元。结转该项收入材料的计划成本和成本差异。

8. 生产车间领用生产工具一批，实际成本 19 200 元，相关成本费用采用分期摊销法进行摊销，摊销期为 24 个月。编制领用第一个月的会计分录。

9. 上月进行财产清查，发现库存原材料因管理原因发生毁损 100 件，单位成本 200 元，购进材料增值税 2 600 元。现经审核确认，上述材料毁损应由保险公司赔偿 15 000 元，其余予以转销。

10. 公司持有的随时准备出售的股票一批，账面成本 17 万元，购入后公允价值未发生过变动。现予以出售并取得收入 19 万元（扣除手续费后），款项转入证券公司资金账户。

11. 2×22 年 1 月 1 日，公司购入新新公司同日发放的三年期、票面利率为 8%、到期一次还本付息的债券 60 万元，公司将该债券划分为以摊余成本计量的金融资产。购入时，公司共以银行存款支付价款 60.3 万元，其中 0.3 万元为交易费用。

12. 公司（一般纳税人）购入一项需要安装的固定资产，支付增值税专用发票所列设备总价款 50 万元，增值税 65 000 元；增值税普通发票所列包装费和装卸费共计 5 000 元。设备安装过程领用原材料 2 万元，应负担的安装人员的工资费用 5 万元。现设备安装完毕，达到预定可使用状态，结转此项固定资产的成本。

13. 计提本月固定资产折旧 26 000 元，其中：生产车间固定资产折旧 15 000 元，厂部固定资产折旧 8 000 元，经营性出租固定资产折旧 1 000 元，专设销售机构固定资产折旧 2 000元。

14. 报废一项固定资产，原值 15 万元，累计已提折旧 12 万元；清理过程中支付费用 2 万元；取得残值收入 10 300 元，其中含应计增值税 200 元。结转此项报废固定资产的净损益。

七、计算题（每小题 5 分，共 10 分）

1. 甲材料期初结存 600 件，单位成本 15 元；本月 10 日购入 1 000 件，单位成本 16 元；15 日发出 800 件；20 日购入 400 件，单位成本 17 元，25 日发出 500 件。

要求：采用月末一次加权平均法列式计算下列各项目。

单位成本 =

本月结存材料成本 =

本月发出材料成本 =

2. 某商场库存商品采用售价金额核算，A 类商品期初“库存商品”账户借方余额 5 万元，本月购进商品 75 万元；月末结转前“商品进销差价”账户贷方余额为 15.2 万元，“主营业务收入”账户贷方余额（本期销售）为 50 万元。

要求：列式计算下列各项目。

本月 A 类商品进销差价率 =

本月已销售商品应分摊的进销差价 =

本月末 A 类库存商品的实际成本 =

模拟试卷（二）
（项目七至项目十二）

一、名词解释（每小题 2.5 分，共 10 分）

1. 无形资产

2. 职工薪酬

3. 借款费用

4. 财务报表

二、填空题（每处空格 0.5 分，共 5 分）

1. 企业自行开发无形资产，研究阶段的支出，应当于发生时计入____________。开发阶段的支出，符合资本化条件的，确认为____________；不符合资本化条件的，计入____________。

2. 收入按性质不同，可以分为销售商品收入、____________、____________。

3. “长期借款”账户可按贷款单位和贷款种类，分别“本金”和“____________”等进行明细核算。

4. 企业留存收益包括____________和____________两部分。

5. 财务会计报告包括____________和其他应当在财务报告中披露的相关信息。

三、单项选择题（每小题 1 分，共 10 分）

1. 下列各项中，应列为无形资产的是（　　）。

A. 自创商标权　　B. 用于出租的土地使用权

C. 政府机构授予企业的特许权　　D. 外购专利权

2. 下列各项中，应列为长期待摊费用的是（　　）。

A. 工程建设预付的工程款

B. 分次（分期）摊销法下，领用摊销期在一年以上的低值易耗品

C. 开办费

D. 租入使用权资产改良支出

3. 下列各项中，应列入“财务费用”账户的是（　　）。

A. 短期借款的利息费用　　B. 发行债券的折价

C. 支付委托代销商品手续费　　D. 支付职工生活困难补助

4. 下列各项中，应作增值税“进项税额转出”的是（　　）。

A. 在建工程领用库存原材料应负担的增值税进项税额

B. 因发放用于职工生活福利的库存商品而应交纳的增值税

C. 出售库存材料应交增值税

D. 库存商品因管理原因造成非正常损失应负担的增值税进项税额

5. 下列各项中，应通过“应交税费”账户核算的是（　　）。

A. 印花税　　B. 耕地占用税

C. 代扣代缴的个人所得税　　D. 进口货物应缴纳的关税、消费税

6. 企业专项用于生产存货，并符合借款费用资本化条件的借款利息，应记入的账户是（　　）账户。

A. “制造费用”　　B. “财务费用”

C. “管理费用”　　D. “在建工程”

7. 企业溢价发行债券获得的溢价收入，实质上是（　　）。

A. 一种理财收益　　B. 对企业以后多付利息的一种补偿

C. 对企业以后少付利息的一种预先提取　　D. 一种发行费用

8. 下列各项中，对于企业已发出但不能确认收入的商品，应借记（　　）。

A. “合同资产”账户　　B. “合同负债”账户

C. “发出商品”账户　　D. “在途物资”账户

9. 某公司月末“应收账款”总分类账户为借方余额 15 000 元，其中：A 公司为借方余额 20 000 元，B 公司为贷方余额 5 000 元；“预收账款”总分类账户为贷方余额 50 000 元，其中：甲公司为借方余额 10 000 元，乙公司为贷方余额 60 000 元；“坏账准备——应收账款”总分类账户为贷方余额 2 000 元。不考虑其他因素，该公司月末资产负债表“预收账款”项目应填列的金额为（　　）。

A. 55 000 元　　B. 65 000 元

C. 60 000 元　　D. 50 000 元

10. 某公司适用的所得税税率为 25%。2×22 年度利润总额为 500 万元，应税所得额为

520 万元，递延所得税资产增加 80 万元，递延所得税负债增加 60 万元。不考虑其他因素，该公司 2×22 年度应确认的所得税费用为（　　）万元。

A. 110　　B. 150

C. 105　　D. 145

四、多项选择题（每小题 1.5 分，共 15 分）

1. 下列各项中，应列为收入的有（　　）。

A. 出租包装物、无形资产取得的收入

B. 提供运输、咨询、培训等非工业性劳务而取得的收入

C. 出售固定资产、无形资产取得的收入

D. 出售原材料、包装物取得的收入

2. 企业无形资产摊销，可能列支的账户有（　　）账户。

A. “其他业务成本”　　B. “营业外支出”

C. “管理费用”　　D. “制造费用”

3. 下列各项中，属于营业外收入的有（　　）。

A. 捐赠利得　　B. 从政府取得与日常活动无关的补助

C. 确实无法偿付的应付款项　　D. 出租包装物收入

4. 下列各项中，属于职工薪酬的有（　　）。

A. 基本养老保险费　　B. 住房公积金

C. 短期带薪缺勤　　D. 辞退福利

5. 下列应列入“税金及附加”账户的有（　　）。

A. 产品销售应缴纳的城市维护建设税、教育费附加

B. 无形资产出租业务应缴纳的城市维护建设税、教育费附加

C. 应交企业所得税

D. 非房地产开发企业出售不动产应缴纳的土地增值税、城市维护建设税

6. 下列各项中，不影响利润表中“营业利润”项目的有（　　）。

A. 固定资产盘亏净损失　　B. 无法查明原因的库存现金短缺

C. 管理不善导致的原材料盘亏净损失　　D. 火灾造成库存商品毁损的净损失

7. “利润分配——未分配利润”账户的期末余额，可能反映（　　）。

A. 历年累计的未分配利润　　B. 历年累计的未弥补亏损

C. 本年累计的未分配利润　　D. 本年累计的未弥补亏损

8. 管理费用是指企业为组织和管理生产经营活动而发生的各项费用，下列应列为管理费用的有（　　）。

A. 厂部为取得合同发生的投标费用　　B. 预计产品质保损失

C. 未确认融资费用的摊销　　D. 业务招待费

9. 下列各项中，属于增值税“销项税额”核算内容的有（　　）。

A. 职工福利部门领用原材料应负担的增值税

B. 自制商品产品用于职工福利应交纳的增值税

C. 对外捐赠自制商品产品应交纳的增值税

D. 经营性出租固定资产应交纳的增值税

10. 企业结转已销售商品成本，可能贷记的账户有（　　）。

A. “库存商品”账户　　B. “合同履约成本”账户

C. “发出商品”账户　　D. “制造费用”账户

五、判断题（每小题 1 分，共 10 分）

1. 无形资产是指企业拥有或控制的、有偿取得的没有实物形态的资产。（　）

2. 无形资产取得成功前的研究开发费用和确认入账后发生的后续支出，均应列为当期损益，计入管理费用。（　）

3. 长期待摊费用项目若不能使以后会计期间受益，应当将尚未摊销的该项目的摊余价值全部转入当期损益。（　）

4. 职工的组成人员是企业的全体职工，包括订立正式劳动合同的全职、兼职和临时职工，还包括未与企业订立正式劳动合同，但由企业正式任命的人员。（　）

5. 借款费用是指企业因借款而发生的利息和其他相关成本。企业发生的借款费用属专项用于固定资产建设，并且是在竣工决算前发生的，应记入“在建工程”账户，其余均应列为财务费用。（　）

6. 企业应当在履行了合同中的各项履约义务，即在客户取得商品所有权时确认收入。（　）

7. 企业购入货物应付的款项，超过一年以上未能归还的，应列为长期应付款。（　）

8. 企业应交的各种税费，均应通过“应交税费”账户进行核算；全面实行“营改增”后，企业应交的各种税费，除增值税、企业所得税以外均应列入“税金及附加”账户。（　）

9. 企业本期（本月）发生的销货折让或销售退回，均应冲减当期销售（营业）收入。（　）

10. 企业列入利润表的所得税费用是当期应交所得税加上递延所得税费用减去递延所得税负债之后的余额。（　）

六、业务核算题（每组分录 2 分，共 40 分）

1. 企业自行开发专利权一项，汇集的开发阶段符合资本化条件的支出 12 万元，取得成功后以银行存款支付增值税专用发票所列的申请费用 1 万元，增值税 600 元。

2. 企业对一项已使用 3 年的生产设备进行更新改造，设备原值 200 万元，已提折旧 75 万元，设备交付更新改造。

3. 企业专设销售机构低价值租赁一批办公设备，以银行存款一次支付增值税普通发票所列的租金 18 万元（租期 2 年），并分摊结转本月应摊数。

4. 月末结算本月的应付电费 6.5 万元，其中：生产车间产品生产动力用电 4 万元，车间照明用电 1 万元，厂部照明用电 1.5 万元，款项尚未支付。

5. 企业购货签发并由开户银行承兑的不带息银行承兑汇票到期，企业无力付款，由承兑银行支付票据款 2 万元。

6. 发放本月职工工资，结转代扣“三险”个人缴纳部分 8 200 元，代扣代缴的个人所得税 2 600 元。

7. 职工张磊本月提出辞职，企业支付的辞退福利为 9 000 元，现予以结转。

8. 本月，企业将一批自产产品用于职工生活福利，产品成本 15 万元，售价 20 万元，增值税税率为 13%。

9. 以银行存款 7 万元缴纳本月应交增值税。

10. 企业一项专门用于固定资产建设的三年期借款本金 200 万元，年利率 6%，按年计息，到期还本利息，工程建设期为一年，此项借款借入后一次全部用于工程建设。

（1）第一年年末计息：

（2）第二年年末计息：

11. 今明公司为一般纳税人企业，收到投资者 A 投入一项生产设备，投资合同确认的不含税价值为 60 万元，增值税专用发票所列增值税为 7.8 万元，投资各方确定投资者 A 取得的资本额为 50 万元。

12. 按本期净利润 150 万元的 10% 和 12% 分别计提法定盈余公积和任意盈余公积。

13. 月末，分配结转本月应付职工薪酬（工资）：车间生产工人工资 220 000 元，车间管理人员工资 7 000 元，厂部管理人员工资 65 000 元，专设销售机构人员工资 3 000 元。

14. 上月按合同约定向 A 公司收取货款 7 万元，现发出产品，客户取得商品控制权，计货款 9 万元，增值税 11 700 元，余款尚未收到。

15. 根据本期应税所得额计算的本期应交所得税为 16 万元，现予以结转。

16. 结转本月产品销售应交城市维护建设税 21 000 元，应交教育费附加 15 000 元；报废处置固定资产应交城市维护建设税 4 200 元，应交教育费附加 3 000 元。

17. 本月汇集的主营业务收入为 120 万元，其他业务收入为 20 万元，营业外收入为 8 万元，期末结转本期的各项收入和利得。

七、计算题（每小题 5 分，共 10 分）

1. 某公司 7 月 31 日，结账前各损益类账户余额如表 1 所示。

表 1　　损益类账户余额表　　单位：元

账户名称	结账前余额	账户名称	结账前余额
主营业务收入	2 100 000（贷）	其他业务收入	480 000（贷）
主营业务成本	1 200 000（借）	营业外收入	40 000（贷）
税金及附加	90 000（借）	投资收益	70 000（贷）
其他业务成本	310 000（借）	营业外支出	130 000（借）
销售费用	110 000（借）	资产减值损失	50 000（借）
管理费用	190 000（借）	资产处置损益	20 000（贷）
财务费用	100 000（借）	所得税费用	145 000（借）

要求：列式计算下列各项目金额。

（1）营业利润 =

（2）利润总额 =

（3）净利润 =

2. 某公司为一般纳税人，月初“应交税费”账户中“应交增值税”及相关项目均无余额。本月外购材料、接受劳务供应形成可以抵扣的增值税进项税额为 78 100 元；出售产品、材料累计发生的增值税销项税额为 99 800 元；经营性出租资产、对外提供劳务发生的增值税销项税额为 3 500 元。本月职工生活福利领用原材料 5 000 元，应负担的增值税进项税额为 650 元；本月因管理原因发生库存原材料毁损 10 000 元，应负担的增值税进项税额为 1 300元。本月对外投资转出库存自制商品一批，计成本 22 000 元，售价 30 000 元，增值税税率 13%；本月已实际缴纳增值税 20 000 元。

要求：列式计算下列各项目金额。

（1）增值税销项税额 =

（2）增值税进项税额 =

（3）增值税进项税额转出 =

（4）本月应交增值税 =

（5）本月未交增值税 =

模拟试卷（三）

一、名词解释（每小题2.5分，共10分）

1. 存货

2. 投资

3. 收入

4. 留存收益

二、单项选择题（每小题1分，共10分）

1. 企业财务会计的目标是（　　）。
   A. 进行会计核算　　B. 反映资金运动
   C. 向信息使用者提供会计信息　　D. 提供财务会计报告
2. 企业向开户银行申请签发的、用于购买材料的银行汇票，应计列的账户是（　　）账户。
   A. “应收票据”　　B. “材料采购”
   C. “其他应收款”　　D. “其他货币资金”
3. 下列各项中，属于预付账款的是（　　）。
   A. 采购员出差预借的差旅费　　B. 进行工程建设预付的工程价款
   C. 购入材料签发承兑的商业承兑汇票　　D. 预付低价值租赁资产两年的租金
4. 下列各项中，应列为营业外支出的是（　　）。

A. 出售无形资产的净损失　　B. 出售交易性金融资产的净损失

C. 购入材料运输途中合理损耗　　D. 支付的委托代销商品手续费

5. 某工业企业（一般纳税人）从外地购入乙材料 9 000 千克，单价 8 元，以存款支付价款和税费为：增值税专用发票所列价款 72 000 元，增值税 9 360 元；增值税专用发票所列的运输费 5 000 元，增值税 450 元；增值税普通发票入库前的挑选整理费用 1 000 元（含增值税）。此项业务还发生采购人员差旅费 1 200 元。材料验收入库发现短缺 50 千克，经确认属于运输途中定额内的合理损耗。不考虑其他因素，该项乙材料的入账成本和单位成本分别是（　　）。

A. 91 990 元　10.28 元/千克　　B. 79 200 元　8.80 元/千克

C. 78 000 元　8.72 元/千克　　D. 78 000 元　8.67 元/千克

6. 下列各项中，应列为其他业务收入的是（　　）。

A. 存款利息收入

B. 出售固定资产、无形资产的收入

C. 存货、固定资产的盘盈收益

D. 随同商品销售单独计价的包装物取得的收入

7. 下列各项中，应列为资本公积的是（　　）。

A. 确实无法支付的应付款项　　B. 政府补贴

C. 资本溢价　　D. 提取的任意盈余公积

8. 企业生产车间发生的不符合固定资产确认条件的修理费用，应计入（　　）。

A. 制造费用　　B. 管理费用

C. 主营业务成本　　D. 长期待摊费用

9. 下列各项中，摊销合同取得成本时一般应借记的账户是（　　）。

A. “销售费用”账户　　B. “其他业务成本”账户

C. “主营业务成本”账户　　D. “管理费用”账户

10. 某企业“应付账款”账户月末贷方余额为 45 000 元，其中：应付甲公司账款明细账户贷方余额 65 000 元，应付乙公司账款明细账户借方余额 20 000 元；“预付账款”账户月末借方余额为 25 000 元，其中：预付 A 公司账款明细账户借方余额 40 000 元，预付 B 公司账款明细账户贷方余额 15 000 元。不考虑其他因素，该企业月末资产负债表中“应付账款”项目的金额为（　　）元。

A. 45 000　　B. 40 000

C. 80 000　　D. 65 000

三、多项选择题（每小题 2 分，共 10 分）

1. 下列各项中，应计提折旧的固定资产有（　　　）。

A. 已提足折旧仍继续使用的固定资产　　B. 经营性出租固定资产

C. 未使用、不需用的房屋和建筑物　　D. 划分转为持有待售的设备

2. 下列各项中，应列为管理费用的有（　　　）。

A. 专设销售机构固定资产的折旧费

B. 公益性捐赠支出

C. 企业生产经营及管理用无形资产的摊销

D. 属于计量收发和管理不善等原因造成的存货短缺净损失

3. 下列各项中，应列为职工薪酬的有（　　　　）。

A. 计件工资、奖金　　B. 职工福利费

C. 社会保险费　　D. 住房公积金

4. 下列各项中，应列为收入的有（　　　　）。

A. 出租包装物、无形资产取得的租金收入

B. 出售固定资产、无形资产取得的价款

C. 出售自制半成品、不合格品取得的收入

D. 提供非工业性劳务取得的收入

5. 下列各项中，应列入“税金及附加”账户的有（　　　　）。

A. 产品销售应交的消费税、资源税

B. 应交的房产税、土地使用税、车船税

C. 应交的土地增值税、车辆购置税

D. 出售无形资产应交的城市维护建设税、教育费附加

四、不定项选择题（每小题2分，共10分）

某企业2×23年1月至11月“利润表”部分相关项目的累计发生额为：税金及附加7万元、销售费用30万元、管理费用150万元、财务费用90万元。2×23年12月该企业发生如下经济业务：

（1）12月1日，企业与乙公司签订一项办公楼租赁合同，约定每年的租赁付款额为6万元，实际租赁期为5年，租赁付款总额为300万元，按照规定利率计算确定的租赁付款额现值为240万元；资产剩余使用寿命10年，租赁办公楼厂部、专设销售机构各使用50%；不考虑其他因素，该项资产从本月起采用年限平均法计提折旧。

（2）12月5日，报废一项固定资产取得收益2万元，以银行存款支付业务招待费5万元，支付税收滞纳金1万元，车间设备发生不符合固定资产资本化条件的修理费3万。

（3）12月31日，计算确定本月应交城市维护建设税8万元（不考虑教育费附加），房产税5万元、支付印花税2万元；确认达到预定可使用状态后的长期借款应计利息12万元，摊销未确认融资费用4万元，结转自行研发非专利技术研究阶段支出5万元。

要求：根据上述资料，不考虑其他因素，分析回答下列小题。

1. 根据资料（1），该企业下列各项会计处理，正确的是（　　）。

A. 借记“使用权资产”账户240万元　　B. 借记“使用权资产”账户300万元

C. 借记“租赁负债”账户300万元　　D. 借记“财务费用”账户60万元

2. 根据资料（1），该企业本月对此项资产计提折旧的会计处理，正确的是（　　）。

A. 计入管理费用5万元　　B. 计入管理费用2万元

C. 计入其他业务成本4万元　　D. 计入销售费用2万元

3. 根据资料（2），该企业的下列各项会计处理结果，正确的是（　　）。

A. 营业外收入增加2万元　　B. 管理费用增加8万元

C. 营业外支出增加6万元　　D. 管理费用增加5万元

4. 根据资料（3），该企业下列各项会计处理结果，正确的是（　　）。

A. 应交税费增加 13 万元　　B. 财务费用增加 16 万元

C. 管理费用增加 5 万元　　D. 税金及附加增加 15 万元

5. 根据资料（1）至（3），该企业全年的期间费用是（　　）万元。

A. 300　　B. 306

C. 307　　D. 326

五、判断题（每小题 1 分，共 10 分）

1. 企业应按照交易或事项的经济实质进行会计确认、计量和报告，不应仅以交易或事项的法律形式为依据。这一要求称为会计信息质量的实质重于形式要求。（　　）

2. 企业销售货物，为了鼓励购货方尽早支付价款而发生的现金折扣，应在发生月份冲减当期销售收入。（　　）

3. 固定资产的出售、报废、毁损以及盘亏，均应通过“固定资产清理”账户核算；企业处置固定资产的净损益，应列为营业外收支。（　　）

4. 资产负债表是反映企业在某一特定日期财务状况和经营成果的财务报表。它是按月编制的动态报表。（　　）

5. 企业随同产品出售，不单独计价的包装物成本，应计入销售费用；随同产品出售，单独计价的包装物成本，应计入其他业务成本。（　　）

6. “合同负债”账户期末贷方余额，反映企业在向客户转让商品前，已经收到的合同对价或已经取得无条件收取合同对价权利的金额。（　　）

7. 交易价格是指企业因向客户转让商品而预期有权收取的对价金额，不包括代第三方收取的款项以及企业预期将退还客户的款项。（　　）

8. 专项用于固定资产建设的长期借款、应付债券按期计提的应付利息，应计入所建的固定资产成本。（　　）

9. 费用是企业发生的经济利益的总流出，企业支付罚款、处置非流动资产、发生自然灾害都可能产生经济利益的流出，所以，它们也属于费用。（　　）

10. 年终结转后，“本年利润”账户应无余额；“利润分配——未分配利润”账户的借方余额，反映企业历年累计的未分配利润。（　　）

六、计算题（共 10 分）

1. 某企业月初结存甲材料的计划成本为 3 万元，材料成本差异为超支 900 元；本月收入甲材料计划成本为 16 万元，实际成为 154 350 元；本月发出甲材料计划成本为 12 万元。

要求：列式计算以下各项目的金额或数值。（3 分）

（1）材料成本差异率 =

（2）发出甲材料应分摊的材料成本差异 =

（3）发出甲材料的实际成本 =

2. 某公司本年度主营业务收入 835 万元，主营业务成本 446 万元，税金及附加 9.6 万元，销售费用 7 万元，管理费用 18.5 万元，财务费用 4.6 万元，其他业务收入 16.5 万元，其他业务成本 11.5 万元，投资净收益 7.5 万元（含国库券利息 3 万元），资产减值损失 6 万元（可税前列支 3 万元），营业外收入 6.5 万元，营业外支出 9.5 万元（含支付的税收滞纳金 4 万元）。按照税法规定，全年允许税前列支业务招待费 10 万元，实际列支的业务招待费支出为 12 万元。除上述情况外，无其他纳税调整事项，不考虑递延所得税费用。本年 1—11 月已结转所得税费用 65 万元，本年实际以银行存款缴纳所得税（预缴）58 万元，所得税税率为 25%。

要求：列式计算下列各项金额。(7 分)

（1）营业利润 =

（2）利润总额 =

（3）本年应纳税所得额 =

（4）本年应交所得税 =

（5）净利润 =

（6）年终应结转的所得税费用 =

（7）年终应补交所得税 =

七、业务核算题（本题共 40 分。1—18 小题每组分录 2 分，共 36 分；19 小题 4 分）

1. 从基本存款账户向证券公司资金账户划款 5 万元，以备用于购买股票、债券。

2. 采购员李丰出差预借差旅费 3 000 元，以库存现金付给。

3. 向四新公司购入 A 材料一批，增值税专用发票所列的买价 5 万元，增值税 6 500 元，价税款以经开户银行承兑的商业汇票结算，材料尚未收到（A 材料按实际成本计价核算）。

4. 某公司年末应收账款余额为 70 万元，计提坏账准备前“坏账准备”账户为贷方余额 15 000 元，坏账准备计提比例为 5%。年末，调整计提坏账准备。

5. 公司出租商标权一项，本期取得收入 1 万元 ，增值税 600 元，价税款存入银行。

6. 本月企业生产经营用土地使用权应计摊销 7 万元，出租商标权应计摊销 2 000 元。

7. 2×22 年 12 月 1 日，企业与乙公司签订一项服务合同（属其他业务活动），合同总价为 7 万元。当日，企业收到乙公司预付的合同款 4 万元。至 2×22 年 12 月 31 日，企业累计发生与合同相关的服务成本 2 万元，估计还将发生 3 万元。企业按照已发生成本占估计总成本的比例确定合同的履约进度，并作为某一时段内履行的履约义务确认收入（增值税税率为 6%）。2×22 年 12 月 31 日确认收入。

8. 专项销售机构固定资产发生增值税专用发票所列的修理费用 2 600 元，增值税 338 元，以银行存款支付价税款。

9. 企业一项固定资产无法正常使用，经批准予以报废，资产原值 30 万元，累计已提折旧 20 万元，结转此项固定资产的账面价值。

10. 以银行存款向招商银行开元支行归还为期 3 个月的借款 10 万元，并支付借款利息 1 500元（数额较小，未预提过借款利息）。

11. 公司与四海公司签订委托代销甲产品的合同，根据合同向四海公司发出委托代销商品一批，商品成本为 10 万元，销售价款为 15 万元，增值税税率为 13%。

12. 财产清查过程中发现：因管理不善造成库存材料发生毁损 100 件，单位成本 300 元，应负担的增值税 3 900 元。

13. 经过批准，公司以法定盈余公积 7.5 万元转增资本。

14. 某公司为增值税一般纳税人，原材料（乙材料）采用计划成本核算，向大华公司购入乙材料一批，增值税专用发票所列价款 5 万元，增值税 6 500 元；增值税专用发票所列运输费 2 000 元，增值税 180 元。上述价税款均以银行汇票支付，材料尚未收到。

15. 分配结转本月发出原材料成本 22 万元，其中：生产车间生产产品用 15 万元，车间管理用 1 万元，厂部管理用 1.5 万元，无形资产研究开发用 2 万元，出售材料 2.5 万元。

16. 公司研究决定向投资者分配利润 90 万元。该决定已宣告，款项待支付。

17. 公司对 G 公司的一项长期股权投资，本公司投资占 G 公司注册资本的 30%，属于具有重大影响的股权投资。年终经核实，G 公司实现利润 50 万元，公司按享有份额进行账务处理。

18. 年终，结转本年实现的净利润 36 万元。

19. 大明公司（一般纳税人企业）自建一条流水生产线，购入工程建设用的各种设备、物资 90 万元，支付的增值税额为 11.7 万元（取得增值税专用发票），验收后一次全部直接用于工程建设。领用本企业生产的 A 产品一批，实际成本为 20 万元，产品售价为 30 万元，增值税税率为 13%；工程人员应计职工薪酬 15 万元。工程完工并达到预定可使用状态，交付生产使用。(4 分)

模拟试卷（四）

一、填空题（每处空格 0.5 分，共 5 分）

1. 财产物资的盘存制度分为________________和_______________两种。
2. 计提固定资产折旧需要考虑的两类损耗是_____________和_______________。
3. “预付账款”账户贷方余额表示___________；借方余额表示___________。
4. 社会保险费中属于离职后福利的是________________、________________。
5. 用借款购建固定资产，其发生的借款费用，已使用且是在固定资产达到预定可使用状态前发生的，计入_______________。未专项用于固定资产建设或用于固定资产建设但是在固定资产达到预定可使用状态后发生的借款费用，应列为_______________。

二、单项选择题（每小题 1 分，共 15 分）

1. 现行《企业会计准则——基本准则》执行的范围和时间分别是（　　）。

A. 上市公司；2007 年 1 月 1 日　　B. 所有企业；2007 年 1 月 1 日

C. 所有企业；1993 年 7 月 1 日　　D. 上市公司；国有大中型企业 2006 年 2 月

2. 企业用于办理日常转账结算和现金收付的存款账户是（　　）。

A. 一般存款账户　　B. 基本存款账户

C. 专用存款账户　　D. 临时存款账户

3. 已贴现的商业承兑汇票到期（银行附追索权），付款人无力支付票款，贴现银行应向贴现申请人退票扣款。这种情况下，贴现申请人（收款企业）应将此项票款转为（　　）。

A. 应收账款　　B. 短期借款

C. 预付账款　　D. 坏账

4. 企业购入材料运输途中发生定额内的合理损耗，应列为（　　）。

A. 材料采购成本　　B. 管理费用

C. 应付账款　　D. 营业外支出

5. 企业随同产品出售单独计价包装物的成本，应列为（　　）。

A. 生产成本　　B. 管理费用

C. 销售费用　　D. 其他业务成本

6. 下列各项中，属于无形资产的是（　　）。

A. 企业自创商标权　　B. 企业自行研发并申请取得的专利权

C. 行政划拨的土地使用权　　D. 政府授予的特许经营权

7. 下列各项中，不属于利润分配内容的是（　　）。

A. 应交所得税　　B. 提取法定盈余公积

C. 向投资者分配利润　　D. 以利润弥补以前年度亏损

8. 下列各项中，属于资产负债表的理论基础和反映财务活动方式的是（　　）。

A. 资产 = 负债 + 所有者权益；动态报表

B. 利润 = 收入 - 费用；静态报表

C. 资产 = 负债 + 所有者权益 + （收入 - 费用）；静态报表

D. 资产 = 负债 + 所有者权益；静态报表

9. 企业库存现金清算中，确实无法查明原因的现金溢余，经批准后应计入（　　）。

A. 其他业务收入　　B. 营业外收入

C. 管理费用　　D. 营业外支出

10. 下列各项中，应计入其他应付款的是（　　）。

A. 结转到期无力支付的应付票据　　B. 应付短期租赁办公设备的租金

C. 租入使用权资产的应付租赁付款额　　D. 应由企业负担的职工社会保险费

11. 某公司本月共增加银行存款 45 万元。其中：出售库存商品收入 35 万元，增值税 45 500 元；出售库存原材料收入 2 万元，增值税 2 600 元；出售固定资产取得价款 56 500 元，其中含增值税 6 500 元；出租无形资产收入 1 万元，增值税 600 元；对外提供运输劳务取得收入 7 000 元，增值税 630 元；取得市财政拨给政府补贴 5 万元。不考虑其他因素，则该月营业收入总额为（　　）元。

A. 450 000　　B. 387 000

C. 437 000　　D. 487 000

12. 下列各项中，属于企业流动负债的是（　　）。

A. 预付账款　　B. “应付账款”账户的借方余额

C. 预计负债　　D. 一年内到期的长期借款

13. 下列各项中，应计入管理费用的是（　　）。

A. 购买列为交易性金融资产股票、债券的交易费用

B. 支付产品广告费

C. 企业筹建期间发生的开办费

D. 企业给予购货方的商业折扣

14. 5 月 10 日，甲公司以银行存款 5 000 万元从二级市场购入乙公司股票 500 万股，准备长期持有，占乙公司 30% 的股份，对乙公司有重大影响。甲公司为取得该部分股权另支付手续费等必要支出共 50 万元。购入股票时，乙公司可辨认净资产的公允价值为 20 000 万元，则甲公司取得长期股权投资的入账价值为（　　）万元。

A. 20 000　　B. 5 050

C. 5 000　　D. 6 000

15. 企业为取得合同发生的下列支出中，应当作为合同取得成本并确认为一项资产的是（　　）。

A. 差旅费　　B. 投标费

C. 销售佣金　　D. 为准备投标资料发生的相关费用

三、多项选择题（每小题 2 分，共 10 分）

1. 下列各项中，属于货币资金的有（　　）。

A. 交易性金融资产

B. 库存现金、各存款账户的银行存款、外埠存款

C. 银行汇票存款、银行本票存款、信用卡存款

D. 转入证券公司资金账户的存出投资款

2. 下列各项中，不应计提折旧的固定资产有（　　）。

A. 已全额计提减值准备的固定资产

B. 短期租赁方式租入的固定资产

C. 转为持有待售的固定资产

D. 季节性、大修理停用的固定资产

3. 下列各项中，属于营业外支出的有（　　）。

A. 处置长期股权投资的净损失

B. 固定资产毁损报废净损失

C. 核销坏账

D. 公益性捐赠支出

4. 下列关于存货盘点的说法中，正确的有（　　）。

A. 存货盘盈时，经批准后，存在记入“管理费用”账户的情况

B. 存货盘亏时，经批准后，存在记入“管理费用”账户的情况

C. 企业发生存货盘盈盘亏，会涉及“待处理财产损溢”账户

D. 企业发生存货盘盈盘亏，不会涉及“其他应收款”账户

5. 企业发生的下列事项中，影响“投资收益”账户金额的有（　　）。

A. 交易性金融资产在持有期间取得的现金股利

B. 持有期间，债权投资确认的应计利息收入

C. 权益法核算长期股权投资时，持有期间确认的其他权益变动金额

D. 权益法核算长期股权投资时，持有期间确认的损益变动金额

四、不定项选择题（每小题 2 分，共 10 分）

东南公司为增值税一般纳税人，销售商品适用的增值税税率为 13%。假定确认收入的同时结转成本。本期东南公司发生有关经济业务如下：

（1）9 月 2 日，与甲公司签订协议，采用预收货款方式向其销售商品一批，该批商品的生产成本为 40 万元，售价总额为 50 万元；9 月 3 日收到甲公司预付货款 30 万元；9 月 20 日发出该批商品，甲公司取得商品控制权，商品价款为 50 万元，增值税为 65 000 元；价税款减去预付 30 万元后的剩余款项公司尚未收到。

（2）9 月 10 日，委托丁公司销售商品 400 件，商品单位成本为 370 元/件，该商品已于当日发出，按照合同约定，丁公司按照每件 500 元对外销售商品，公司按照售价（不含税）的 10% 向丁公司支付手续费。9 月 30 日，收到丁公司开出的代销清单，实际销售 200 件商品，扣除代销手续费后价税款收存银行；代销手续费丁公司开具增值税专用发票，价款 10 000元，增值税 600 元。

要求：根据上述资料，不考虑其他因素，分析回答下列各小题。

1. 根据资料（1），下列各项中，属于公司预收货款 30 万元的核算账户是（　　）。

A. “预收账款”账户

B. “合同资产”账户

C. “合同负债”账户　　　　　　　　　　D. “预计负债”账户

2. 根据资料（1），下列各项中，关于甲公司采用预收货款方式销售商品相关的会计处理结果，正确的是（　　）。

A. 9 月 3 日，应贷记“主营业务收入”账户 300 000 元

B. 9 月 20 日，应借记“应收账款”账户 265 000 元

C. 9 月 20 日，应贷记“应交税费——应交增值税（销项税额）”账户 65 000 元

D. 9 月 20 日，应贷记“主营业务收入”账户 500 000 元

3. 根据资料（2），下列各项中，关于东南公司 9 月 10 日发出委托代销商品相关的会计处理结果正确的是（　　）。

A. 借记“发出商品”账户 200 000 元

B. 借记“发出商品”账户 148 000 元

C. 借记“其他业务成本”账户 168 000 元

D. 借记“主营业务成本”账户 148 000 元

4. 根据资料（2），下列各项中，关于东南公司 9 月 30 日收到甲公司代销清单时相关的会计处理结果正确的是（　　）。

A. 贷记“发出商品”账户 74 000 元

B. 借记“销售费用”账户 10 000 元

C. 借记“应交税费——应交增值税（进项税额）”账户 600 元

D. 贷记“主营业务收入”账户 100 000 元

5. 根据资料（1）至（2），下列各项中，关于东南公司本期营业收入和营业成本的表述，正确的是（　　）。

A. 营业成本增加 474 000 元　　　　　B. 营业收入增加 600 000 元

C. 营业收入增加 590 000 元　　　　　D. 营业成本增加 558 000 元

五、判断题（每小题 1 分，共 10 分）

1. 预付账款属于企业的一项短期性债权，它包括企业预付购货款、预付的定金（或订金）、预付工程款、预借差旅费、预付性费用支出等。（　　）

2. 存货发出计价采用先进先出法时，期末结存存货成本较接近现行市场价格，所以，会低估企业当期利润，高估期末资产价值。（　　）

3. 职工福利费、社会保险费、住房公积金、短期利润分享计划均属于职工薪酬，但不组成企业职工工资总额。（　　）

4. 企业清查发现的固定资产盘盈，应作为前期差错处理，通过“以前年度损益调整”账户进行核算；固定资产盘亏，应通过“待处理财产损溢”账户进行核算。（　　）

5. 企业租入使用权固定资产的改良支出、预付低价值租赁固定资产一年期以上的租金应列为长期待摊费用。（　　）

6. 如果无形资产预期不能为企业带来经济利益，应将该无形资产的账面价值予以报废转销，列为资产处置损益。（　　）

7. 确认收入之前，判断相关合同履约义务的类型时，首先判断合同履约义务是否满足在某一时段内履行的条件，如不满足的，则属于在某一时点履行的合同履约义务。（　　）

8. 企业在向客户转让商品之前，已经收到的合同对价或已经取得的无条件收取合同对价权利的金额，应确认为预收账款。（　　）

9. 商品流通企业库存商品采用售价金额核算的，月末结转已销售商品进销差价的账务处理是：借记“商品进销差价”账户，贷记“本年利润”账户。（　　）

10. 企业财务会计报告应由单位负责人、主管会计工作负责人、会计机构负责人（或会计主管人员）签名并盖章，设置总会计师岗位的单位，还须由总会计师签名并盖章。

（　　）

六、计算题（共 10 分）

1. 某工业企业（一般纳税人）从外地购入乙材料 6 000 千克，单价 12 元，以银行存款支付的价款和税费分别为：增值税专用发票所列货款 72 000 元，增值税 9 360 元；增值税专用发票所列的运输费 5 000 元，增值税 450 元；增值税普通发票所列入库前的挑选整理费用 2 000 元（含增值税）。此项业务还发生采购人员差旅费 1 200 元。材料验收入库发现短缺 50 千克，经确认属于运输途中定额内的合理损耗。

要求：列式计算下列各项目金额。(4 分)

该批乙材料的采购总成本 =

该批乙材料的单位成本 =

2. 期末，大力公司有关账户期末余额如表 2 所示。

表 2　　大力公司部分账户期末余额表　　金额单位：元

账　户	借或贷	余　额	账　户	借或贷	余　额
应收账款	借	270 000	坏账准备（应收账款）	贷	13 000
——M 公司	借	290 000	应付账款	贷	45 000
——W 公司	贷	20 000	——甲公司	贷	45 000
预付账款	借	270 000	预收账款	贷	30 000
——A 公司	借	286 000	——丙公司	贷	80 000
B 公司	贷	16 000	——丁公司	借	50 000
利润分配	借	721 000	本年利润	贷	920 000
			长期应付款	贷	250 000

注：长期应付款期末余额中于一年内到期的应付款项为 47 000 元。

要求：计算确定资产负债表下列项目的填列金额。(每处空格 1 分)

（1）应收账款＿＿＿＿＿＿元　　（4）应付账款＿＿＿＿＿＿元

（2）预付账款＿＿＿＿＿＿元　　（5）预收账款＿＿＿＿＿＿元

（3）长期应付款＿＿＿＿＿元　　（6）未分配利润＿＿＿＿＿元

七、业务核算题（本题共 40 分。1—14 小题每组分录 2 分，共 32 分；15 小题 8 分）

1. 公司行政科实行定额备用金制度，备用金定额为 2 500 元，现报销增值税普通发票所列的业务招待费等1 600元，以库存现金付给。

2. 某公司持大臣公司签发且未到期的银行承兑汇票向银行申请贴现（银行不附追索权），票据面值5万元，贴现利息2 000元，贴现得款划入存款户。

3. 四海公司欠本公司货款2.6万元，已逾期3年以上，确认无法收回，经批准予以核销。

4. 某公司为增值税一般纳税人企业，本月发生有关经济业务如下：

（1）购入甲材料一批（甲材料按计划成本进行核算），增值税专用发票所列货款6万元，增值税7 800元，价税款以银行汇票支付，材料尚未验收入库。

（2）上述购入材料验收入库，计划成本6.6万元。

（3）结转上述收入材料的成本差异。

5. 某商场库存商品采用售价金额进行核算，本月6日购进甲商品一批，以银行存款支付增值税专用发票所列的货款8万元，增值税10 400元。商品验收入库，总售价金额为10万元。

6. 因自然灾害造成一批库存材料发生毁损，材料损失总价值9.6万元，扣除保险赔款、残料价值后确认的净损失为1.5万元，已办妥审批手续，现予以结转此项净损失。

7. 企业以存款购入前进公司同日发行的三年期、票面利率为5%的债券20万元，并支付交易费用1 000元。此项债券划分为以摊余成本计量的金融资产。

8. 公司因业务需要，购入一栋厂房自用，包括地上建筑物和土地使用权，共以银行存款支付增值税专用发票所列价款500万元，增值税45万元（当期可全部抵扣）。经有关机构评估确认，地上建筑物与土地使用权分别在总价款中所占的比例为5:3。

9. 本月，公司向前进建筑公司结算生产设备建设工程价款，增值税专用发票所列的应付进度款58万元，增值税5.22万元。开工时已按规定预付给前进建筑公司工程款45万元，结算当月以银行存款支付剩余工程进度款13万元和增值税5.22万元。

10. 经营性出租一项生产设备，本期取得租金收入5万元，增值税6 500元，价税款收存银行。

11. 公司将两年前取得的一项账面成本为81万元的长期股权投资（汉民公司）予以出售，取得价款93万元存入银行，另有被投资单位上月已宣告但尚未发放的现金股利2万元。

12. 生产车间生产甲产品领用库存包装物一批，该批包装物实际成本19 000元。

13. 6月初，某安装公司履行一份与客户签订的装修合同，安装期间陆续发生人工等成本共计35 000元，安装工程于6月末完成并通过客户验收。6月末，结转此项安装业务发生的人工成本。

14. 本期汇集的主营业务成本 80 万元，其他业务成本 10 万元，营业外支出 5 万元。期末结转本期各项损益类账户的成本、支出。

15. 经过批准，公司以法定盈余公积 8 万元转增资本。

16. 公司本期主营业务收入 725 万元，主营业务成本 377 万元，税金及附加 28 万元，管理费用 39 万元，财务费用 9 万元，销售费用 15 万元，其他业务收入 62 万元，其他业务成本 30 万元，营业外收入 6 万元，营业外支出 12 万元（含税款滞纳金 2 万元），投资收益 19 万元（含国库券利息 5 万元），信用减值损失 2 万元（可税前列支），资产处置收益 4 万元，其他收益 3 万元（不符合免征所得税条件）。本年度经核定业务招待费超标准列支 8 万元。公司本年度 1—11 月已交所得税费用 50 万元，所得税税率 25%，除上述情况外无其他纳税调整事项，并不考虑递延所得税。

要求：列式计算下列各项目的金额。

（1）营业利润 =

（2）利润总额 =

（3）应纳税所得额 =

（4）应交所得税 =

（5）净利润 =

（6）年终应结转的所得税费用 =

模拟试卷（五）

一、名词解释（每小题2.5分，共10分）

1. 现金折扣

2. 固定资产入账价值

3. 权益法

4. 财务报表附注

二、单项选择题（每小题1分，共10分）

1. 企业财务会计确认，主要解决某项交易或者事项（　　）的问题。
   A. “是什么，是否应当在财务会计上反映”
   B. “反映多少”
   C. “如何登记”
   D. “如何对外输出会计信息”
2. 下列各项中，属于其他货币资金的是（　　）。
   A. 拨付给内部用款单位和个人的零星备用款项
   B. 签发、承兑的商业汇票
   C. 采购材料持有的银行汇票
   D. 购入准备用于交易的债券、股票

3. 企业进行外币交易业务的处理，产生不能资本化的汇兑损益，应列为（　　）。

A. 管理费用　　B. 财务费用

C. 资本公积　　D. 投资收益

4. 下列各项中，属于在某一时段内履行的履约义务确认收入的依据是（　　）。

A. 取得相关商品控制权　　B. 商品发出或服务提供

C. 履约进度　　D. 履约义务完成

5. 购入材料，材料已验收入库（按实际成本计价），但发票账单尚未收到的，其会计处理应是（　　）。

A. 按暂估价入账，并进行材料明细核算

B. 不必进行会计处理

C. 进行材料明细核算，按暂估价列为“应付账款”

D. 进行材料明细核算，收到发票账单后，按正常情况处理；至月终仍未收到发票账单的，月末按合同价或估计成本暂估入账

6. 企业为取得合同发生的下列支出中，应当作为合同取得成本并确认为一项资产的是（　　）。

A. 差旅费　　B. 投标费

C. 销售佣金　　D. 为准备投标资料发生的相关费用

7. 企业自产商品产品用于职工福利，其增值税应作为（　　）处理。

A. 进项税额转出　　B. 进项税额

C. 销项税额　　D. 已交税额

8. 利润表属于动态表，其填列的主要依据是（　　）。

A. 有关账户的期末余额　　B. 各账户的本期发生额

C. 损益类账户的本期发生额　　D. 有关账户总分类账户期末余额

9. 企业购入普通债券的目的是到期收回债券本金及按照约定利率在合同期间收取固定或浮动利息，且企业没有特殊安排。这种情况下，应将该项投资确认为（　　）。

A. 其他权益工具投资　　B. 其他债权投资

C. 交易性金融资产　　D. 债权投资

10. 某公司 2×22 年度利润总额为 300 万元，应纳税所得额为 320 万元，递延所得税负债年初数为 40 万元、年末数为 45 万元，递延所得税资产年初数为 20 万元、年末数为 27 万元。公司适用的所得税税率为 25%，不考虑其他因素，该公司 2×22 年度的所得税费用在利润表上的列报金额为（　　）万元。

A. 92　　B. 82

C. 87　　D. 78

三、多项选择题（每小题 2 分，共 10 分）

1. 下列各项中，表述正确的有（　　　）。

A. 《企业会计准则——基本准则》从 2007 年 1 月 1 日起，在所有企业实施

B. 银行本票、银行汇票、信用卡存款均属于其他货币资金

C. 出售不动产、无形资产应交的城建税、土地增值税应记入“税金及附加”账户

D. “长期股权投资”账户的借方余额均反映企业长期股权投资的成本

2. 下列各项中，应列为外购存货成本（工业企业）的有（　　）。

A. 运输途中合理损耗

B. 进口货物应交消费税、关税

C. 小规模纳税人支付的取得增值税专用发票的增值税进项税额

D. 购入存货支付运输途中的保险费、包装费

3. 下列各项中，应列为财务费用的有（　　）。

A. 取得交易性金融资产的交易费用　　B. 支付银行承兑汇票手续费

C. 外币交易产生的汇兑损益　　D. 不符合资本化条件的借款利息

4. 下列各项业务中，影响企业当期利润表中“营业利润”列报金额的有（　　）。

A. 出售无形资产取得的收益　　B. 出售原材料取得的收入

C. 持有交易性金融资产取得的债券利息　　D. 报废固定资产取得的净收益

5. 2×22 年 6 月 30 日，某公司“合同负债——甲公司合同”账户贷方余额为 50 万元。2×22 年 7 月 15 日，向甲公司发出商品一批，开具的增值税专用发票列明价款 100 万元，增值税 13 万元。同日，甲公司取得该批商品控制权，余款甲公司尚未支付。不考虑其他因素，该公司 2×22 年 7 月 15 日关于此项业务会计处理的表述中，正确的有（　　）。

A. 借记“合同负债”账户 50 万元　　B. 借记“合同负债”账户 113 万元

C. 贷记“主营业务收入”账户 100 万元　　D. 借记“应收账款”账户 63 万元

四、不定项选择题（每小题 2 分，共 10 分）

某公司为一般纳税人，增值税税率为 13%，原材料按实际成本计价，6 月份发生有关经济业务如下：

（1）5 日，购入 A 材料 1 600 千克，增值税专用发票注明的价款 20 万元，增值税26 000 元；增值税专用发票注明的运输费 2 000 元，增值税 180 元；普通发票注明的装卸费 2 600 元。运输过程中发生合理损耗 50 千克。材料验收入库，款项以银行存款支付。

（2）20 日，出售 A 材料取得收入 7 万元，增值税 9 100 元。该批材料的成本 6 万元。

（3）28 日，按照合同向大华公司购入 A 材料 1 000 千克，材料收到，并验收入库，发票账单尚未收到。

（4）30 日，上述向大华公司购入的 A 材料 1 000 千克，至月末仍未收到发票账单，该批材料不含增值税的合同价款为 120 000 元。

（5）30 日，本月发出 A 材料的成本为 20 万元，其中，车间产品生产领用 14 万元，在建工程领用 3 万元，职工生活福利领用 1 万元。

要求：根据上述资料，不考虑其他因素，分析回答下列各小题。

1. 根据资料（1），下列各项中，应计入外购原材料实际成本的是（　　）。

A. 运输途中的合理损耗　　B. 采购过程中发生的装卸费、运输费

C. 取得增值税专用发票的增值税　　D. 材料验收入库后发生的挑选整理费用

2. 根据资料（1），下列各项中，关于购入该批 A 材料成本计算结果，正确的是（　　）。

A. 该批材料总成本为 204 600 元　　B. 该批材料单位成本为 132 元/千克

C. 该批材料总成本为230 600元　　　　D. 该批材料单位成本为144.125元/千克

3. 根据资料（2），下列各项中，关于该批材料出售业务的会计处理，正确的是（　　）。

A. 确认其他业务收入为70 000元　　　　B. 确认其他业务成本为69 100元

C. 确认其他业务收入为79 100元　　　　D. 确认增值税进项税额转出为9 100元

4. 根据资料（3）至（4），下列各项中，关于此项购料业务的会计处理，正确的是（　　）。

A. 28日，A材料验收入库，不必进行账务处理，只需进行入库材料的明细核算

B. 28日，借记“原材料”账户135 600元，贷记“应付账款”账户135 600元

C. 30日，借记“原材料”账户120 000元，贷记“应付账款”账户120 000元

D. 下月初，对上月末按照合同价款的暂估入账进行红字冲销

5. 根据资料（1）至（5），下列各项中，关于增值税的会计处理结果，正确的是（　　）。

A. 本期应确认的增值税“进项税额”为26 180元

B. 本期应确认的增值税“进项税额转出”为10 400元

C. 本期应确认的增值税“进项税额”为41 780元

D. 本期应确认的增值税“进项税额转出”为1 300元

五、判断题（每小题1分，共10分）

1. 企业库存现金、银行存款必须设置日记账进行序时核算，但其总分类账可以根据采用的会计核算形式选择是否设置。（　　）

2. 应收账款应按其实际发生的金额计价入账，它包括销售商品（产品）、提供劳务应收取的货款、增值税以及代购货单位垫付的运杂费等。（　　）

3. 企业各项应收款项包括应收账款、应收票据、预付账款、其他应收款等，确认发生减值的，均应按规定计提坏账准备。（　　）

4. 低值易耗品采用计划成本进行日常核算的，领用的低值易耗品，还应在报废月份结转应分摊的成本差异。（　　）

5. 增值税是价外税，所以，一般纳税人企业购入材料、固定资产的入账成本，是不包括其支付的增值税进项税额的。（　　）

6. 企业自行研发无形资产的支出，包括研究阶段和开发阶段的支出，均先通过“研发支出”账户进行核算；研发无形资产研究阶段的支出应按期转为管理费用。（　　）

7. 企业出租包装物的收入，应列为其他业务收入；随同产品出售不单独计价的包装物成本，应计入销售费用；随同产品出售单独计价的包装物成本，应计入其他业务成本。（　　）

8. 所有者权益变动表中“综合收益总额”项目，反映净利润和其他综合收益扣除所得税影响后的净额相加后的合计金额。（　　）

9. 固定资产的出售、报废、毁损以及盘亏，均应通过“固定资产清理”账户核算；企业处置固定资产的净损益，应列为营业外收支。（　　）

10. 非流动负债是指偿还期限在一年或超过一年的一个营业周期以上的债务，所以超过

一年未偿还的应付账款、短期借款等也应列为非流动负债。 （ ）

六、计算题（每小题5分，共10分）

1. 某项固定资产原值为18万元，预计净残值率为4%，预计使用寿命为8年。

要求：分别采用年限平均法、双倍余额递减法和年数总和法计算其第二年的折旧额。

（1）年限平均法：

（2）双倍余额递减法：

（3）年数总和法：

2. 某公司本年实现利润总额90万元。当年在营业外支出中列支的非公益性捐赠7万元，税款滞纳金3万元；无形资产研发费用可税前加计扣除9万元；财务费用中含超过同期银行贷款利率不能税前列支的利息支出6万元；无其他纳税调整事项。本年1—11月已结转所得税费用4万元，本年实际已缴纳所得税（预缴）3.5万元。该公司属于年应税所得额不超过100万元的小微企业，减按25%计入应纳税所得额，按20%的税率计征企业所得税。假定该公司不存在递延所得税费用。

要求：列式计算下列各项目金额。

（1）全年应纳税所得额 =

（2）全年应交所得税 =

（3）本年净利润 =

（4）年终应结转的所得税费用 =

（5）年终应补交所得税 =

七、业务核算题（每组分录2分，共40分）

1. 以银行存款支付增值税专用发票所列的广告费价款5万元，增值税3 000元。

2. 年初“坏账准备”账户贷方余额36 000元，本年度核销坏账15 000元，收回以前年度已核销的坏账9 000元。年末应收账款余额60万元，坏账准备计提比例为4%。年末调整计提坏账准备。

3. 以存在海通证券公司的款项购入一项股票，准备随时用于出售，支付的价款为 126 000 元，交易费用为 2 000 元。

4. 收到投资者 A 投入原材料一批，投资合同确认的不含税价值为 30 万元，增值税专用发票所列增值税为 39 000 元；投资各方确定投资者 A 享有的资本额为 20 万元。

5. 某企业原材料采用计划成本核算，2×23 年 5 月 31 日根据发料凭证汇总表，计算确定本月领用原材料及主要材料（A 材料）计划成本 23 万元，其中：车间生产产品领用 20 万元，车间一般性消耗 2 万元，专设销售机构领用 1 万元（本月材料成本差异率为 -2%）。

要求：编制下列事项的会计分录。

（1）结转发出材料计划成本：

（2）结转发出材料应分摊的成本差异：

6. 本月生产经营使用的土地使用权等无形资产应计摊销 25 000 元，出租商标权应计摊销 2 000 元。

7. 企业通过租赁取得的使用权资产进行改良工程共发生支出 9 万元，租赁期为 3 年，租入设备尚可使用 5 年。编制结转工程成本及按月摊销的会计分录。

8. 企业（承租人）与美达公司签订了一项设备租赁合同，租赁期为 3 年，租赁开始日租赁付款总额为 100 万元，租赁付款额的现值为 90 万元，以银行存款支付中介机构费用 1 万元（取得增值税普通发票）。

9. 财产清查中，发现盘亏设备一台，该设备账面原值 15 万元，已提折旧 10 万元。

10. 公司出售一项商标权，该商标权账面原值 20 万元，累计摊销 10 万元，销售取得收入 15.9 万元（含增值税）存入银行，增值税税率为 6%（其他税费略）。

11. 企业将库存 B 产品一批用于对外投资，产品生产成本 15 万元，售价 20 万元，增值税税率 13%。

12. 公司为取得一项与科远公司为期 3 年的服务合同，以银行存款支付销售人员佣金 10 万元和专业机构尽职调查费用 2 万元，两项费用均不考虑增值税。合同已签订，预计这些费用未来均能收回。

13. 年终，结转本年度发生的亏损 19 万元。

14. 两年前取得的专项用于固定资产建设的五年期借款（按年计息，到期还本付息），工程已于上年末达到预定可使用状态，本年末计提本年应付利息 12 万元。

15. 月末，分配结转本月应付职工薪酬（工资）：车间生产工人工资 15 万元，车间管理人员工资 7 000 元，厂部管理人员工资 35 000 元，专设销售机构人员工资 3 000 元。

16. 生产车间领用生产工具一批，实际成本 16 000 元，生产工具采用五五摊销法进行摊销。

（1）领用生产工具时的会计分录为：

（2）本月摊销 50% 时的会计分录为：

17. 某商店库存商品采用售价金额核算，本月主营业务收入为 60 万元，确定的商品进销差价率为 16%，结转本月已销售商品的进销差价。